THE
LAW
法律

七堂法治通识课

Breaking the law 违反法律

The rule of law 法治

The constitution 宪法

Law and politics 法律与政治

法 律
七堂法治通识课

〔新西兰〕杰里米·沃尔德伦 著

季筏哲 译

The legal framework 法律体制

Rights 权利

Judges 法官

JEREMY WALDRON

THE LAW

目　录

致　谢 /001

丛书编辑序言 /001

第一章
导言 /001

第二章
第 1 堂课　|　法律与政治 /013

第三章
第 2 堂课　|　法治 /050

第四章
第 3 堂课　|　宪法 /097

第五章
第 4 堂课　|　权利 /151

第六章
第 5 堂课　|　法官 /202

第七章
第 6 堂课　|　违反法律 /260

第八章

第 7 堂课　|　法律体制 /300

参考文献 /334

索　引 /344

译后记 /353

致 谢

我想对亨利·德鲁克（Henry Drucker）、德斯蒙德·金（Desmond King）、金·谢珀勒（Kim Scheppele）、菲利普·塞尔兹尼克（Philip Selznick），尤其是迈克尔·穆尔（Michael Moore）和苏珊·斯特瑞特（Susan Sterett）致以诚挚的谢意，感谢他们对本书某些章节的初稿做出的评论和批评；当然，他们不用为本书仍存在的任何错误负责任。我也要感谢马戈·马丁内斯（Margo Martinez）帮助我进行文字处理，还有我的研究助手肖恩·加拉格尔（Sean Gallagher）和芭芭拉·利布哈特（Barbara Liebhardt）的辛勤工作，以及加州大学伯克利分校的支持。像以往一样，南希·马滕（Nancy Marten）一直是劳特利奇出版公司（Routledge）里一位既慷慨又耐心的编辑，对她我也要表示感谢。

丛书编辑序言

英国政治学专业的学生常常有这种印象,即政治学领域存在两项截然不同的事业。一是对政治生活与政治制度的经验性及历史性研究,研究对象包括投票体系、选举联盟解散、下议院的委员会结构等。二是对概念与价值的理论及哲学研究,研究对象包括民主、正义、权利、代议制和权威。两者由不同的人研究,由不同的讲师讲授,并且属于课程的不同部分;的确,它们多多少少是不同的两个学科。理论是理论,制度是制度,二者很少交叉。

我们认为上述教授政治学的方式枯燥无趣且收效甚微,因此推出这套丛书。当然,一定存在某种学术分工。但是理论家教授的问题之所以被称为**政治**理论,是因为它们由政治引起并且关涉政治。除非你认识到它们与当代政治冲突的关联——事实上,除非你认识到它们正是在政治冲突中充满分歧的那类事情,否则,你将无法理解关于正义、民主或权威的讨论。如果你将那些讨论仅仅看做概念剖析,那么你将不能明白为什么所有人都应该对它们感兴趣,这一点很好理解。如果你将它们仅仅看做阅读古籍的一个理由,情况也会如此!人们研究民主理论并不只是因为约翰·斯图尔特·密尔

(John Stuart Mill)在《代议制政府》(Considerations on Representative Government)里对其有过论述；确切地说，大家阅读密尔的著作是因为该书包含了大量深刻的见解，这可以帮助我们更一致且更清醒地处理政治生活中的实际问题，同时更敏锐地意识到处于分歧中的各种利益与原则。

这一系列中的每本书各选取英国政治的一个主要领域或主要制度，探讨该领域或制度提出的政治理论问题。每本书的目标都是介绍正被研究的政治制度，但是都涉及一系列理论问题和政治价值。因此，这些书不是要在各自的领域取代既有的制度分析。相反，它们是要就英国政治中的政治制度与政治价值之间的互动提供一种与众不同且前所未有的审视，在这两方面，读者都应该会学到很多。读完这些书后，读者应该会掌握每种制度，并理解政治理论的主要问题是如何产生于各个政治领域的。而且，他们对政治理论的理解应该会因为上述理解变得更为丰富。

德斯蒙德·S.金
杰里米·沃尔德伦

第一章
导　言

在英国,法律不仅是律师(lawyers)感兴趣的事。法律体系(legal system)对我们所有人都有影响,因为它宣称要约束我们方方面面的行为,还要为我们在个人、社会和经济生活中的大量交往活动提供一个框架。不仅如此,法律还审慎且清楚地表达了我们的政治决策(decision-making);法律体系是政治体系的一部分。因此,我们不仅仅以受法律影响者的消极身份对法律感兴趣,而且我们还以公民、选民、鼓动者(agitators)和政治家这样的积极身份对法律感兴趣——因为法律代表着以我们和我们社群的名义做出或决定的东西。法律不仅仅是一部**为我们制定的法律**;而且如果我们是一个民主国家,它也应该是**我们的法律**。

法律理论

在本书中,我的目的是向英国政治学专业的学生介绍法律理论的一些主要问题。精明实际的(hard-headed)愤世嫉俗者不应该反感"理论"这个词。我用"理论"一词意指我们对法律一般且严密的思考。当我们决心在一般的层面上解决某件事情,关注所有复杂状况,而不受任何简单的传统解决方法诱导时,我们就是在做这种思考。我希望在本书中展现出,那种一般思考能够在扎根于英国政治体系具体现实的同时,保持它的哲学严密性。

我们已经在"英国政治的理论与实践"(Theory and Practice in British Politics)这套丛书的导言中强调,如果我们认为政治理论的问题是由可以产生具体含义的具体问题引出来的,我们就能最佳地呈现这些问题并对它们进行最有益的思考。我们研究政治理论,不是仅仅为了进行概念分析,区分"权力"(power)和"权威"(authority),或者将"民主"(democracy)的十九种不同的意思编成目录。我们研究政治理论也不仅仅为了复兴类似于约翰·斯图亚特·密尔的《论自由》(On Liberty)或霍布斯(Hobbes)的《利维坦》(Leviathan)这类"伟大著作"。我们研究政治理论,不仅因为概念问题以抽象的方式代表了确系至关重要以致现实中的人们都为之奋斗并献出生命的事情,还因为这些"伟大著作"代表了古往今来面对一直充斥于那些问题的冲突和风险,人们为谋求公平处理而做出的若干最佳努力。

法哲学(the philosophy of law)亦然。我们研究法理学(jurisprudence）*并不是因为"法律"一词的定义对我们来说很重要；重要的是，在关于服从与不服从、或适于实行某种社会政策的体制是什么的争论爆发时，我们会清晰地觉察到一切充满分歧的事情。而且，我们研究法哲学当然不仅仅是因为我们想知道约翰·奥斯丁（John Austin）在《法理学的范围》（*The Province of Jurisprudence Determined*）中写了什么，或者罗纳德·德沃金（Ronald Dworkin）在《法律帝国》（*Law's Empire*）中说了什么。确切地说，我们阅读和研究那些书是因为我们有理由相信它们蕴含着丰富的洞见，这些洞见将帮助我们处理和理解有关法院、宪法和社会冲突的现实问题。

在接下来的章节中我要做的，是指出法律在英国政治生活中扮演的角色如何引起了有关法律的理论问题。法律体系是政治体系的重要部分，有关合法性、司法裁判以及法律应得的尊重和服从（如果法律的确应得到尊重和服从的话）这些问题，对这个国家的政治生活而言是不可或缺的。当然，如果试图在一本小书中说明法理学中每一个论题的政治重要性，那就太过野心勃勃了。不过，我选取了法哲学的七个主要问题，

---

* 译者遵照习惯将 the philosophy of law（或 legal philosophy）翻译为"法哲学"，而将 jurisprudence 译为"法理学"。实际上，译者认为在英美法哲学的语境中，这两种表达均指"法哲学"。沃尔德伦在本书中也没有区分使用这两种表达。——译注

并将尝试说明这些问题不仅是抽象问题和概念分析,而且在我们理解事实上正在发生什么时,它们与我们所有人相关。

除了英国政治学专业的学生,我想面向的另外一些读者,是那些在法学院里教授和学习法理学的老师和学生。在这里,实践和理论之间又有一个传统的区分:即黑体字法(这里指制定法)*和法哲学,前者研究法律实际上是什么(the law as it is),后者则完全被表达为另一套不同的问题。有人研究合同的有效性、公司的组成以及如何为谋杀辩护,另有人研究法律的概念及其与道德的概念之间的关系,或者"权利"(right)一词能够拥有的一百零一种不同意思。对法律专业的学生来说,法理学中的主要争论看起来完全是神秘莫测的,一如它们在传统上被讲授的那样。在成为一个法律实证主义者与成为一个自然法的捍卫者之间,你会如何选择?它是否类似于在美国登记成为一个民主党人或者一个共和党人——某种当你成年时理所当然去做的事情?或者,更糟的状况,它是否类似于为一场足球友谊赛选边站——你加入一方球队是因为想参加比赛,而不是你因为关心其中一方球队?再一次重申,我们必须要做的事情是向法哲学的理论骨骼中放入一些血肉。我

---

* 附加括号并且括号内为楷体字的,均系译者为便于读者理解而添加的内容,后文不再另做说明。——译注

们需要展示这些问题为什么重要，而展示它们的重要性就要展示它们在制定法律、作出判决、建议或诱导公民去服从或不服从的实践领域内可能产生的影响。

法律体系

在继续讨论之前，可能值得给那些不熟悉英国法律体系主要制度和法律材料渊源的人做一个简明扼要的概述。（法律专业的学生现在可以直接进入第二章。）

严格地说，英国不是有一个法律体系，而是有两个或几个（这取决于你怎么计算）。在1707年，《联合法案》(The Acts of Union)将英格兰和苏格兰统一于一个议会之下，保证了苏格兰法院的独立性，并保留了苏格兰法律，特别是保留了诸如侵权、合同或者不法行为等领域的法律：在这些领域，人们为了损害赔偿金而起诉彼此。那时，苏格兰的法律体系不仅在实质方面和英格兰的法律体系有所差别，而且在精神特质和传统方面（苏格兰法律体系受罗马法传统影响更深）也迥然不同，二者间的很多差异保存至今。北爱尔兰也曾有过一个单独存在的司法管理(the administration of justice)体系；事实上，从1921年到1972年威斯敏斯特引入"直接统治"为止，北爱尔兰议会在它自己宪法的帮助下为本行政区制定法律。然而,从政治的观点看,英国的法律体系是单一的,威斯敏斯特议会仍是最强大的法律渊源,它有权为整个王国立法,而且也有权在人们认为值得的时候分别为苏格兰和北爱尔兰立法。现在,英国作为一个整体,也要遵守欧共体的法律,欧共体的法律优先于英国所有的立法。

在英国,几乎法律的每一方面都是既受制定法控制,又受判例法控制。制定法是议会制定的法案,由下议院和上议院通过,并获得女王同意。[1]不同于美国的法院,英国的法院无权裁定一部制定法"违宪"。议会制定的法案效力高于其他所有的法律渊源,而且(服从于欧洲共同体法律的效力)当法律发生冲突时,新法优于旧法。这就是当人们说"议会'至高无上'"时所指的含义(还包括其他含义)。[2]读者应该不需要被告知也会明白,事实上,议会在很大程度上受内阁控制,而且大多数立法提案产生自内阁。在任何一所优秀的图书馆里,都可以找到《现行制定法》(Statutes in Force)汇编,它们通常是按照内容排序的。制定法被分成条款和分款,它们规定了特定的规则和定义,而且我们通常按照这些制定法中被称为短标题和日期的东西来引用它们,比如 Tumultuous Petitioning Act 1661,正在被讨论的条款的编号则紧跟其后。

特定的制定法可以授权王国政府大臣、地方议会或者其他公共机构制定规章——这些规章有时被称做从属法律(subordinate legislation)。这些规章具有法律的效力,但是它们受到以下要求的严格控制,即它们必须处在议会规定的范围之内。如果它们超越了这个范围,它们就**超越了权限**(ultra vires),没有法律效力。皇室(实际上是内阁)也有权在皇家特权控制的领域内发布具有法律效力的命令(比如解散议会或者宣战)。

人们习惯说法律是在法庭上得到解释和适用的。这个说法在很大程度上是错的。法律是被普通人和普通官员解释与适用于特定情形的,他们大致依据自己对法律内容的理解而行动,并在某种程度上依照法律条款安排他们的关系。只有在比较少见的案件中,即当官员或者私人想要在法律的范围内拿其他某个人的行为大做文章时,法院才会参与进来。

当有人提出这样一个争议点,法院不仅会试图解释和适用制定法,还会解释和适用以前其他法院在相似案件中宣告的裁决(reported decisions)。遵循以前案件的裁决,这被称做"先例原则"(doctrine of precedent),我会在第六章更详细地讨论这个惯例。法院之间有等级之分;那些较低级别的法院被认为要无条件地遵循较高级别法院的裁决,而且在大多数的案件中,它们也被认为应该遵循同一级别其他法院的裁决。但是,历来都没有两个**完全**相同的案件,而且即使它们完全相同,也没有两个人会就它们**如何**相同给出完全相同的描述,某种程度的灵活性显然就是源自这个事实。

在司法等级制度内,上级法院审理来自直接位于其下的法院的上诉。但人们并不总是自然而然地享有上诉权:有时候,受害方在继续进行诉讼之前必须得到他的初审法院或者上诉法院的同意。虽然人们偶尔也会在治安法院(Magistrates' Courts)中提出重大的法律问题,虽然重大刑事案件总是始自皇室法院(the Crown Courts),但是在我们的法律中,大多数**有影响**的案件开始于"高等法院"(the High Court)的三大分庭(家事法庭、大法官法庭或者王座法庭)。从政治的角度来看,高等法院的王座法庭最有意思,因为它负责审查政府行动和行政行为的合法性。来自高等法院的上诉被送入上诉法院。在上诉法院之上,打着上议院幌子的议会是本国最高级别的法院。* 在那里,上诉案件不是由整个议院(伯爵、主教,以及其他所有成员)审理,而是由被称做上诉法官(Lords of Appeal)或者上议院法官(Law Lords)的高级法官构成的委员会

---

* 英国于2005年3月24日通过《宪制改革法》(*Constitutional Reform Act*, 2005)。依据其第三部分,上议院受理上诉委员会从立法机关中独立出来,设立英国最高法院(Supreme Court of the United Kingdom)作为英国最高司法机关,并于2009年10月1日起开始运行。——译注

审理。通常,每次每个案件会由五个法官审理,而且他们采用多数决。

被认为值得注意的法院裁判会公布在《判例报道》(*Law Reports*)中。被报道的裁判从事实和裁判结果的概要开始,然后展示法官裁判的全文(通常有很多页),以说明为什么对这个特定的案件给出这个特定的裁判。如果不只有一位法官(审理这个案件),那么所有(法官的)裁判都会被印出来。如果他们意见不一致,获得更多支持的一方胜出(尽管获得多数人支持的裁判仍然可能包括几种截然不同的发言)。我们按照案件当事人的名字(通常是缩写的)——例如,*Swallow and Pearson v. Middlesex C. C.*——以及年份和它们所在卷册的缩写标题来查阅案件。

官方的《判例报道》大约每月都会出版,然后它们依每个年份被装订成一卷或更多卷。第一次出版时,它们被称做《判例报道周刊》(*The Weekly Law Reports*),不过,最终它们被依据作出司法裁判的不同级别和不同领域分编成不同的卷册。例如"*Christie v. Leachinsky* [1947] AC 573"指的是上议院在克里斯蒂诉李钦斯基(或者按照我们在律师行业的说法,"克里斯蒂和李钦斯基")案件中所作裁判的报道,它公布在"上诉案件"官方《判例报道》的 1947 年卷,从第 573 页开始。又如"*R.*

v. Kulynycz［1971］1 QB 367"指的是一个刑事案件——女王（用"R."或"Regina"表示）诉库里尼茨——的报道,这个案件由司法等级制度中较为低级的法院裁判,收编在"王座法庭"报道1971年第1卷,从第367页开始。这下你明白了吧。在法律图书馆中,你会发现每个系列的卷册被按照时间先后顺序排列着:所有的上诉案件放在一起,从最早报道的案件一直到现在的案件;所有的王座法庭案件都有序地放在一起;诸如此类。［除了这些官方报道,多数法律图书馆也藏有一系列精彩的半官方报道,以《全英判例报道》(*All England Reports*)为名。这些报道出版得相当迅速,每年能汇集两卷或者三卷。不像官方报道,它们不按照法院级别或者内容划分案件。］

意识到以下这一点很重要:当法官审判起诉到他们面前的案件和上诉案件时,他们不单单是在解释议会制定的法案（说明议会法律的条款和分款意指什么）,也不仅仅是在遵循其他法官的解释。他们还经常遵循和发展根本没有制定法基础的法律原则,这些原则完全从法庭上发展起来。因此,以"如果你在一起交通事故中受伤,你可以过失起诉这个疏忽大意的司机"这条原则为例,尽管它在多个方面和制定法交错,制定法也对它进行了修改,但是,它的各种详细说明与限定条件完全是在法庭上发展起来的。我们的很多法律是法官创制而不是议会制定的。法官创制的法律,就它能够与其他法律相分离来说,被称做"普通法",一个像英国这样的、普通法在法律体系中扮演重要角色的国家,被称做"普通法"国家。[3]

在很大程度上,世界上的普通法国家体现了残存的英国影响力:除美利坚合众国之外,普通法主要为英联邦国家所采用(其中一些国家仍保留上诉到上议院的权利,基于此目的,上议院以"枢密院司法委员会"为名)。这些国家的法律体系被统称为普通法法系。普通法法系可以与民法法系形成对照。二者的差异是一种精神特质与传统的差异:在民法法系国家,比如法国和德国,法律倾向于以更系统和更抽象的方式发展。民法法系不强调法官的重要性;它强调从首要原则中发展出来的法典的逻辑结构。(事实上,民法法系的法官也确实必须像普通法法系的同行一样,就解释中的难题作出裁判;但是,在民法法系中,法官解释并没有像在英国或美国那样被**鼓吹**为发展法律的首要工具。)[4]当然,民法法系的灵感来源于伟大的《优士丁尼罗马法法典》(Roman Law Code of Justinian)和更接近我们时代的《拿破仑法典》(Code Napoleon)。英格兰和苏格兰法律的差别,在一定程度上可以被解释为苏格兰受民法法系影响更多。

准备性内容和专业细节就这么多。让我们在第二章从法律和政治之间的关系开始吧。

---

[1] 但是下议院占据支配地位:参见本书(边码)第 27 页,第二章的注释 6。

[2] 我将在第四章讨论议会主权。

[3] 我们将在第六章更加详细地讨论普通法和司法裁判(judicial decision-making)。

[4] 一个精彩的讨论见于 J. H. Merryman, *The Civil Law Tradition* (Stanford Calif.: Stanford University Press, 1969)。

第二章
第 1 堂课　法律与政治

接下来的每一章,我都将用一个故事作为开头,因为我想要展现,当我们反思英国政治的实践和经验时,那些有关法律的理论问题是如何出乎意料却又自然而然地出现的。

我要用的第一个事件发生在 1972 年到 1975 年间,它涉及中央政府——首先是保守党政府,而后是工党政府——跟德比郡的克莱克罗斯镇地方议员之间的冲突。

克莱克罗斯镇是一个工党市镇。此地曾经是一个采矿区,但是 20 世纪 60 年代,随着矿井关闭,这里成了该地区失业与贫困的中心。1963 年,工党在赢得地方议会的控制权之后,开始推行一项清拆贫民窟与建设公共住房的规划。这项规划,以及维持市建房屋租金低廉的审慎决定,给地方当局财政带来了相当大的压力。它们的赤字增加到德比郡平均水平的两倍。一些居民认为,因为地方不动产税被用于补贴市建房屋的租金,所以道路养护之类的服务越变越糟。1970 年,纳税人向地方审计官的投诉,导致租金轻微上涨,同时也揭露了住房实践中一些令人不安的事实。但是,20 世纪 70 年代,随着时间推进,这个拥有 7 000 位选民和 1 600 套市建房屋的克莱克罗斯镇,仍然是一个"属于市建房屋租客,为市建房屋租客运行,且由市建房屋租客掌控的政府,因为只有一位议员不住在那里"。[1]

1972 年,爱德华·希斯(Edward Heath)领导下的保守党政府经议会通过了《住房(融资)法》[Housing(Finance)Act],以控制诸如克莱克罗斯镇这类市镇的地方议会的活动。新法第 49 条这样规定:

> 第 49 条第(1)款:……每个地方当局和每个新市镇当局都有责任按照下文第 50 条和第 57 条规定的原则,对住房收入账目(Housing Revenue Account)上的每一套住宅收取公平合理的租金。

第 50 条要求,在为每套房屋确定公平的合理租金时,议会必须遵循的一条依据是"若将房屋作为一种投资,可以合理期待的收益"。即议会的要价必须接近出现在自由市场中的租金。每个地方当局必须为其所辖地域确定公平合理的租金并将租金提交租金审查委员会核准。如果委员会判定被提议的租金不符合法定标准,委员会可以代之以自己的提案。一旦确定下公平合理的租金,地方议会就必须在接下来的几年里,将他们实际收取的租金增加到与指定租金相同的水平。

毋庸赘言,克莱克罗斯镇的11位工党议员对这项新的法律没有什么热情。1972年9月,像其他一些工党权威人士一样,这11位工党议员决定不执行这一法案。当租金审查委员会认定该地区的租金应该每周上涨1英镑多一点的时候,议员们拒绝服从。一个与政府相对抗的舞台就此搭建起来。

因为违抗法律,这些议员正走上一条危险的道路。1933年《地方政府法》第228条规定:"地方审计官在其负责的每一次审计中,都有责任……对任何人因其过失或不法行为而导致的损失或不足收取相应数额的附加罚款(surcharge)。"换言之,那些议员们可能不得不自掏腰包,以弥补旧租金与新的"公平合理的"租金之间的差额。1973年年初,审计官决定每一位克莱克罗斯镇的议员都有责任自己赔偿635英镑——如果他们执行了新法,原本政府能收到一笔额外收入,现在这个损失分摊到每个议员头上就是635英镑。这足以使他们当中的大多数人破产。这些议员在法庭上对审计官的决定提出了异议,并一路起诉到上诉法院,但他们为解决这个麻烦所获得的一切,却是一份需在他们之间分配的2 000英镑的法律账单。除此以外,5年内,他们被禁止担任公职,因为有法律(通过于20世纪20年代类似的危机之后)规定,任何被处以500

英镑或更多附加罚款的人将被自动取消担任公职的资格。1973年和1974年,随着争论的延续,未收租金所带来的赤字继续增加,而这些议员们面临以下威胁:新审计可能带来一笔高达100 000英镑或更多的附加罚款。

工党一直反对1972年法案。当法案通过的时候,影子内阁的环境事务大臣安东尼·克罗斯兰(Anthony Crosland)警告说,如此立法——缺乏合意,未经磋商,毫无妥协之意——将激起议员对法律的违抗。现在,克莱克罗斯镇的11位议员面临巨额的经济处罚,工党倍感压力,觉得应该有所行动。抛开这部法案不受人欢迎的事实,很多人认为政府是有意允许租金赤字不断增加,以确保处罚力度高到足以警戒他人。[2] 1973年10月,在工党副领导人泰德·肖特(Ted Short)的支持下,工党会议(Labor Party Conference)承诺:如果工党当选,工党将溯及既往地撤除一切对"勇敢地拒绝执行《住宅(融资)法》"的克莱克罗斯镇议员判定的处罚。

该决定引发了针对违反法律的政治活动的公共争论。《新法律期刊》(*The New Law Journal*)在一篇社论中评论道:肖特先生应该辞职,因为他已经"公然并大张旗鼓地鼓动起一场全国性的对法治的攻击"。党内的争论甚至更为激烈。该提案无异于专为那些地方议员通过一项溯及既往的免责法案,很多右派人士对此感到震惊，他们也惊讶于工党承诺动用纳税人的钱去免除本党违法者的责任。影子内阁总法务官萨姆·西尔金（Sam Silkin）表示，这项提案将会"违反所有的宪法惯例，并且创设一个危险的先例"。

然而，工党政府在1974年当选，这个问题也到了不得不面对的时候。困窘于上述会议承诺，新政府宣布它打算撤销《住宅(融资)法》，撤除取消11名克莱克罗斯镇议员担任公职资格的决定，并且禁止因租金赤字向这些议员收取任何附加罚款，但是新政府也决定监督议员们自己解决现有的罚金，而不是动用公共资金。人们普遍认为，该宣告是一个无法令各方满意的妥协方案。克莱克罗斯镇议员们认为，撤销取消担任公职资格的决定而不撤除导致公职资格取消的附加罚款，这是不合逻辑的。党内党外的政府批评人士则指责说，撤销取消担任公职资格的决定这个做法，与1973年被谴责为"违宪"的免责法案并无差别。

尽管如此，1975年3月，被《泰晤士报》称为"一项肮脏的小议案"的《住宅融资（特别条文）议案》[Housing Finance (Special Provisions) Bill]还是被提交到了下议院。讨论十分激烈。倡议该议案的安东尼·克罗斯兰（诚然他有些不安——他说，"在我的政治生涯之中，我从未遇到过如此困难的问题")将这个议案称为"仁慈"且"宽容"的法案,可以治愈"《住宅(融资)法》造成的创伤"。[3]另外一些支持者认为,"议会主权无疑意味着议会可以改变任何法律"。他们认为,这就是定期选举立法机构的全部意义——那些当选的人民代表们可以将他们现在所憎恶的政策的每个痕迹都抹除干净。

但是,议会两派的其他成员强烈反对这个举措。一些议员质疑:"为什么克莱克罗斯镇的斯金纳(Skinner)先生应该被宽恕,而违规停车的司机却要遭受完全的法律惩罚?"保守党法律事务发言人抨击,克罗斯兰的议案是在"为了选择性的政治理由而根本性地损害法治"。他说,接下来议会就会"判定一个行动在实施时是无罪的,但回过去看却是可以惩罚的违法行为"。他说,"宽恕、鼓励违反法律,以及最后为违反法律免责",是法律和议会制统治走向灭亡的开始。

正如这类事情通常的结局一样,整桩事件在混乱中以失败告终。1975年8月,就这一问题,工党政府在下议院遭到挫败,并被迫接受了一项阻止撤销"取消议员担任公职资格决定"的修正案。但在那之前,这件事主要是一个学术问题。与此同时,这11位议员因为与《住宅(融资)法》无关的经济违规行为再次被处以附加罚款。克莱克罗斯镇的地方议会也被废止,并被归入德比郡西北部一个新的地区政府机构。1972年法案被一个全新的工党住宅法案取代,而那些曾经抵制托利党法令的本国其他地方议员也没有再遭受任何进一步的处罚。[4]

法律的两种模式

克莱克罗斯镇的故事提出了很多关于法律和不服从法律的问题。我将在随后的章节里讨论其中的一些问题。

但是,我的讨论想从关注该争论中被反复提及的一个短语——"**法治**"开始。当议员们继续违抗法律,当他们被处以附加罚款并被取消公职资格,当工党承诺支持他们,以及当安东尼·克罗斯兰引入他的议案来为克莱克罗斯镇 11 位议员免责的时候,不断有评论指出,"法治"在为政党的政治利益做出牺牲。那么,这个被称为"法治"的东西是什么?为什么人们说在一个民主制国家里,执政党无权为自身利益操纵法治?如果从这些问题入手,我们或许能够发现一条有效的路径,去探寻法律在英国政治的理论与实践中引人注目的原因。

我们可以用两种不同的方式来思考法律以及法律的制定。粗略地说,我们可以认为法律是**偏私的**(partisan),它仅仅是在用立法的方式表达一个政党特定的意识形态或政策;或者,我们可以认为,至少在法律一旦被通过就应得到每个人的服从与尊重的意义上,法律是**中立的**,是某种超越党派政治的东西。这个对比无疑被夸大了;但花些时间来探究这些极端观点是值得的,因为它们可以使克莱克罗斯镇事件中爆发的关于制定法律和违反法律的争论变得更加清楚。

(1) 法律的偏私模式

代议民主制度包含政党之间为赢得公众支持而进行的斗争。每隔一个固定期间,这种斗争就会以大选的形式出现。在大选中,各政党为赢得大众的选票而相互竞争,以获得对下议院的控制权。我们都认同,对下议院的控制权给予该政党的领导层对政府的控制权;那就意味着它可以制定对外政策,执行国内政策,做出公职任命,提高税收,以及通过法律。

上述最后一项是我们感兴趣的。政党竞争对议会的控制权,是因为他们希望在这个国家的法律中反映他们的价值观、他们的意识形态以及他们的纲领。[5]当然,立法有几个阶段:除了涉及当选的下议院议员,还涉及女王和上议院。[6]但没有人会怀疑,下议院阶段最为重要,而理由显然在于,下议院是受大众控制程序最深的机构。如果议会通过的法律被证明不受民众欢迎,那么全体选民可以任命一个宣誓废止这些法律的多数人团体。这就是关于选举与代议制政治的全部含义。

根据这一模式,佯称法律以某种方式"高于"政治,完全是愚蠢的做法。也许存在一些每个人都同意的法律，无论他们的意识形态是什么。例如，每个人都同意应该有一部禁止谋杀的法律，也同意应该有一套基本的道路交通规则。但一旦我们转向小号字体印刷的附属细则，我们就会发现，要在任何一个法律条款的细节上达成共识出奇地困难。在很多情况下，甚至连基本原则都是激烈的政治争论的主题。在地方政府的角色、教育和医疗体系应有的组织方式、住房政策、社会保障的基本原则、财富和收入的再分配、社会控制和经济管理、国家安全和公务机密、工会的特权和豁免权、基本刑事程序、打击恐怖主义的措施等方面，不同政党持有完全不同的政见。人们有时会谈论英国政治的"黄金时代"（大概是20世纪50年代），那个时候，对于前述种种问题，存在着广泛的全国性共识。但无论当时情况如何，如今显而易见的是，由于原则、世界观和意识形态观念的因素，人们在这些事情上存在深刻而尖锐的分歧。

存在争论的这一事实并不妨碍存在法律。有时候，法律已经存在了几十年，例如1911年通过的《公务机密法》（Official Secrets Act），而且可能没有人对这些法律的诸多条款感到满意；但是，由于政党对该如何修订它们没有达成一致，它们被保留下来。有时候，法律可能是一个政党或另一个政党较为新近的立法产物,在这些情形下,反对派可能就会承诺废止它。克莱克罗斯镇争论的核心——《住宅(融资)法》——就是这样的法律。在制定和起草具体政策过程中的拖延,以及议会会议时间的不足,都有可能妨碍政党如其所愿地迅速推进自己的立法规划。不过,即使是在决定它的立法重点时,一个政府也会受到偏私的价值和关切的驱使。

那么,这个模式所强调的就是,立法的态度必定是偏私的态度。只要议会中有严格的政党行为准则,议会就会依据执政党领导层的意识形态作出立法决定。偏私模式强调了这些态度的正当性和此种决定形式的正当性。政党之间的意见分歧反映了英国人中间更为广泛的观点分歧。作为一个社会,我们不得不做出选择,因为,在我们达成一致同意以前如果任由事情发展,完全就是放弃选择而以不作为的方式作出决定。就社会做出选择来说,它是依据应得到更多公众支持的那种观点粗略做出选择的;而且社会做出选择,恰恰是为了使那些暂时代表了更受欢迎观点的人在决定本国法律时处于优势地位。

(2)法律的中立模式

根据偏私模式,我们对法律的态度仅仅取决于我们是支持还是反对它的条款。相比之下,我所称的"中立模式"要求某种对法律和法律制定的尊重,这种尊重超越纯粹偏私的观点。根据这一模式,存在一些关于法律的特别的东西,而且这种模式带给法律特别的非偏私的责任。

中立模式的支持者并不否认法律由各政党政治家制定,也不否认立法常常受富有争议的价值观和意识形态驱使。他们不否认有些法律的最初灵感来自保守党,另一些来自工党。然而,他们的观点是,当议会在制定一部法律的时候,议会是在以全社会的名义决定某种庄严的东西。虽然根据党派方针提出议案和讨论议案是合情合理的,但我们设计议会的决定程序不仅是要表明哪一个政党更强大,而且要表明在某个问题上,社会作为一个整体暂时的观点是什么。决定程序本身就包含了"分组表决"(divisions):各方在议院的议员席(floor)以及各种委员会上相互讨论;在程序的最后,他们分成两组并各自结队通过"赞成"表决厅('Ayes'lobby)和"反对"表决厅('Notes'lobby)。但是,这个**后果**(result),或者说,**结果**(outcome),是议会整体的决定:精确地说,它是**议会的**法案,而不仅仅是控制了议会大多数席位的保守党的法案或者工党的法案。由于议会的这套程序,该法案就超越了党派政治,成为一部替整个社群制定并代表整个社群利益的规范。

鉴于这种政治决策观点,中立模式坚持立法是一种引起特别责任的行为。即使一项立法提案在政治上是偏私的,支持该提案的人也有责任确保这项新的法律在政治上不会如此极端,以至于社群成员——包括他们的政治反对者——难以对这样的法律表示尊重。(这便是安东尼·克罗斯兰对最初的1972年《住宅(融资)法》的批评。)而且一旦法律得到通过,它的反对者以及它的提倡者,都有责任全心全意地遵守它。反对者们有责任确保自己对该法令的政治反对,不会削弱他们对它**作为国家法律**的尊重。他们当然会为了废止该法令而发起运动。然而,他们运动的方式,不应该根本性地损害该法令暂时作为整个社群的某种代表的地位。

有时,中立模式要求我们在思考法律的时候,采用未必涉及受政治驱动之立法的方式。这种模式倾向于将法律等同于由规则和原则组成的框架,而这些规则和原则使得每个人都有可能在复杂社会中享有文明生活。法律被看做是某种发挥某些社会功能(良好秩序、凝聚力、正义等)的事物,而不是对特定政治信仰或意识形态信仰的表达。当然,我们可以,而且也应该,以这两种方式来思考法律。但是,根据中立模式,我们倾向于更多地强调它的社会功能理念,而不是政治来源。因此,中立模式常常关切法律体系中没有明确涉及党派行动的那些方面。它集中关注含有某些接近一致同意的东西(例如刑法的基本原则以及私法的一些基本原则)的法律领域。并且,它还特别地关注"普通法"——这套原则和规则含蓄地产生于法庭裁判的历史,而非明确地产生自受到政治驱动的立法者的决定。

关于普通法,我在后面会谈论更多,特别是在处理裁判问题的第六章。不过即使是在这部分,我们也应该注意到,法官创制的法律在英格兰的法律体系中扮演了至关重要的角色。[7]私法上取得的很多重要发展(比如,把过失发展成侵权)完全是法官创制的,而不是议会立法的结果。当这些行动发生,当普通法原则向新的方向发展,这种变化通常作为独立于政治的推理结果呈现出来,就好像存在一种法律的发展"逻辑",它的发展能不受党派价值观和意识形态影响。如果我们相信这种说法,我们就可以轻易地说服自己,仅仅基于纯粹理性,我们就可以得到构建并管理社会体制的基本原则。

现在很清楚的是,没有人会**这样**谈论诸如1972年《住宅(融资)法》之类的法律。但是,中立模式用普通法的形象——逻辑自洽、社会功能纯粹、未受党派政治污染——来定义法律的地位。那么,受到政治驱动的法律,一经通过,就会被视为获得了这样的地位,尽管它们产生于政治。

当然,从**偏私**模式的角度来看,普通法与其他任何法律没有什么不同:它被烙上制定者的政治观点。如果一些法律是由法官创制的,那么我们必须去看看司法部门的政治活动,以辨别出那些法律真正的特性。保守党的法官可能被认为在阐明法律原则时带着托利党的特点,而更倾向于左派的法官可能提出与自由主义者和社会主义者更意气相投的论点。如果一个法官作出我们不喜欢的裁决,我们就会耐心地(或不耐烦地)等待另一个更能体恤我们的关切的法官作出相反裁决。相比于法官,议会立法者在他们的政治关怀上更加开放;并且,议会的大多数能够被民主地变更,而司法部门在政治上则刀枪不入。但即便如此,从偏私模式的观点看来,法律在这两个舞台上均仍然是政治的产物。

毫无疑问,中立模式富有吸引力。它没有将政治刻画成党派之间的残酷斗争,而将其刻画为国家内部关于如何塑造社会、经济以及政治体制的持续讨论。既然法律与权力是分开的,它便可以被视为某种能够约束和限制权力的东西;法律的对立面也就不是自由,而是专断统治。同样的,在它关于普通法的价值观中,中立模式将法律体系呈现为一个场所,在这个场所中,任何人都可以提出要求,裁决者会倾听他们的要求,并且会根据产生于社群历史且如今平等适用于所有人的一套原则作出裁定。

两种法律模式——偏私模式和中立模式——在克莱克罗斯镇事件中都起了作用。没有人否认,工党议员们是在依据道德的以及意识形态的理由真诚地反对他们面前的那部法律。但是关于他们本该如何表达他们的反对,两种模式有不同的看法。

根据中立模式,反对本该限于发起呼吁改变法律的运动,要么说服政府废止这部法律,要么说服民众撤换政府。只要这些都没发生,议员们就有义务尊重这部法律,不仅将它作为一项政治举措来尊重,而且将它作为国家法律的一部分来尊重,将它作为某种体现了我们刚刚讨论过的所有高尚价值观的东西来尊重。当他们选择违抗这部法律,对他们施加惩罚就是正当的。对他们施加惩罚不是在代表保守党行事,也不是为了支持保守党的政策,而是为了证明,法律不论其好坏,都是某种以社群名义制定并获得通过的东西。

即使这部法案被废止,中立模式也依然会主张,我们不能否认它**曾经**作为法律的地位。废止法律的程序不应该像克里姆林宫更换领导人一样——用喷枪仔仔细细地把之前的在任者从所有的官方照片中除去。我们不应该假装这部法律从来没有存在过。在一部制定法存续期间,对不服从的惩罚是针对违抗**这部法律**(the law)本身采取的,而且即使这部法律后来被修改了，这些惩罚也应该保持有效（如果制定者期望它们像取消议员担任公职资格的决定一样拥有持续的效力）。这就是工党政府的批评者在说到"法治"时所意指的内涵。撤除取消议员担任公职资格决定的做法，将会从根本上损害法律在整个社群中的地位。

17　　另一种模式以一种更为激进的眼光看待对制定法的反对。从偏私模式的角度来看，反对像《住宅（融资）法》这样的法律不是政治家们自娱自乐的游戏。他们各持己见的问题是他们认为重要的问题。这部法律的反对者认为，强制地方当局以市场价格计算市建房屋租金是错误的；把社会住房的供应与商业投资建立在一个相同的基础上是不道德的；由中央政府设立的特别法庭来监督这个程序，以及要求地方议员们同意他们的建议，均属违宪；而且他们认为，将不提高房租视为某种应该招致附加罚款、破产以及取消公职资格决定的事情，也是不公平的。他们不同意支持那些要求且为施加那些惩罚提供辩护的原则和意识形态。这不是一个辩论性社团为好的论证提出的反对意见；他们这样做是在激烈而彻底地反对这部法律。

　　这个观点是一个一般性的观点。依据党派的理由或意识形态的理由反对一部法律，是反对它的所有条款，包括对不服从行为所规定的制裁。比如,反对一部禁止堕胎的法律,恰恰就是认为堕胎不是那种人们应该因之遭受惩罚的事情。只要这部法律存在,反对者们就会认为,那些依据这部法律受到惩罚的人们正在遭受他们不应当遭受的惩罚。如果这部法律的反对者打算废止该部法律,他们就会尝试确保将来没有人会遭受那种缺乏正当理由的惩罚。而确保那些持续遭受旧法律所施惩罚的人在法律被废止的时候不再遭受这一惩罚,则无疑是对同一改革冲动的自然延伸。

这不同于游戏中的违规。在游戏中,即使一个人认为规则还存在改进的空间,他也可能会接受惩罚。源于法律的惩罚除了包含污名和耻辱,还包含自由、财产甚至是生命上的损失。对大多数公民来说,刑事定罪是一种巨大的灾难,给予不应被认定为刑事犯罪的行为以刑事定罪,则是令人震惊的不正义。如果我们作为一个社会,认识到某部刑事法律是错误的且不具正当理由,而且事实上人们将会因为现在被认为是坏的理由承受这些灾难性的后果,我们就应该采取一些措施。

类似地,对于施加在克莱克罗斯镇11名议员身上的经济和政治惩罚,我们也应该采取一些措施。他们也不是在玩游戏:破产对于任何一个人的生活来说都是灾难性的;而取消担任公职资格对于某个以政治为业的人来说,也确实是一个非常重大的问题。[8] 我们也许认同,当他们着手违抗法律,他们就应该考虑到这些风险。但是出于同样的理由,如果一个新政府当选从而大权在握,且它确信施加这些惩罚的法律是一部恶法,那么新政府显然很难平静地看待那些惩罚性后果。依据中立模式,惩罚只不过被视为是对**这部法律**的适用。但从偏私模式的观点看来,那些惩罚是在这项法令的支持下施加的,是这项法令主要的错误之处。

以上是关于这个问题的两种极端观点。那么,在这两者之间有没有其他立场呢?我们是否**要么必须**把法律看做是一种偏私的表达,**要么必须**把法律看做一套超然的构造?在克莱克罗斯镇的争论中,有一个要点被多次提起:工党政治家们怎样才能期待保守党在不情愿的情况下容忍工党的法律;反过来,怎样才能够期待工党容忍保守党的法律?由于政党交替掌权,一方的法律有时会为另一方深恶痛绝。保守党政府要求工党议会提高租金。而工党政府则要求保守党议会废除文法学校。[9] 如果各政党都不愿意容忍另一方的法律,那么双方都将在实现自身目标的过程中受挫。也许在以下这个互惠理念之下,有可能达成某种共识:你们尊重我们的法律(直到你们通过恰当的方式废止它),我们也会尊重你们的法律。

民主、统治和阶级

在描述偏私模式的时候,我是从民主的角度来呈现它的。法律制定是代表们的活动,而代表们的偏私观点能得到大多数人的青睐。执政党有权通过反映其自身意识形态的法律,并抹去所有前任法律的痕迹,因为社会现在已经通过集体选择这一行为,选择了执政党的政策和观点。

不言自明的是,此种民主模式在英国政治背景下有些乌托邦,真正的社会选择过程要棘手与复杂得多。投票者们几乎从来都没有机会直接支持或谴责任何特定的法律或政策。有时,在政治竞争中,一些提案被"制造成争议点"而引起一场选举:反对党保证废止某个由现任政府通过的法令,而后者就会发起猛烈的辩护;或者不管哪个政党"承诺"制定某部法律,他们的反对者都会试图说服全体选民这部法律是不得人心的。但即使是如此提出立法问题的时候,这些立法问题也依然同摆在各方人民面前的其他举措缠绕在一起。显然,我们很难从支持某位政党候选人的投票中推断出选民对某项特定举措的支持,而这位候选人支持的是一整个系列的、已被捆绑成相对不可分整体的政策。

以上还不是仅有的复杂情况。选民们是为特定的候选人投票,而不是为政党纲领本身投票。他们是在"相对多数决"(plurality)制度下进行投票的,这种投票制度使得政府在获得少数大众投票(有时总体上比投票支持主要反对党的票数还要少)的情况下,也能获得对下议院的大多数控制权(majority control),而且对于任何一个寻求进入政治体系的新兴政党来说,这种制度给它们设置了几乎无法逾越的障碍。结果就是,党内的政治及意识形态竞争趋于与党派之间的竞争一样多。每一个主要政党其实都是派系间的广泛联盟,它在执掌政权时公开宣布的政策和制定的法律,反映的是政党内部权力斗争的结果。而这个结果,肯定不能精确地对应于民众对各方不同观点的支持程度。

大家都熟悉这些关于英国政治体系的观点。它们没有对法律制定的偏私模式提出质疑,但它们影响了我们看待这个社会中的党派偏见的方式。争夺议会控制权的斗争,争夺立法权的斗争,依然是持有对抗性政策、价值观和承诺的竞争派系之间的斗争;但这个斗争未必与人们的意愿直接相关。

一些法律学者,尤其是左派的学者,对法律制定的政治基础持有更具偏见的看法。他们认为,选举的政治活动仅仅是一个幌子。立法真正的决定因素,是控制并影响着任何政府的强大的利益集团,以及根植于英国当权派结构和态度中的正式且传统的思维方式。[10]归根结底,他们认为,真正的斗争不存在于政党之间,甚至也不存在于政党内部。真正的斗争存在于阶级之间,存在于那些当前控制着社会和社会资源的人,与那些因为没有自己的生产资料而只能按照其他人指定条件谋生的人之间。简言之,这是存在于资本家和无产者之间的斗争(种族冲突、性别压迫,以及在经济中毫无作用者——这些人在经济中只扮演纯粹依赖和无助的角色——的数量增加,以富有争议的方式将该斗争复杂化)。[11]

在采用此种方式看待问题的那些人中间,有很多关于法律、党派偏见以及政治活动的不同观点。大部分左派人士共享卡尔·马克思的观点,认为政治上的分歧以及关于法律是什么或法律应当是什么的分歧,不是作为一种智力辩论独自存在的,而是受到阶级与经济这两个更深层的力量驱动。[12]即使他们不认同马克思关于经济决定论以及工人阶级革命必然性的观点,他们也会相信,如果我们想知道这个社会**真正**发生了什么,我们就应该去看看在工厂里、在生产关系上以及在争取经济权力的斗争中正在发生什么。

该观点的最粗糙形式似乎要求,一个资本主义社会(英国被认为就是这样的社会)必定会拥有资本主义的法律。议会议员可能会提出各种提案,但是在资本主义社会的经济条件下,能够存续并繁荣发展的法律,仅仅是那些促进并维持资本主义企业、资本主义经济以及资本家对工人的剥削与控制的法律。法律是偏私的,这没问题,但只要资产阶级仍然居于统治地位,那么法律就会有资本主义的特色,而无论在选举政治活动这一层面上发生了什么。被我描述为偏私的差异——工党与保守党之间的差异——事实上只是一种边缘性的差异。工党的法律也许会产生某种影响——在这里支撑起摇摇欲坠的福利国家大厦,或在那里增加一点经济管理——但这对于改变社会的宏大结构,或改变分配和控制财富与资源的方式来说,只是杯水车薪。除非工人阶级成功崛起并反抗他们的压迫者,否则就没有希望出现反映工人阶级价值观的法律。与此同时,法治只能是资本主义的统治,而我们在诸如克莱克罗斯镇的事件中发现的这类偶发的对法律的违抗,只不过是阶级斗争在一个相对表面的层次上的延续。

如果我们采用这种方式看待问题,那么法律的中立模式、法治的理念,甚至"你们遵守我们的法律,我们就遵守你们的法律"的互惠式妥协,看起来都像是天大的骗局。**法律**意识形态(the ideology of the law),是粉饰阶级统治的一种方式,这样一来,它看起来像是嵌在了一个超越任何特定阶级利益的关系框架中。大多数情况下,资产阶级不是依靠暴力来统治,而是通过使它的理念被认同为"中立的"或"客观的",并且被认同为"事物必然所是的方式"的一部分来统治。所以,他们在提出诸如财产和市场的制度时,表现得好像他们在追求确保社会每一个成员的利益。这样,人们就会服从阶级统治,而不去思考正在发生什么。他们可能受骗,以至于认为他们是在服从一种独立、客观并被称做"法律"的命令。

在已为人所熟知的"批判法律研究"(Critical Legal Studies, CLS)运动中出现的许多研究工作,就是在诸如此类的假设之上向前发展的。[13] 在美国法学院,批判法律研究最早表现为揭穿我所称的"中立模式"。按照传统,美国的法学院学生被教导去以一种强调法律原则理性发展,以及法律原则崇高地独立于偏私利益的方式来思考法律原则。在全神贯注于普通法和宪法解释的同时,他们被教导,法律推理是一个在逻辑上令人信服且在意识形态上中立的过程。相比之下,批判法律研究的学者们,试图让学生把法律历史和法律原则的发展看成是与阶级利益及经济变迁密切相关的过程。他们将法律和法律原则视为一个被设计来确保经济剥削和其他形式的剥削在道德和理智上值得尊敬的社会框架。他们拒绝承认中立模式的意识形态基础是"自由主义的"(liberal);他们对中立模式的兴趣,仅限于关注它过去迷惑和欺骗我们的方式。[14]

偏私模式与法治

如果偏私模式正确——无论是其政党版本还是其阶级版本——那么我们是否还有理由浪费时间讨论法治或者法哲学？如果法律只是由谁来控制英国社会生产方式的问题，我们为什么还要关心法理学？如果法律意识形态只是一场骗局，只是一种掩盖某人权力现实的方式，我们为什么还要在这个迷惑性的细节上浪费时间？我们为什么不改为集中关注社会现实？

有三种方式回答那些问题：一种是相当愤世嫉俗的，一种不那么愤世嫉俗，另一种完全不愤世嫉俗。最愤世嫉俗的回答认为，我们之所以有兴趣分析法律意识形态，是因为我们想让阶级权力的现实与其自身所声称的内容进行对质。通过假装认真对待法治等理念，我们也许可以公开展现我们对手的实践在多大程度上未达到他们的理想，从而使对手难堪。一旦劳动者认识到法律修辞的烟幕与阶级斗争的现实之间的对比，他们将不再被愚弄。

不那么愤世嫉俗的回答，集中关注法律在有助于维持阶级统治体系时所起的具体作用。如今，左派中已经极少有人把国家仅仅看做资产阶级的"委员会"。从精神特质、人事安排、社会功能等角度来说，国家已经在某种程度上与商业利益和资本利益相分离。国家的具体任务之一，就是在阶级冲突中维持某种秩序——可以说是缓和斗争——这样一来，生产和经济生活能够继续进行。此处人们经常引用马克思的革命伙伴弗里德里希·恩格斯的话：

> 为了使这些对立者、有着冲突性经济利益的阶级不会在没有结果的斗争中耗尽自己和社会，有必要存在一种看上去超越社会的力量，来缓和冲突并将冲突保持在"秩序"的范围内。[15]

尽管恩格斯相信国家在根本上是"最有权力且经济上占统治地位的阶级"的工具，但他也认为，这个工具只有在免于被所有人都彻底等同于统治阶级的利益时，才能发挥作用。人们必须有理由将国家视为一种独立的力量（即使经过最终分析，这种独立力量不过是幻觉），否则相较于通过无情的经济力量进行统治，统治阶级通过国家进行统治就不能获得任何优势。更直接地说，为了被视为秩序的独立来源，国家必须在某些时候实际上成为秩序的独立来源。而在机构设置和人事安排上，国家要发展出面向这个目标的实践和态度。

有时这个观点会被表达为，国家是"相对自主的"而不受制于社会,经济力量只是"作为最后手段"对国家产生决定性影响。[16]这意味着,国家具有某种程度的独立性:尽管它当然会受制于一些限制,但它自己能够主动行动。鉴于那些限制,**政治性**的偏私模式就有可能发挥作用,而中立国家的观点也有可能发挥作用。如果国家部分地独立于统治阶级,那么在这种独立范围内工作的人们如何运用这种独立性就会产生重大影响,我们可能会再一次感兴趣于各种法律的政党—政治来源,以及政治活动中人们对合法性和互惠的渴望。

就法律作用的问题,我们也可以提出同样的观点。即使法律对资产阶级统治的贡献在于迷惑人们,并且使他们从中立的或者超然的秩序角度进行思考,法律也还是需要给予他们某种那样思考的**理由**。为了回应由"结构主义"的马克思主义者们提出的主张——法律**仅仅**是迷惑劳动者和掩盖阶级统治现实的工具——历史学家 E. P. 汤普森(E. P. Thompson)陈述了一个强有力的观点:

> 人们不像一些结构主义哲学家认为的那样愚蠢。他们不会被第一个戴上假发的人迷惑。作为一套规则和程序,法律应当适用包含普遍性和公平(equity)的合乎逻辑

的标准,这内在于法律的特殊性质。的确,某些类别的人可能被排除在这个逻辑之外(比如儿童或者奴隶),而另一些类别的人可能被拒绝归入这个逻辑的部分内容(比如妇女,或者在 18 世纪很多形式的法律中,那些没有某些种类财产的人)。凡此种种,以及更多的情况,的确存在。但如果这样的情形存在得太多,后果显然适得其反。大多数人都有强烈的正义感,至少在事关他们自己的利益方面。如果法律明显是偏私且不公正的,它将不可能掩盖什么,不能将任何事情正当化,也无助于任何阶级的领导权。从法律作为意识形态的功能看,法律有效性的关键前提是,它应当展现出不完全受操纵的独立性,并且看起来应该是公正的。如果法律不能维持它自己的逻辑和标准,它就不能看起来如此;而事实上,有些时候,法律通过实际是公正的,才能看起来公正。[17]

两个要点紧随其后。第一,统治阶级的成员,当然还有政府职员,总是可能陷入他们自己的修辞。汤普森注意到,我们通常不能仅仅因为我们认为居于统治地位的意识形态是伪善的就忽视它:"甚至统治者也会发现需要将他们的权力正当化,需要将他们的功能道德化,他们也需要感到自己是有价值且公正的。"此外,如果他们的意识形态是某种和法律一样复杂的东西,即"一套需要多年费力钻研才能掌握的行为准则",那么它的很多实践者就必须深深沉浸在这套行为准则的逻辑之中,直至他们认真和真诚地对待它的实质内容和推理过程。

另外一个要点更加难以察觉却更加重要。只有当法治、合法性等诸如此类的意识形态——就其自身而言——是一套具有道德吸引力的理念时,这些意识形态才有助于维持阶级权力。我们可能会在某种难以下咽的东西之上加上某种甜的东西,以使难以下咽之物更为可口,然而这些甜的东西就其自身而言必须的确**是**甜的,否则将无助于味道的可口性。法律在将阶级权力展现给所有相关人员的时候,会将阶级权力掩盖成一种社会形式。如果该形式确实**得到**实现,那就会是一种良善、公平且公正的社会形式。正是通过将阶级权力掩盖成这样的社会形式,法律将阶级权力正当化。一些理念——如"一套将同样的东西适用于每个人的规则""任何人,无论她的阶级是什么,都可以拥有公正的裁判庭并要求实现正义""除非是在实行一般原则的过程中,否则即使是那些当权者也不能使用武力"——可能是对现代英国(或者汤普森笔下的那个英国)实际发生之事的错误陈述,但是它们仍具吸引力,而一个确实遵循这些理念的社会将是一个良善的社会。

如果我所阐述的这一要点是正确的,而且前一要点也是正确的——即统治阶级在某些时候必须实际服从法治以维持合法性的一般**假象**——那么似乎可以得出,即使法律和合法性是阶级统治的工具,法律和合法性也确实可为社会做出积极贡献。正如汤普森注意到的,在"直接且不接受约束的武力(任意剥夺自由、用军队镇压平民、酷刑,以及所有其他那些我们所熟悉的权力恣意妄为)"和法治之间存有差异,即使它们都是阶级统治的方式。如果不像汤普森那样得出以下结论,我们就很难描述这个差异以及它意味着什么:就其本身而言,

> 通过法治——以及对规则和程序的阐述,这些规则和程序有时使我们几乎接近了法治理想——来管理和调和冲突的观念,对我而言看起来是具有普遍意义的文化成就。法治本身,即对权力施加有效限制并保卫公民免受权力的全方位侵扰,在我看来是一项绝对的人类之善(human good)。[18]

所有这些指向某个可能根本不愤世嫉俗地看待法律的方式。如果我们同意合法性和法治**能够**以可欲的方式缓和阶级冲突和阶级压迫,那么我们或许应该支持这样一种观点,即法律实际统治社会的概念并非是对社会的描述,而是一种社会

理想,某种我们追求的东西。照目前的情况,法律规则或许被用来实现偏私的目标。我们需要对正在实际发生的事情保持实事求是且清醒的认识。但是我们也需要对政治生活抱有某种理想或渴望——某种关于什么会使事情变得更好的理解。为了实现这个目的,即使是在法律的偏私模式引起的混乱中,法律投射出的意象也是具有吸引力的。

上述观点即使是在马克思主义论点的语境下,也可能是非常重要的。很多人追随马克思的足迹,认为社会和经济变迁的不可避免性使他们不必太多地考虑后革命社会的结构。他们对共产主义法律和国家的意见局限于一个模糊的感觉,即阶级冲突消失后,这些形式绝对会"消亡"。[19] 但如果他们持有这种理解仅仅是因为现存社会主义国家的经验表明了消亡的偶然性和多样性有多大,那么显然还需要更多解释。尽管一些马克思主义者认为尊重权利、普遍性法律和合法性等古老原则已经被玷污而无法挽回,其他马克思主义者却不那么确定。而且一些人已经开始主张,某种形式的法治理念与对人类现实需要及社群的关切相联系,可能实际上在以一种具有吸引力的方式表达一个人类尊严的意象,也即一个社会的意象,在该社会中"每个人的自由发展是所有人自由发展的条件"。[20]

那么这个意象是什么样的？它就是这样一个国家：每个人受制于同一套规则，官员严谨且公正地适用这套规则并以此为他们的使命；人们能够坦然面对彼此，并且知道他们正在一个体制中依据平等适用于他们所有人的条款开诚布公地合作。我们将在第三章更为详细地讨论各种法治观念，而在那里我们将关注的事情之一是法治能否成为一个完整的社会理想，还是它只是社会理想最重要的一部分。一些人或许认为，相比于我们在周围发现的不堪现实，如政治性的法律、怀有偏见的官员和剥削性制度，上述观点看起来完全是过于完美无瑕了。但是国家应该是那样的：正如我说过的，我们的理想看起来完美无瑕，恰恰是因为这些理想的责任就是要为我们提供标准来判断什么会使事情变得更好。理想与现实的距离并不会取消它们作为理想的资格，这种距离也不应阻止我们考虑这些理想的性质和结构。

回到克莱克罗斯镇事件

我们从德比郡小镇反对提高租金的故事开始，已经走了很远。不过我认为，现在我们可以用之前所讨论的观点来对那场冲突中的争议点提出某种理解。

克莱克罗斯镇的 11 名议员和他们的支持者把《住宅（融

资)法》看做完全偏私的法令。有些人或许从阶级的角度来看待它,将其看成一个资产阶级法案,某种在资本主义社会理所应当的东西。另一些略微乐观的人,认为它仅仅是一部托利党法案,某部工党得到议会控制权后即可废止的法案。无论以这两种方式中的哪一种来看待《住宅(融资)法》,他们的违抗都绝对是在参与一场偏私性的斗争,而工党对其违抗行为的辩解本身,只不过是这场相同且古老的斗争的另一个阶段。

在那些被违抗行为所困扰且担心工党行动的人中间,不同的观点更多。最简单的观点认为《住宅(融资)法》是本国法律的一部分,理应得到无条件的尊重。根据这个观点,议员们一宣布他们的立场,法治理想就受到了威胁;而且一旦有政党在那个立场上为他们提供帮助和鼓励,法治理想就陷入了最严重的危险。

一种更为平衡的观点则把整个事件看做一段对法治来说不愉快的插曲。议员们乐意于认为这个法令是偏私性的而不理会它,这表明他们对法律理念和立法固有的一种渴望毫不关心。它暗示着除非并且直到通过符合他们心意的法律,否则法治理想不值一提。另一方面,有人可能认为,只要法律的特性明显偏私,那么无论如何,法律对无条件尊重的要求都将是无关紧要的。如果政党坚持未经磋商就通过法律,而且这些法律在任何意义上都没有体现被广为接受的合作条款,那么,假若人们认为通过的法律完全是偏私性的法令并对它们做出相应的回应,政党就不会感到意外。一个政党不能主张它出台自己喜欢的任何旧法令是在实现"法治";相反,如果这些旧法令完全激怒了很多不得不容忍它们的人,出台旧法令的做法就可能是一种从根本上损害"法治"的方式。如果我们认为法治至关重要,那么每一个人,**包括立法者**,就都必须尽其所能维持法治。如果人们有责任尊重法律,那么同等地,政治家们也有责任通过鼓励和激发这种尊重的法案。如果法治至关重要,那么它应该足够重要到不仅用做对个人行为的指引,而且用做一项立法规范。[21]

由此,中立模式错在它混淆了理想与现实。我们希望我们的法律能够以超越偏私性差异的方式博得尊重,而且当它们做到这一点,那是一件好事。但仅仅是"将类似于《住宅(融资)法》的政治举措当做**法律**的一部分"这个事实,并不能表明我们已经成功实现上述渴望;它仅仅(而且至多)表明那是我们所渴望实现的。当然,纯粹偏私模式存在的问题恰恰与此相反。他们仅仅将法律看做它们所是的东西,并且将它们看做阶级或者政治的胜利,这就忽视了法律控制的统治(law-governed domination)的特殊性质和蕴含于其中的渴望的吸引力。根据最愤世嫉俗的马克思主义观点,那些理想已经被它们所要实现的目的无可救药地玷污了。但是,其他一些人好奇于这些理想在遗漏某些要点的时候还如何可能实现那些目的,对他们来说,法律和合法性的理想可能值得某些更进一步的探讨。

[1] Austin Mitchell,'Clay Cross', *Political Quarterly*, 45 (1974), p. 166.

[2] 这个观点表达在《泰晤士报》1973 年 10 月 20 日和 1974 年 3 月 20 日的社论中。它指出政府本可以在早些时候指派住房委员会委员(Housing Commissioner)收取上涨的租金。

[3] 他私下里将工党对克莱克罗斯镇 11 名议员的承诺称做"如此令人痛苦的承诺"。当他提出撤除取消公职资格决定的议案时,《每日电讯报》(*Daily Telegraph*)惋惜道:"工党最具智慧和识别力的人,堕落至不知所云地说着别人可能会相信而他自己必然知道是错误的事情。"[Susan Crosland, *Tony Crosland* (London: Jonathan Cape, 1982), p. 282.]

[4] 这段叙述主要来自《泰晤士报》同时期的报道。关于该事件的结局某种程度上更具同情心的叙述见于 David Skinner and Julia Langdon, *The Story of Clay Cross* (London: Spokesman Books, 1974),

Chs. 9-10.

[5]"意识形态(Ideology)"这个词有时是个问题。它经常被用做贬义("我有我的原则;你有一个意识形态")。但是,贯穿本书,这个词是在以下意义上使用的:**意识形态**是关于社会、经济和政治领域的一套有秩序的价值观和信念,它构成政治承诺的基础。

[6]《1911年议会法》,修订于1949年,规定:一项由下议院在至少相隔一年的两个连续会期内通过的议案,即使受到上议院反对,也可以呈请御准(Royal Assent)并成为法律。(尽管上议院投票反对,《1949年议会法》依然获得了通过,它将等待期间从两年减到一年。)如果一项议案仅仅处理财政问题,那么仅仅一个月后,即使上议院反对,它也可以获得通过。但是,这个权利很少被援用,而且上议院依然经常成功地修改政府的法律。我会在第四章中略加充分地讨论御准的问题。

[7]我这里强调"英格兰的"(English),是因为在苏格兰的法律传统中,普通法在某种程度上不那么重要。

[8]虽然这并没有阻止20世纪80年代工党议员身上出现类似行为(这些行为导致类似惩罚的施行)。

[9]在 *Secretary of State for Education v. Tameside Metropolitan Borough Council* [1976] 3 WLR 641 案中,情况恰好几乎相反:一个工党大臣控告保守党议会正在挫败政府的政策(关于综合教育)。

[10] See, for example, Paddy Hillyard and Janie Percy-Smith, *The*

Coercive State: The Decline of Democracy in Britain (London: Fontana, 1988).

[11] See Ralph Miliband, *Marxism and Politics* (Oxford University Press, 1977); John Dearlove and Peter Saunders, *Introduction to British Politics* (Cambridge: Polity Press, 1984).

[12] 面对人们对马克思反对法治等的指责,马克思回应道:"你们的观点真的只是资产阶级生产条件和资产阶级财产条件自然发展的结果,正如你们的法理学只体现你们阶级的意志,该意志被写进适用于所有人的法律,而它的重要特征和方向都取决于你们阶级现有的经济条件。"[Karl Marx and Frederich Engels, *The Communist Manifesto* (1848; Harmondsworth: Penguin Books, 1967), pp. 99-100.]

[13] See Mark Kelman, *A Guide to Critical Legal Studies* (Cambridge, Mass.: Harvard University Press, 1987) and Peter Fitzpatrick and Alan Hunt, *Critical Legal Studies* (Oxford: Basil Blackwell, 1987).

[14] 对批判法律研究最初的"自由主义"回应, see Ronald Dworkin, *Law's Empire* (London: Fontana, 1986), pp. 271-5 and 440-1.

[15] F. Engels, *The Origin of the Family, Private Property and the State* (1884; Peking: Foreign Languages Press of Peking, 1978), Ch. IX, pp. 205-6.

[16] See Nicos Poulantzas, *Political Power and Social Classes* (London: New Left Books, 1975), pp. 253 ff. 一个清晰的导论性讨论见于

Hugh Collins, *Marxism and Law* (Oxford: Clarendon Press, 1982), pp. 47 ff.

[17] E. P. Thompson, *Whigs and Hunters: The Origin of the Black Act* (Harmondsworth: Peregrine Books, 1977), pp. 262-3. 这本历史著作检讨 18 世纪土地所有人和盗猎者之间的冲突。引文来自本书"Consequences and Conclusions"一章的第四部分，该部分在某种程度上已经成为马克思主义法治争论的经典内容。

[18] Thompson, *Whigs and Hunters*, p. 266.

[19] F. Engels, *Anti-Duhring* (1878; London: Lawrence & Wishart, 1940), p. 315; V. I. Lenin, *State and Revolution* (1917; Moscow: Progress Publishers, 1965), pp. 18 ff.

[20] 引文来自 Marx and Engels, *Communist Manifesto*, p. 105. 近来有人继续使用这些思考路径，比如, Steven Lukes, *Marxism and Morality* (Oxford: Clarendon Press, 1983) and Ernest Bloch, *Natural Law and Human Dignity*, translated by Dennis Schmidt (Cambridge, Mass.: MIT Press, 1986).

[21] 对英国政治实践一个沿此路径的批评意见, see Douglas Ashford, *British Dogmatism and French Pragmatism* (London Allen & Unwin, 1982).

第三章
第2堂课　法治

佩德罗诉迪斯案（*Pedro v. Diss*）

29　　1979年伦敦的一个深夜，一位名叫雅·雅·佩德罗（Ya Ya Pedro）的男子站在他兄弟的家门前。另一名男子，马汀·迪斯（Martin Diss），向他走了过来，表明自己的警官身份，并询问佩德罗正在那里做什么。佩德罗没有回答就走开了。当迪斯警官重复了他的问题后，佩德罗却叫他"滚开"。不过，佩德罗最后还是允许警官搜查他。然而，当警官在佩德罗口袋里发现一些钥匙，并开始就此盘问时，佩德罗再次走开了。迪斯警官抓住他的胳膊，问道："你住在这里吗？"佩德罗以另一句脏话回答，并向后挥动手臂，肘部击中了警官的胸部。在他这么做的时候，迪斯警官抓住了他的衣服，于是佩德罗又用拳头打了迪斯警官。最终，在其他两名警官的协助下，迪斯警官控制住了佩德罗。他们逮捕了佩德罗，并指控佩德罗在警官执行公务时袭警。

　　佩德罗被交由海布里的治安法官审判，他被判有罪并处以罚金50英镑。佩德罗上诉至高等法院,首席大法官莱恩(Lane)与另一名法官一同撤销了这个定罪与判刑。他们认为,当佩德罗用拳头打迪斯警官时,迪斯警官并**不是**在合法地执行公务。莱恩法官说,警察没有无限的权力拘留审问人们,他们正当的拘留权与逮捕权是由法律规定并受法律控制的。如果他们超越权力,那么被他们抓住的人就有权以自卫的方式进行回击,正如他可以反抗**任何**其他攻击他的人一样。莱恩法官继续说:

> 因此,对于一个人来说,在他首次被警官人身拘留的时候,知道这种人身拘留是否被那个警官视为正式的逮捕或拘留,是非常重要的。对于正在执行逮捕或拘留的警官,这也是应当使嫌疑人知道他正被逮捕或拘留这个事实及其依据之所以重要的理由之一。[1]

迪斯警官声称他已经认定佩德罗是一个盗贼,依据1839年的《大都市警察法》(Metropolitan Police Act)第66条,他有权"拦截、搜查和拘留任何可能被合理怀疑为以任何方式占有或运送盗窃所得或其他非法所得的人"。问题在于,他没有告知佩德罗这正是他在做的事;他并没有说明这是他正在行使的权力,也没有说明这些是他怀疑的依据。所以,佩德罗无法将这种情形与他被非法攻击的情形区分开来。这就是为什么莱恩法官认为佩德罗有权进行自卫，即使针对的是一个警官。

一个很有诱惑力的说法是，佩德罗因为一个"专业细节"脱罪。在一些国家，你不被允许去反抗一个警官，即使他拘留你的企图是不正当的；此外，警官没有义务说明你为什么被拘留，而且无疑地，如果他不说明，你也无权反抗他。[2]我并不想争辩说佩德罗诉迪斯案中的规则必然更好。但是，这个案件阐明了两个更宽泛的原则性要点。

首先，它包含了这样一种决心：尽可能地使警察部队的成员，与每一个其他公民一样，服从同样的基本法律规则。普通的公众通常不被允许用强力拘留其他人，他们有权反抗任何试图对他们那样做的人。警察与其他每个人一起服从于那个基本的规则体制。

其次，它体现了一种对待任何**特殊**权力的特定态度。此处的特殊权力是指那些可能被人们认为是警察能够履行职责所必需的。这种态度认为，应该由规则来限制和控制警察的特殊权力——这里的规则并不就是指任何规则，也不是隐藏于警察培训手册中的规则，而是被知晓并得到公布的规则。事实上，这个案件引人注目的地方在于，法官们坚持主张，迪斯本应告知佩德罗他所依据的特定规则。公众不必屈服于这种一般感觉:警察是绝对"特殊的",且可以一些方式干涉他们的生活,而公众不能以这些方式干涉彼此。他们有权知道正在发生什么,以及警官正在依据什么权力行动,如果没有这项权力,警官就是在以令人反感的(和可抵抗的)方式行动。否则,公众将会任由不可预测的专断权力摆布。

当然,佯称有大量公众知道约束警察的规则是没有用的。说佩德罗在猛力出击时就知道他是在他应有的法律权利范围内行动,也是令人生疑的。不过,即使佩德罗以及和他一样的其他民众,并不明白确切的规则,也不清楚他们有权在多大程度上反抗,他们也确实知道(对警察权力)存在**一些**限制,他们的律师可以找出这些限制并为他们的利益加以援引。这听起来可能像是专业细节,甚或是在钻法律的空子。但是当你这样想的时候,想象你生活在这样一个社会中:公民们普遍并正确地相信对警察可为之事**没有**限制,或者在任何情况下,像他们一样的普通人都没有可以援用和依靠的限制(这样想象的话,你就不会认为前面的内容是专业细节或钻法律的空子了)。

法治,而非人治

对于我们很多人来说,巡逻的警察是英国国家权力最明显的表现。他代表着这样一个机构：如果我们反抗这个机构的要求，他能够用强力制服我们中的任何人，而且只要他想，他可以随时动用那种强力。[3]尽管英国没有全国性的警察部队，但1984年到1985年煤矿工人罢工等事件显示，各警察部队将会竭尽全力合作镇压反抗他们的人。相似地，虽然按照常规，英国的警察除了警棍外不配备其他武器，但是他们的确有权使用枪支火器。而且，正如北爱尔兰事件中所显示的，如果确有必要对抗某种针对他们权威的挑战，他们可以要求政府领导部署军事力量。就像任何政府官员一样，他们的潜在权力是巨大的，因为他们能够召集国家一切有组织的力量作为最后的手段。而且，这也同样适用于其他官员——从税务官员到社会福利办事员——他们都是一个拥有极大权力的机构的代理人。

当你这样考虑时，就很难抗拒这样一个意象：一群人——受到组织安排的国家代理人——对另一群人行使权力，而这是多得多的一群人，也就是我们中其余的人，而且相对而言，我们自身无权无势而极易受到他们要求的伤害。有些人有权有势，而有些人无权无势。国家是一群人对另一群人的统治。而且，对于处于从属地位的人们来说，这显然是一种侮辱和轻蔑，因为它使得我们处于一种不自由和明显不平等的境地。

自亚里士多德以来，政治哲学家们就试图缓和或限制这种意象。他们认为，政治并不必然是人对人的专断统治。或许我们可以想象这样一种政治生活：每个人都是一个主体，每个人也都被统治着，但不是被一个人或任何特别群体的人统治，而是被一套共享的抽象规则所统治。如果我受制于另一个人，那么我的处境就是任由他的冲动和激情摆布。但如果我们都受制于法律，那么个人的因素就被排除在政治之外。[4] 通过使每个人都受制于法律，从某种意义上来说，我们又使自己处于平等地位了。

这就是佩德罗诉迪斯案所传达的信息：警官没有特权；就像地位低的嫌疑人一样，他也平等地受制于本国法律。[5] 类似地，其他官员，甚至是政治家和国务大臣们，即使在他们自认为正高尚地追求公共利益（common good）和国民意志的时候，他们也必须和其他任何人一样遵守法律。就像我们当中的任何人一样，他们都应当受法律约束。只有在这个基础上，我们才可以用"法治"这个词语来描述英国。这也就是为什么人们认为自己可能是自由的，又同时是受到统治的：他们说自己是服从于法律的统治，而不是人的统治。这就是我们在第二章结尾所说的可能引起更多考虑的观点。

法律实证主义

表面上讲,认为事实上是法律而不是人在统治着英国,或者应该由法律统治英国,这个观点听起来是愚蠢的。如果没有某种人类机构来实施它,没有像马汀·迪斯一样的警官,一部法律就只是一张纸,甚至更糟地,只是某人脑中的一个想法而已。在我们能够被法律统治之前,法律需要人们颁布,需要人们侦查违法行为,还需要人们制止和惩罚那些违法行为。但这样的话,看起来还是那些人在统治我们。他们可能依法或者不依法统治我们,但可以肯定的是,他们而不是法律本身,在实施统治。

或许更重要的是,"法治,而不是人治"这句古老的口号,似乎忽视了法律是由人制定的这一事实。我们可以很骄傲地指出像控制警察行为和规制警察权力的《大都市警察法》这样的规则。但是那样的法律,不同于引力定律,不是宇宙结构的一部分,并不独立于任何人所决之事。《大都市警察法》是由维多利亚女王和1839年的上下两院成员这群掌握权力的人通过的。法律并不是人治的一个替代选择,因为它是由人制定的。这就是第二章中偏私模式所强调的。我们拥有我们制定出来的法律(we have the laws we do)——比如允许警察拘留盗窃嫌疑人,那是因为一些有权力的人聚集在一起决定了法律就应该是这样。他们原本也可以作出不同的决定,他们的立法决定和专制君主的专断活动一样,都是人治的例子。

我们很自然地会以这样一种方式去看待法律——它们是某种由特定的人**制定**的东西,因此并不是人治真正的替代选择。法律的制定是在议会中进行的。我们称我们的议员为"立法者",而且我们知道我们任由他们摆布,因为国家的代理人(诸如警察等)将会执行他们颁布的一切标准。用一种人们熟悉的说法讲,法律是人类权力的一种表达。

在法律理论中,对法律的这种常见看法体现在一种名为**法律实证主义**的路径中。法律实证主义者相信,法律只不过是由社会中最有权势的群体或组织**确定的**(posited)法令和命令。我们可以依据法律的人类来源(human sources)来识别法律。或许,这个路径以及它如何看待法律,值得再多说一点。

在英国的法理学中,托马斯·霍布斯、杰里米·边沁和约翰·奥斯丁都是伟大的法律实证主义者。他们相信,在每一个由法律统治的社会中,我们都可能识别出一个占据**主权者**地位的实体(entity)。主权者是其他几乎每个人都习惯性服从的个人或群体。因此,他们相信,在中世纪的英国,国王就是一个主权者——他的话就是法律。但是在现代的英国,主权者是一个由国王或女王,与议会两院一起组成的更加复杂的实体。由于英国民众通常都服从那个实体的法令和命令——因为大多数人都按照君临国会(Queen-in-Parliament)所说的行事——那么,我们便可以把那个实体的法令和命令定义为法律。根据实证主义者的定义,法律仅仅**是**碰巧得到社会大多数民众注意与服从的人所发出的任何命令。[6]

换一个稍微不同的说法,实证主义者认为,我们可以把法律看做是一种社会和政治生活的**事实**。人们碰巧习惯性地服从于某些个人或机构。社会学家可以注意到这个事实,而且如果它看起来是一个社会相当稳定和显著的特征,那么,他们将会称其为"法律"。他们用这种方式来描述法律,并不是说他们认同这种状况,也不是说他们认为他们识别出的主权者命令必然是好的。根据实证主义的观点,称一些东西为法律,只是提供一种描述,而不是提供一种评价。所以,法律实证主义完全可以与我们在第二章中讨论的偏私观点以及马克思主义观点相容。法律实证主义将法律定义为主权者的命令,偏私模式则告诉我们某种关于主权者性质及其意识形态偏见或阶级偏见的东西。根据实证主义的说明,具体法律充满了颁布它们的人的价值和关怀。即使我并不共享法律体现的价值,我也可能**识别**并**描述**法律;在这种意义上,法律科学可以是"价值中立的"(value-free)。但是,法律本身从来不是价值中立的,因为法律是人类权力的一种表现,而人类显然是在追求原则和价值的过程中运用权力。

那么,对于法律实证主义者来说,法律完全是一项人类的事业。实证主义是一种世俗的法律意象。法律不是来自上帝或天外(out of the sky),也不蕴涵于自然或道德之中。它是掌握权力的人制定并使用他们的权力来实施的某种东西。

这种简单的主权者和服从理论存在着一些难题,我们将在稍后的章节中考虑其中的一部分。但现在,还是让我们在这个简单的实证主义图景中稍作停留,看清楚它给法治的观点造成了什么威胁。

法治是这样一种观点,即我们被法律而不是特定的人统治。实证主义对此的回应是:不,法律是由人们制定的,所以,最终还是人统治着我们。即使实证主义论述的细节是不充分的,但某种类似于它的东西是对的。有一点是清楚的,是人们在制定法律;所以,将被其他人统治和被法律统治进行对比,看起来是错误的。如果这种对比是错误的,那么讨论"法治"的哲学家们脑海中出现的会是什么呢?

一种高级法？

实证主义者认为所有的法律都是由人类或人类组织制定的，一些人对此观点表示异议。历代以来，基督教思想家经常谈及上帝法——由我们的造物者为我们制定的、调整我们个人和社会生活的一套根本准则。他们将之称为"高级法"（higher law）或者"道德法则"（moral law），虽然最常使用的术语是"自然法"（natural law）。很明显，如果神授自然法的理念有意义的话，那么此种法律应当比人类立法者无力而又易出错的努力拥有更高的权威。或许，我们应当被法律而非人所统治的观点，包含了对某种形式的合法性的诉求，它要高于由我们统治者的命令所构成的那种形式的合法性。[7]

并不是所有的自然法理论都是宗教性的。对于有些理论而言，自然法只是一套关于人和社会的客观道德真理。尽管道德客观性的理念有着自己的问题，但它并不需要依赖神学基础。[8]自然法的世俗版本和神学版本共享一个信念：人类有可能运用他们的理性和道德洞察力找出最好的生活方式以及最好的组织社会的方式。那些道德标准也可用来评价人类法律。很多人认为，真正的法律**概念**——我们在法律体系的日常运作中使用的这个概念——是一个满含这些标准的评价性概念。如果主权者的命令过分偏离这些道德标准,那么它们就变为[用阿奎那(Aquinas)的话来说]"根本不是真正且严格意义上的法律,而是法律的一种堕落"。[9]它们无权要求得到法律理念通常所获得的尊重。[10]

自然法的理念是非常吸引人的。在"二战"后的纽伦堡审判中,当纳粹高级官员被指控犯下了为文明人的普遍良知视为如此的罪行时,人们就是在诉诸某种类似自然法的理念。正如我们将要看到的,同样的理念会以某种程度上不那么令人印象深刻的方式参与法官依据普通法裁判案件的过程。在这个过程中,即使缺乏已被确定的成文法的指引,法官们也会遵从他们对正义之要求的集体理解(collective sense)作出裁判。这一理念也会以某种程度上不那么令人印象深刻的方式参与民法法系法学家看待法律规则的方式,他们认为,通过对首要原则的清楚说明,法律规则才逐渐合理且符合逻辑地呈现出它的面貌。依据所有这些方式,"法治"或许就包含了对道德标准的适用,这些道德标准已经超越了制定法律的主权者发布的特定法令和命令。[11]

实证主义和自然法理论之争是在现代法哲学中占主要地位的争论。然而,常常难以避免给人这种印象:这二者并非真正地意见不一。双方都认为,人类立法机关通过的成文法可以被评判为道德上好的(morally good)或道德上坏的(morally bad)。他们甚至可能都使用同样的道德标准(尽管一些实证主义者担忧那些标准的客观性)。他们的分歧存在于他们对**法律**概念的使用。在一个实证主义者看来,道德上的恶法的理念没有任何紧张或矛盾;如果它是由我们主权者以我们之前描述的方式颁布的,它就仍然算得上是一部法律。另一方面,在一个持自然法理论的法律人看来,在那种理念中是存在紧张的,因为他将法律的概念视做是一种道德愿望(moral aspiration),而不仅仅是社会科学上的一种描述性概念。我发现很难不把这一切仅仅当做一种口舌之争,尤其是因为双方对于下面这个实践结论都没有异议:一部邪恶的法律不必然有资格得到我们的尊重和服从。

法治与我们的立法方式

"自然"法理论是对法治与人治之间的对比的一种说明。但是,当现代理论家在谈及"法治"时,他们有时会在脑海中浮现一套不同的理念。他们同意,我们在讨论人类的法律,这些法律是由政治家和立法者提出的,它们可能好,也可能坏;可能正确,也可能错误。但是,他们认为,法治意味着立法者和官员应当以某种方式或某种精神处理他们的工作。他们区分了我们用以评价法律的两种不同方法。我们可以就其**内容**进行评价,或者我们可以就其**形式**进行评价。法治则是一种从立法形式的角度评价法律的理想(ideal)。

从内容上评价法律,就是看它规定了些什么。它禁止什么行动?那些行动真的错误吗?它要求什么行动?从道德观点看,那些行动真的是义务性的吗?这些要求是合理的吗?谁从这部法律中得到了什么利益,谁又从中受到了什么惩罚?这些是他们确应得到和遭受的吗?

评价一部法律的**形式**,这一理念则略显微妙。它意味着不仅要看它规定了些什么,还要看它是如何规定的。当我们就法律的形式评价它们,我们会这么说:法律应当是一般性的且平等地适用于每一个人;法律不应当溯及既往;法律应当是可理解的且易于遵守;法律应当被公布;法律不应当变动得太频繁;等等。即使一部法律的内容是恶的,我们仍可以说,"好吧,至少它平等地适用于每个人,每个人也都知道他们的处境"。

形式标准自身可能是不够的;我们想要法律既平等地适用于所有人,同时也是公正的。但是,即使形式标准对于良法是不充分的,它们通常也被认为是必要的。如果你想在立法技艺中有所成就的话,你就必须遵循某些形式。

在当代的讨论中,"法治"几乎总是与这些评价的形式标准相关联。当我们说到一个社会是法治而非人治时,我们并不是在将人类统治与上帝或者理性的统治作对比。相反,我们是将一个由平等适用于每个人的稳定的一般规则治理的社会,与一个由独裁主权者任意的突发奇想支配的社会作对比。二者都是人类统治的情形,但是,在前种情形中,人类统治者自身也服从于某种立法准则(legislate discipline),而在后者的情形中,他们完全忽视了这个准则。法治理论试图清楚说明那种立法准则要求什么并为其辩护。但首先值得注意的是,不是每个法律体系,也不是每个声称是法律体系的东西,都能符合这些要求。我们的法律体系在很多方面因为一些理由而未能达到这样的要求,有一部分理由是好的,也有一部分是坏的。法治学说是一种**评价**实在法形式的批判性且高要求的标准。关于我们想要的那种法律,法治学说告诉了我们某些东西(尽管没有告诉我们一切)。

万民一法

让我们回头思考一下雅·雅·佩德罗诉迪斯警官案。迪斯抓住佩德罗,于是佩德罗用拳打他以便挣脱。治安法官认为佩德罗犯了袭警罪。在上诉审中,高等法院认为(已生效):

"罪名不成立。除非逮捕是合法的,否则佩德罗有权反抗迪斯警官进行自卫,就像如果迪斯警官是其他任何试图抓住他的公民一样。一旦警察超越他们的特定权力,他们便没有特权。此时可以适用关于自卫的普通规则。如果我攻击佩德罗是错误的,那么迪斯警官攻击佩德罗同样也是错误的。法律对每个人都是一样的。"

这种普遍性的要求——"万民一法"(One law for all)的理念——是法治的规范性理想的显著特征。但是,为什么普遍性是好的?应该有一部适用于每个人的法律,无论他们是谁、他们的公职地位如何,这为什么是值得追求的?

普遍性的一个显著应用是,总体来说,我们不允许有个人化的法律(personalized laws);我们没有为特定人设置例外的法律。在中世纪的英格兰,常有被称做"褫夺公权法案"(Bills of Attainder)的法规,它宣布将特定的某个人[例如华威(Warwick)伯爵,或国王的兄弟]驱逐出这个王国,并没收他的财产。法治的理念则是,国家不应该采用那种个人化的机制。[12]

道德哲学家们将这个普遍性的要求与道德、合理性相关联。他们认为,如果你要对某人或某事作出一个道德判断,你的判断就不能仅仅建立在那个特定的人或那件特定的事的基础之上,否则,这个判断就是武断的。这个判断必须以这个人或这个行动的某种特征为基础——某种**关于**他们的所作所为的东西,某种另一个人或另一种情形下大体上也可能为真的东西。换句话说,这个判断必须以某种可以表述为普遍性命题的东西为基础。例如,如果我想说"迪斯警官自卫是对的",那我必须说明这是因为我认为在那类情形中,自卫通常都是对的,而不仅仅是因为我想指责佩德罗或想为迪斯警官说些什么。因此,我也必须能够说明,在相似情形下,佩德罗自卫也都是对的。除非我能够指出两种情形明显相关的差异,否则,我就必须承认二者适用同样的推理。

从另一种方式来说,这种普遍性的要求表达了一项重要的正义原则:公平待人(dealing even-handedly with people)和同等情况同等对待(treating like cases alike)。如果我承诺了同等情况同等对待,那么我就应当能够以一种普遍的形式来陈述我的原则。如果我不能——也即,我不能找到一种方式使得我的法律避免指涉特定的人——这也许很好地表明了,我正在基于偏见、自我利益或者某种那样的东西做出武断的区分。[13]

除了这些哲学理由,还有一些实用性的理由支持普遍性。如果任何法律的责任不仅要由法律制定者之外的其余人承担,而且也要由法律制定者承担,那么我们拥有恶法或暴虐之法的可能性就更少。如果禁烟意味着国王也不能抽烟,国王就会认真考虑再做决定。当一个议员记得上周他的所作所为,或许他就不愿意严厉惩罚通奸行为。如果我们的立法者在倾向和爱好上也如同一个普通人,而且他们知道法律也可以适用于他们的行为,他们就不太可能制定严苛到不人道的法律。

请注意,我说的是你们得到暴虐之法的可能性会**更少**。但并不必然会这样。一个禁欲的主权者,或许完全乐意使他自己的行为同样服从于其施加于臣民的严苛的行为准则。当伊朗的议会制定法律,对盗窃的惯犯施以截肢作为惩罚,议员们很可能欣然接受这样一种可能性:如果他们那样冒犯真主安拉,那么他们的手也应当被砍掉。法治理念有助于禁止将某人挑出来予以特殊对待的立法。但是,挑出某个人只是实施压迫的一种方式。人们可能作为一个群体的成员被压迫,或者人们因为拥有某种一般性特征被压迫,譬如作为一名黑人或一名妇女;而且要在法治理想的基础上排除这种立法,就要困难得多了。一旦我们承认这一点,我们就得承认普遍性的理念——"万民一法"的理念——远远不像它看起来那样简单。它排除了一类区别对待(discrimination),即歧视(或偏袒)指定的个体。但是,它不能排除对**某些**类型的人的歧视(或偏祖)。譬如,它不能排除我们在《南非族群住区法》(South African Group Areas Act)中发现的那种歧视,因为那种歧视是以不涉及任何特定个体的方式陈述的。[14] 当然,族群住区法确实是不同人不同对待:种族隔离政策针对黑人适用一套标准,针对白人适用另一套标准。但是如果仅凭"万民一法"理念本身就足以排除种族隔离法律,那么它也会排除很多我们认为值得拥有的和必要的法律。

纯粹形式上的"万民一法"理念是有问题的,其问题在于,如果完全按照字面意思解释它,那么它就变得过于简单,以至于不能达到一个现代国家良好立法的要求。你想想看,说我们应该在所有情形中将**一模一样**的法律规则适用于每个人,这似乎是疯狂的。我们想在涂料店执行和餐馆同样的清洁标准吗?应该由同一部法律管理孩子和成人吗?救护车司机必须像我们其他人一样遵守同样的速度限制吗?没有人认为应当这样。

这里有一个逻辑要点。我们的大多数法律没有采用"没有人应该做 X"或"每个人必须达到标准 Y"的形式。相反,大多数法律是以一种附条件的方式表达的:"如果你正在从事活动 X,那么你就必须达到标准 Y。"所以,法律的表述是这样的:"**如果**你正在经营一个餐馆,**那么**你必须保持这些卫生标准"

"如果你未满16岁,那么你必须上学""如果你正在驾驶一辆救护车去急救,**那么**你的行驶速度就可超过每小时70英里",等等。佩德罗诉迪斯案中被考虑到的法规就采用这种形式。它没有说"任何人都可以被拘留",它说的是,"**如果**你是一个警官,而且**如果**你怀疑某人携带盗窃所得财物,**那么**你可以拘留他们"。这些附条件的命题仍然是普遍性的:每一个未满16岁的人都必须上学,任何在去急救路上的救护车司机都可以时速超过70英里行驶;你叫什么并不重要。它们不涉及任何特定的人。但是它们也不会过于简单化地全面适用于每个人,而且我们也不希望它们这样。我们不希望关于普遍性的承诺使我们忽视那些在道德上或实用意义上能得到辩护的区分和区别对待。

适用于官员的特别规则?

事实上,这一要点对法律适用于政治的方式有重要的隐含意义。我们最初的简单观点是,同样的规则应该像适用于诸如雅·雅·佩德罗的公民那样,适用于迪斯警官这类官员。应当万民一法,而不应当有适用于政府官员的特别法。但是现在,如果在涂料店和餐馆适用不同的卫生标准是合理的,允许救护车比私人汽车驾驶员拥有更高的限速是合理的,那么

40 为什么对警察适用不同于普通公民的行为规则就是不合理的？毕竟，警察——不也像救护车司机那样——有**特别的**工作要做吗？

令人惊奇的是，"万民一法"这个简单的理念在英国法律和法律理论中有如此强大的吸引力。很长一段时间，非常流行的说法是，警官仅仅是"一个穿着制服的公民"。也就是说，警察盘问嫌疑人和逮捕重罪嫌犯的权力并不比普通"街头民众"更大。差别仅仅是，他以此谋生并且在这方面受过训练，而普通公民有更好的事情去做。这个臆想已经存在很久了。警察有一整套权力去逮捕民众，拘留他们加以盘问，强行进入并搜查他们的房屋，如此等等，这些权力由法律专门授予他们。这对于很多其他政府官员——从税务员到社会工作者——同样如此。他们有工作要做，议会则授予他们完成工作的特别权力。这些特别权力可能过度了，也可能没有过度；这个问题在政治上是有争议的。但是很少有人否认，如果政府官员要想完成他们的工作，他们就需要**一些**特别权力（也包括**一些**特别保护）。

同样重要的是，我们可能也想说，除了特别权力，还需要对政府官员的行为设置特别的**限制**（这不同于适用于我们其他人的限制，而且是对适用于我们其他人的限制的额外补充)。我将会用一个案例来说明这一点。

在1979年的马隆诉大都会警察总长案(*Malone v. Metropolitan Police Commissioner*)中,古董商詹姆斯·马隆(James Malone)被怀疑出售偷盗所得的财物,他诉请法院颁布禁止伦敦警方窃听其电话的禁制令。法官拒绝颁布禁制令,他认为警方完全有权这么做,不是因为存在任何专门的法律授权,仅仅是因为电话窃听并不包含任何非法侵入或其他非法行为。

> 用户对着自己的电话机说话,而窃听电话过程看起来是由邮政局官员操作的,邮政局官员在邮政局内用邮政局的设备录音,使用的是邮政局电流提供的电路脉冲。这里不存在为了将某物安装到商店建筑物或商店建筑物所附某物的上面而对【马隆】商店造成非法侵入的可能——所有窃听工作都是在邮政局自身的领域内完成的。[15]

换句话说,因为官员在此没有违反有关非法侵入的一般法律,他们的行动也就不需要任何专门授权。法官认为,马隆案涉及这个假设:"法无明文授权即为不法"。但是,英格兰一直是奉行法无明文禁止即为允许的国家:这是我们自由的基础。似乎可由此得出,因为没有关于这件事的法律,所以警察有权窃听电话。[16]

我们已经见识过警察不应当比普通公民拥有更多权力这种观点的荒谬之处了。现在,我们将看到相反观点——警察不应当受制于任何不适用于其他人的特别限制——的荒谬之处。他们应该拥有和我们其他人一样多的自由。这个观点是荒谬的,因为警察所拥有的力量(法律意义上以及物质意义上)使得他们**既**特别有用,**也**特别危险。官员在国家机构(权限)范围内行动时,能够对公民做出在性质上与公民彼此所能做的完全不同的事情。如果我们认为我们用来处理彼此关系的法律,也必然足以让我们处理与政府官员的关系,那我们就错了。

某种类似于被我描述为"简单的"和"错误的"观点,被19世纪的伟大法学家 A. V. 戴雪(A. V. Dicey)赞颂为英国法治的精髓。他认为我们说法治,意思之一是:

> 不仅仅是在我们之间没有任何人位于法律之上,而且这里的每一个人,无论他的地位或处境,都要服从于这个国家的法律以及普通法院的司法管辖权。[17]

在这方面,他将英国与法国等国的体系作对比,法国等国的官员不受普通法律约束,而受制于一套专门的**行政法**(*droit ad-*

ministratif)(就像士兵受制于一套专门的军事法律——特别的规则、特别的法院、特别的程序——与适用平民的法律不同)。

戴雪承认施加于官员的责任必然比施加于我们其他人的责任更多,但他坚持认为这是在他们正常的法律责任之外的责任。公民可以援用来质疑官员的主要依据,与那些可以援用来质疑任何其他公民的行动的依据一样。

如果我们审慎地陈述这一要点,它就是有道理的:尽管我们可能承认不同的规则适合于不同类型的行动,但由此不能得出,事实上必须有一个适用于官员的不同的法律体系。或者——如果在这个领域应该存在专门的程序和法院——我们可能仍然想坚持主张,他们应该为渗透在这个法律体系其他部分中的同样的合法性精神所支配。

换言之,我们可以用一种适用于官员行为的**改进后的**"法治"学说来讨论。"万民一法"的简单学说认为政府官员应当受到与其他每个人完全一样的规则的约束。我们必须放弃这个版本。改进后的版本坚称,官员的行为应当与我们其他人一样,受制于**同一种类**的法律规则,即使在字面上它们不是同样的规则。我们可能将简单版本视为我们的默认观点。政府官员(警察等)应受制于这个国家的普通法律,除非有一条专门法律条款作出了相反的规定。然而,如果需要一条特别条款(例如,因为警察有特别的工作要做),我们就不仅应该在国家的普通法律中设置例外;而且应当制定**规则**以控制官员的行为。

此外,控制公务人员行为的规则(无论它们是什么)都应该为一般公众所知,而不仅隐藏于警察手册中。当他们处理普通公民的问题时,普通公民应该要求他们(就像要求马汀·迪斯警官一样)清楚表明他们权力的基础。正如在法律体系内的一般情况那样,约束官员行为的规则应当能够被普通公民援用,而且普通公民们能够依据这些规则发起法律程序。关于**行政法**的意象,令人反感的一点(正如戴雪所描述的)是以下这种感觉:对官员行为的管理是针对官员的事情,是属于官员的事情,也是由官员执行的事情(for the officials, of the officials, and by the officials)——简而言之,与公民无关。在我们的法律中,存在着一条深刻且基础的原则,即某个被他人的非法行为伤害的人,可以自己发起(救济)程序,而不必等待国家行动。可能有私人民事诉讼,甚至可能有私人刑事诉讼。同样的原则也应该支配行政法。那些受到官员作为或不作为影响的公民,应当能够依据官员规则采取行动来保护他们的利益。正如我已经说过的,即使这些规则在内容上有差异,在控制社会中不同群体间关系的方式上也应该是相同的。另外,关于基础原则还有其他一些要点——例如,自然正义的程序性理念——即使是在具体的法律有所不同的时候,这些要点也可以赋予"万民一法"的理念某种意义。[18]

相关的差异

官员的特别角色为法律中规定区别对待提供了一套相关理由。那么其他的问题呢？法治学说的难题之一就是,它没有提供厚实的基础以告诉我们应何时将不同的法律适用于不同种类的行动。它告诉我们法律应该是普遍性的,但我们也看到它同时承认法律可能在形式上是附条件的:"**如果你从事活动 X,那么你必须遵守标准 Y。**"它坚持认为特别标准 Y 对活动 X 的适用不应该是武断的——它必须以**某个相关理由**为基础,这个理由将活动 X 区别于标准 Y 不适用的那些活动。但它没有给我们任何关于什么才能算做相关性理由、什么不算的引导。它没有告诉我们为什么驾驶救护车就是可在法律上区别对待的正当基础,而种族(正如南非的那个例子)却不是。

一些人认为法治学说允许区别对待不同种类的行动,但不允许区别对待不同种类的人。针对餐馆的特别卫生要求可能完全正确,因为如果人们不想,他们就**不必**经营一家餐馆,而完全可以通过进入其他某种贸易行业类型来避开严苛的特别规则。但是,例如以种族或性别为基础实行区别对待的法律,似乎特别具有冒犯性,因为这些区别对待以人们不能选择的特征为基础。一名黑人或妇女无法避开种族主义或性别歧视的严苛法律。某种像《南非族群住区》法这样的法案,错在它没有将特别限制附加到人们可以选择不参与的活动上,而是将特别的限制附加到不可改变的种族特征上。

区分自愿性活动和不可改变的特征,给了我们一点帮助,但它没有说明一切。存在这样一些情形,我们基于不可改变的特征实行正当的区别对待:法律坚持要求孩童而非成年人必须上学,但在确定的时段内是孩童并不是一个人可以选择的。孩童无法避开那条严苛的规则(除非长大了)。换言之,形式上的区分不能解决一切问题;看起来重要的是,法律上的区别对待最终在实质意义上是否有正当理由。一些在不可改变的特征之间做出的区别对待是有正当理由的。而一些在可避开的活动(例如是选择政治冷漠,还是选择政治狂热)之间做出的区别对待是没有正当理由的。我们又一次被置于同样的处境:法治告诉我们,任何能够允许的区别对待必须有一个普遍化的理由,但是它将"一个道德上相关的理由是什么"这个问题留给了我们更为宽泛的道德理论。

在他的《自由秩序原理》(*The Constitution of Liberty*)一书中,F. A. 哈耶克(F. A. Hayek)提出了一种不同的方式,来检验一个区别对待是否在道德上相关:

> 真正的法律规则是一般性的,这项要求并不意味着:如果特殊规则涉及的是仅为一些人所有的特性,那么它们不可以适用于不同种类的人。如果群体内部和群体外部的人同样认为这样的区分是有正当理由的,这种区分就不会是武断的,就不会将一群人置于另一群人的意志之下。[19]

如果公众和餐馆老板都承认餐馆需要特别的卫生要求,那么餐馆和其他商业场所之间法律规定的差异就不算是武断的区别对待。如果除了救护车司机,普通的汽车司机也承认紧急车辆需要特免,那么救护车可以超出普通限速的权利似乎就不像是一个武断的特权。而且即使我们现在不能说服一个12岁的旷课学生他应当上学,我们也期待随着年龄的增长和心智的成熟,他将会承认,我们将这条规则施加于他身上而非他19岁的哥哥身上是公正的。那么,据此,我们谴责诸如族群住区法这类法令,是因为我们无法想象南非的黑人会认可专门施加在他们身上的关于土地所有权的种族限制。这两个群体的成员似乎不可能同等地认为这种区别对待可以得到辩护。

哈耶克的论点并不必建立在一种理想主义的假设之上,即一个有正当理由的区别对待会得到**每个人的赞同**:

> 这并不意味着必须存在对区分的可欲性的一致同意,而仅仅意味着个人的观点不会取决于这个个体是不是这个群体内部的成员。例如,只要群体内外的大多数人支持这种区分,那么"它服务于双方的目的"就是个有力的推测。然而,当仅有群体内部成员支持这种区分规定时,它就显然是特权;如果仅有群体外部成员支持它,它就是一种歧视。[20]

换句话说,这给我们提供了一种试金石。如果情况看起来是:对特别限制的所有支持都来自于受限群体的外部时,我们就应当警惕这种情形有可能是武断的区别对待。

我相信某种类似哈耶克路径的观点是作为政治理想(ideal)的法治学说的一个重要组成部分。在第一章中,我们看到,我们制定和设计法律的方式与法律要求每个人尊重法律的方式,在某种程度上是相辅相成的。如果法律和法律制定者自身在某种意义上不普遍地尊重那些他们试图统治的人,那么我们就不能令人信服地要求对法律的普遍尊重。类似地,(在简单版本或改进后的版本中)说我们想要"万民一法"就不仅仅是说每个人都**适用**同样的一套法律,而且也是说在一种更深的意义上,这套法律是**为了**每个人的法律——一种将每个人都纳入考虑的法律。如果缺少了这种深层的承诺,法治学说看起来将是形式主义和冷酷无情的——就好像这种整齐划一的统治具有某种令人着迷的品质。

法律与官员的自由裁量

我已经说过,"法治"提供了一种要求立法者达到的规范或理想。如果我们的立法者打算制定法律,他们就必须以一种普遍化且无歧视的方式制定法律。但是,如果政府官员决定以一种**不**涉及法律制定的方式行使他们的权力,那该怎么办?那是否就意味着他们免于遵循法治理想的严苛要求?

这是一个重要的问题,因为在现代的行政国家中,有太多的官员和行政机关被授予自由裁量权。一个城市住房部长官有权决定将稀缺的房屋资源分配给贫穷人家。民航局监管着航空业的票价和飞行路线等。这些官员虽然在广泛的法定权力下工作,但他们经常根据他们面对的特定情况特征,在个案的基础上作出特定的决定。

在更为宽泛的运用中,法治理念有时候也可以适用于下面这类活动。那些相信应该发展**行政**合法性标准的人认为，官员和行政机关应该尽可能地制定并公布约束他们权力行使的详细规则——这些规则要满足同样适用于议会法律的普遍性和非武断性的检验（标准）。而且他们认为，当官员将这些规则适用于特定的案件时，他们应当以一种与法院适用法规相类似的方式适用它们。受到影响的人们应当被告知他们正在做什么，并且应该有权参与听证会，在会上他们可以在公正的审理团面前进行陈述。他们也认为一般法院（regular law courts）应当对这些行政机关实施积极且追根究底式的监管，看他们制定及适用规则的程序是否公平与合理。

我们不能钻进这些观点的细节之中；那将会将我们带离到行政法领域。但值得注意的是，许多公共管理专业的学生怀疑这种法条主义（legalism）。他们认为，这种法条主义过分干预了国家行政机关在多变且复杂的环境下灵活追求社会目标（实现）的能力。而且，这些学生怀疑律师和法院在公共行政管理中鸠占鹊巢（take-over bid），试图以他们心中的概念改变所有的国家决策机关，就好像严格遵循法条的程序是道德与政治合理性中最重要的部分。[21]

这些怀疑无疑有一些重要的意义。但是"日趋严重的法条主义"不是对司法控制行政决策这个现代趋势的唯一说明。

许多行政法法律人关注的是责任(accountability):他们担心,除非强制行政人员公开并说明他们如何作出决定,否则,普遍来说,社会将永远不能确保行政人员对自己作出的决定合理地负责。[22]而且很多人确实担忧授予政府官员的广泛自由裁量权究竟会对公民产生什么影响。正如我们将在下一节中看到的,很多有关"法治"理想的担忧与普通人生活中的自由和可预测性有关。

我希望这个简短的讨论有助于指明"法治"不是无关紧要的问题。它实际上是一个要求非常苛刻且难以实现的理想;因此,它在政治上相当具有争议性。英国采取了多种多样的方式进行统治:有时是通过内阁和国务大臣决策;有时是通过立法;有时是通过法院;有时是通过专家官员的决策。最好的情况是,"法治"体现了一种承诺,承诺统治会符合有关平等关怀与平等尊重的普遍标准,也会是负责任且开诚布公的统治。不过,最坏的情况是,在有些时候,它看起来像是对统治工具的一种令人无法接受的限制,也像是在尝试将各种国家程序同化为由法定规则和严格遵循法条的法庭构成的单一模式。

对法律的知晓

我们已经非常充分地探讨了"万民一法"这一理念。下面讨论法治一个稍微不同的方面,我想以此结束本章。我们认为佩德罗诉迪斯案中重要的一点在于,支配警察的特别规则和他们拥有的特别权力应该尽可能地公布并为普通公民所知。它们不应当被隐藏于只为警察部队新进人员所知的秘密规则手册中。公民应当能够知道他可以期待什么,以及他被期待什么。

在《法律的道德性》(*The Morality of Law*)这本重要的著作中,美国法学家朗·富勒(Lon Fuller)发展出了一套尊重这项原则的立法行为准则。他说,法律不应当仅仅在形式上是一般的,不应当仅仅平等且同样地适用于公民和官员。如果我们打算将它们用做指引和调整人类行为的一种方式,那么立法者必须遵守下面的要求。第一,法律不能施加不可能的要求:它们必须规定人们能够遵守的行为指引。第二,法律应该是前瞻的而不是溯及既往的:它们必须以指导人们当前和将来的行为为导向,而不能够惩罚在实施时完全合法的过去行为。第三——仍然与这种一般的可行性要求相联系——法律对我们提出的要求应该彼此一致。不能有一条法律规则告诉我们做一件事,而另一条法律规则告诉我们做相反的事,以至于无论我们如何行动都将无法避免违背法律。第四,法律应该公之于众:它们应该被颁布,以便人们知道法律对他们有什么要求。它们不应该被隐藏于官方档案中，以至于对某种罪行的刑事诉讼完全出乎人们的意料。第五，应该以一种清晰的形式颁布法律，这样公民通过阅读法律就明确知道他必须做什么。第六——在同种基础上——法律应该历经时间而保持稳定，这样人们就不必每个月都必须学习一套全新的规则。[23]

在那些要求中，很多听起来是没有异议的。为什么会有人希望法律不被颁布或者法律要求不可能之事？很不幸，答案是一些政权通过法律，不是为了调整（人们的）行为，而是将法律作为恐吓民众的工具，使得每个人都一直处于一般的恐惧状态；因此，就涉及国家及其官员的事情而言，民众恰好不知道自己的处境。这毫无疑问是德国纳粹时期实施秘密法律和溯及既往法律的一个目的。[24]

但是事实上，我们并不需要诉诸如此令人印象深刻的例子。甚至比较良善的法律体系也可能以多种方式忽视富勒的要求。在一个复杂的管理型国家中，存在着数以千计的不同规则和管理计划。或许在任何给定的时刻，我们都不可能知道，它们在多大程度上彼此一致，或者一条与整个法律体系相关的特定规则的要求在多大程度上是可行的。在适用于特定法律时，富勒的要求可能看起来足够简单，但是在适用于整个法律管理体系的网状机构时,它们就可能变得非常苛刻。

同样值得记住的是,大多数时候,普通人对法律实际上是什么仅有一个最为模糊的观点。我们说法治要求法律具有清晰性、公开性和稳定性。但是法律细节大多**没有**被公布给那些生活受其调整的民众。我们可以用下面的问题来查验。谋杀的法律定义是什么?哪些类型的人不能够作为一个有效遗嘱的见证人?格拉斯哥的警察有权要求街上的人们向警察告知他们的姓名和住址吗?如果我从我的土地上抽取地下水并造成邻居的财产减少,我可以被起诉吗?投币电子游戏需要受制于1909年《电影放映机法案》(Cinematograph Act)的要求吗?为什么一项信托关系是否为慈善而设是重要的?关于法治的理念,你无法正确回答这些问题的事实让你明白了什么?

问题不仅仅在于这些是专业细节,只有那些我们必须付费才能获得意见的、受过专业训练的律师才熟悉他们。对于其中一些问题,没有获得一致同意的答案。将会在特定案件中实施的明确规则还有待于法官的裁判,实际上,他们必须决定在这些领域中法律是什么。我们将在第五章考虑到所有这些问题。但是这些问题的重要性和困难,应当粉碎了所有对于法治社会理念的轻易的自满。我们生活在这样一个社会当中，大多数人**并不**清楚地知道法律对他们有哪些要求，而且，甚至是法律界成员都常常不能预测将实施什么不利于他们当事人的规则。尽管如此，如果我们认为颁布、清晰性、稳定性等是重要的，那么我们就应该将法治学说用做批判而不是赞赏我们所熟悉的法律文化的基础。

自由与可预测性

在用它们去指责我们的法律体系之前，我们应当弄明白为什么这些标准是重要的。一个显而易见的答案是，如果法律不能控制人们的行为，那么就会适得其反。如果人们不知道规则是什么，他们就不能遵守规则。

但是，关于自由还有一个更深层次的论点。我们中大多数人都同意国家政府应当执行某些与追求公共利益相关的任务（尽管人们对公共利益究竟有多广泛存在分歧）。如果接受这个观点，我们就必须承认这会将国家及其官员的某些干预卷进我们对生活的管理。如果警察怀疑有人犯下某种罪行，他们必须能够对其进行拦截和盘问。如果国家活动的负担应由社群公平承受，税务局官员必须能够不时审查我们的账户。如果对社会基本福利有所关切，那么社会工作者和健康专家或许想要支持家务管理和育儿的最低限度标准,并且可能偶尔破门而入以采取措施来落实标准。凡此种种,不一而足。这些约束和阻碍是我们追求公共利益所付代价的一部分,而且大多数人也乐意容忍它们。但广义地讲,他们乐意容忍这些只是因为他们知道自己的处境。他们知道并能预料国家干预会出现在哪些场合或情形,而且他们大概知道能够做些什么来使得干预的破坏性影响最小化。(获得)这些理解的基础,首先是意识到公务行动受到规则控制,其次是了解那些规则允许什么和要求什么。

对照之下,下面这样的情形令人震惊且令人恐惧:官员们完全可以袭击某个人,或者强行进入民宅,以完全无法预料的方式行事和提出要求。这个问题不必是涉及专断的问题:从它试图推进的社会目标来看,公务行动可能完全是有正当理由的。这里重要的是行动的突然性和不曾被预料到。人们喜欢能够规划他们的生活,知道他们可以指望什么,知道他们能够做什么事而不招致官方的干涉,以及何种事情或情形**将**招致国家对他们施加强力。政府官员总是能够扰乱我们的生活,无论他们的行为是为了好的还是邪恶的目的。他们拥有我们在本章开头所讨论的种种权力。如果我们至少知道他们可能干预的情形的种类,那种威胁将得到缓和(虽然肯定永远不会被消除)。于是,我们多少知道为了避免官方的干扰,我们必须做什么,以及可以相应地规划什么。或者——如果这种干预是普遍的且无法避免,比如说,像税收、限速或征兵——我们还可以将其纳入考虑,围绕它做规划,就像对待生活成本或下雨的可能性一样。

像马汀·迪斯一样的伦敦警察有权在夜晚拦截和搜查游民,这或许是一件好事;但是普通人——不仅仅是盗贼,也包括无辜的失眠症患者——应当知道这一点,而且知道这是他们夜晚在空荡荡的大街上闲逛时可能会面临的情形,这同样是件好事。国家用权力维持一个工厂视察团,去关闭那些不安全的工厂或机器,这无疑是件好事。但同样值得追求的是,工厂主应该事先知道安全要求会是什么,这样他们可以对车间进行相应的整顿,并能够指望不受不可预料的视察员干扰而进行连续的生产。如果没有这种知识,我们就难以有信心做规划、做投资,也难以有信心顺利实现长期计划。

毫无疑问,这里的背景价值观是自由主义的。根据自由主义哲学,我们认为每个个体都拥有他自己要过的生活,他能够决定自己生活的全部样貌和方向,这被认为是重要的。[25]每个人都要历经时间面临一系列决定,其中的每个决定都会影响他生活的全部样貌(在他自己的眼中以及其他人眼中)。自由主义的理念是,在每一个这样的时刻,个体都应该能够以自己当时所持有的观点为基础做出选择,这里的观点是有关于他想过的生活的样貌及其体现的目标的。自由主义对法治的辩护是,除非一个人知道他所面临的社会环境的类型,否则他不能做到这一点,因为如果不知道这些,他就不会知道他的哪一个决定将对他的生活产生什么影响。由于社会环境部分由权力结构构成,为了能够追求他自己的自主,他需要对那些权力结构有所了解。这个理念并不是自由至上主义的,自由至上主义认为我们可以摆脱全部社会权力。相反,自由主义者坚持认为,除非人们知道对决定的社会限制将是什么,否则他们就无法在生活中有所成就。

F. A. 哈耶克在他的书中进一步推进了这些论点。他认为,自由存在于围绕已知的障碍规划你的生活的一般能力,因此法治不仅是自由的必要条件,而且是充分条件。哈耶克说,如果国家的法律是稳定的和可预测的,那么对个体的自由来说,它们就不是比自然法则更大的威胁。

> 知道如果某人在客厅的地板上生起篝火,他的房子将会烧为平地,与知道如果他放火烧邻居的房子,他会把自己送进监狱,这二者没什么区别。[26]

我相信这将上面的要点推得太远了。终身隔离监禁的某个人确切地知道他可以指望什么，确切地知道他可以围绕什么进行规划；然而没有人会认为他是自由的。甚至已知的和可预测的障碍也可能是对自由的威胁。要紧紧抓住的一点是，如果政府确有必要限制我们的自由或干预我们的生活——几乎每个人都认为**有时候**是这样的——这种干预应该是可预测的，这要比它晴天霹雳般地到来更好。可预测性论点的吸引力在于，它有助于说明我在本章已经强调过几次的：法治是统治良好的社会必要但不（如哈耶克认为）充分的条件。

哈耶克也因为另一个关于法治的观点知名，从**政治的**角度看，这另一个观点更具争议性。他在《通往奴役之路》(*The Road to Serfdom*)一书中辩论说，随着国家开始越来越频繁地干预我们的生活和经济，以及国家开始承担越来越多的社会和经济责任，它正不可阻挡地远离我们理想中的社会。它不再受稳固的规则约束，而更加趋向于受普遍存在的官员的冲动和热情支配。这是**自由裁量**的问题之一。他认为，除非官员们被授权逐日、逐案地作出决定——调整配额、审查经济状况和作出变革决定——并且官员是为我们其余人的利益，作出所有这些在市场经济社会中本由我们每个人各自为自己作出的决定;否则,你就不能实行计划经济,也不能使每个人免遭经济生活的变故(如失业、贫困等)。如果官员的自由裁量受已知且稳定的规则约束,那么官员的自由裁量就不能包含经济规划,因为经济规划要求一种详细灵活的决策形式,而且这种形式要能注重实效地回应(实际)情况,而不能盲目地回应原则。[27]

哈耶克的这个论点在当时被视为是**自由放任主义**(*laissez-faire*)对英国和美国新兴福利政府的攻击。但是其中的很多主题既与右派产生共鸣,也与左派产生共鸣。例如,在当今英国,许多贫困和失业的人认为,不允许他们了解适用于英国卫生与社会事务部(DHSS)管理补助金的详细规则,是令人苦恼的。他们一直不知道官员用以区分值得发放补助金情形与不值得发放补助金情形的部门"黑皮书"(Black Book)有什么内容。当位于防碎玻璃后面的官员告诉他们说,他们无权享受一些他们正在寻求的利益,这时他们才第一次对"黑皮书"的内容有所了解。这会令人精神非常紧张,因为这意味着人们规划生活的机会更少,关于他们可以指望什么知道得也更少。支持将福利支出界定为正式**权利**而非自由裁量特权的运动——在美国比在英国更加喧嚣和成功——实际上是在尝试将法治学说适用于整个福利领域。[28]

因此,法治再次被证明是一个要求相当苛刻的理想。它承认我们的生活容易受到政府官员行动的伤害,既包括政府官员执行某些标准的方式,也包括他们控制诸如福利、许可证和各种设施之类的政府授益的方式。法治要求这些行动应该尽可能地由规则而非不可预测会被如何行使的自由裁量来调整和安排,这样人们才知道自身的处境。这些约束官员行动的规则应该是**已被颁布的**规则,而不是藏在只有公务员才能看到的秘密手册中。它们应该为人们所知,这样人们才能将其纳入考虑。这个论点也要求法律相对简单,这样人们能够自己弄清楚法律可能对他们有什么要求。法律不应该在小号字体印刷的附属细则和专业细节中间,以及只有律师知道在哪里查找的地方隐藏太多令人厌恶和吃惊的内容。最后——这多多少少是相同的观点——法律应该历经时间保持相对稳定,而不应该每隔一个月甚至每隔一次选举就发生改变。人们想制定的规划常常是长期规划。当然,在这个变化莫测的世界中,他们不能要求绝对的可预测性。但总的来说,如果法律在这方面使事情变得更好而非更糟,那么它就是值得追求的。

在本章,我们的目的就是探究作为一种**理想**的"法治"学说。我们并不打算自满地假定它在英国社会产生了预期的作用,而且我们现在已经看到这种不自信是有正当理由的。法治既不是一个简单的理想,也不是一个轻易就能实现的理想。它表达了很多基于各种依据的原则和要求。在被表达为口号时,它们看起来具有吸引力。但是事实证明,将它们以任何简明的方式应用于现代社会的统治机构都是极其困难的。这并不意味着我们应当放弃法治。但是我们应当承认法治是一种要付出代价的理想,而我们应该尽我们所能去弄明白我们为什么要承受这些代价。

---

[1] *Pedro v. Diss* [1981] 2 All ER 59, at 64. (关于法律材料的引用惯例已在第一章中做出说明。)

[2] 例如,在美国,一个警官在他可以拦截或拘留任何人之前,必须有合理的怀疑依据,但是他没有义务告知被拘留者他的依据是什么。

[3] 德国社会学家马克斯·韦伯(Max Weber)认为,现代国家的决定性特征是,它是一片领土内可以独占使用正当武力或暴力的组织。这个定义已经广泛接受。See Max Weber, 'Politics as a Vocation' in H. H. Gerth and C. Wright Mills (eds) *From Max Weber: Essays in Sociology* (London: Routledge & Kegan Paul, 1970).

[4] 亚里士多德(Aristotle)在他的《政治学》(*The Politics* c. 335

BC；Harmondsworth：Penguin Books，1962)一书的第三册第十六章第143页中将其表述为："一个要求法律统治的人是在要求上帝和智慧而不是其他的什么来统治；然而一个要求人类统治的人是在引进一头野兽；因为人类的激情就像一头野兽，强烈的感情会将统治者和最优秀的人引入歧途。在法律中，你只有聪明才智，而无激情。"

[5] 在最近的一个案件中(the Court of Appeal decision in *Gouriet v. Union of Post Office Workers* [1977] 1 QB 761-2)，丹宁勋爵(Lord Denning)通过引用一个17世纪法学家的名言准确阐释了这一点："不管你地位有多高，法律都在你之上"。

[6] 在任何一本法哲学教科书中你都可以找到关于法律实证主义的讨论。参见霍布斯、边沁以及奥斯丁的著作：Thomas Hobbes, *Leviathan*, edited by C. B. Macpherson (1651；Harmondsworth：Penguin Books, 1968)，尤其是第十七、十八、二十六章；Jeremy Bentham, *Of Laws in General* (London：Athlone Press, 1970)；John Austin, *The Province of Jurisprudence Determined* (London：J. Murray, 1861—3)。最有名的(也是最容易读的)实证主义法哲学的现代著作是 H. L. A. Hart, *The Concept of Law* (Oxford University Press, 1961)，但他的理论比此处概述的关于主权者的粗糙观点要复杂和合理得多。哈特，像其他人一样，强调法律的人定特征，但他用"某些类型的程序实际在社会上被'承认'为制定法律"这个观点取代了主权者观点。我们将在第四章中讨论哈特的"承认规则"理论。

[7] 这种观点的最佳拥护者是圣托马斯·阿奎那(St Thomas Aquinas)。在阿奎那的 *Summa Theologica*（c. 1260）in A. P. D'Entreves, *Aquinas: Selected Political Writings*（Oxford: Basil Blackwell, 1959），尤其是第55页至76页中有易读的片段。

[8] 对于"道德客观性"的一个批判性讨论,参见 J. L. Mackie, *Ethics: Inventing Right and Wrong*（Harmondsworth: Penguin Books, 1977）。

[9] Aquinas: *Selected Political Writings*, p. 60. 一个精彩的讨论,See John Finnis, *Natural Law and Natural Rights*（Oxford: Clarendon Press, 1980）, Ch. 2。

[10] 在第七章中将考虑严格意义上的法律应当得到什么样的尊重。

[11] 实证主义者对自然法理念的一个回应, see H. L. A. Hart, 'Positivism and the Separation of Law and Morals' in Ronald Dworkin（ed.）*The Philosophy of Law*（Oxford University Press, 1977）。

[12] 实际上,尽管《褫夺公权法案》被当做个人化法律的例子,但从历史上来看,把它们当做由以法院身份行动的议会所通过的裁决而非现代意义上的成文法,则更为精确。尽管它们只适用于明确规定的个体,但几乎所有的《褫夺公权法案》都援用抵制叛国的一般法来为它们自己辩护。

[13] 这条准则至少和公元前4世纪亚里士多德对正义的讨论一

样古老,见于 *Nicomachean Ethics*, Bk. V, Ch. 3。

[14] The Group Areas Act 1950 (South Africa)禁止所有黑人在指定为白人的地区拥有不动产(反之亦然)。

[15] *Malone v. Metropolitan Police Commissioner* [1979] Ch. 344, at p. 369.

[16] 这个裁判略加复杂,因为马隆也宣称电话窃听违反了《欧洲人权公约》第八款(保护隐私的那一款)。法官认为,尽管事实上英国根据条约受到《欧洲人权公约》的约束,但是《欧洲人权公约》中的隐私权(条款)在英国没有授予(人们)任何权利,而且法官认为,如果马隆的案件胜诉,那么《欧洲人权公约》必须在英国法中取胜。我们将会在第四和第五章中考虑《欧洲人权公约》的适用。

[17] A. V. Dicey, *Introduction to the Study of the Law of the Constitution*, (1885; London: Macmillan, 1961), p. 193.

[18] "自然正义"这一术语是一种提及公正程序[美国人赘述为"程序上正当的程序"(procedural due process)]基本要求的方式。这些要求包括每个起诉都应当由公正的法庭听审、受官方决定影响的人应该被告知诉讼即将开始并且他有机会做出事实陈述,等等。

[19] F. A. Hayek, *The Constitution of Liberty* (London: Routledge & Kegan Paul, 1960), p. 154.

[20] Hayek, *Constitution of Liberty*, p. 154.

[21] 对沿着这些路径的各种观点的讨论见于 Carol Harlow and

Richard Rawlings, *Law and Administration* (London: Weidenfeld & Nicholson, 1984)。

[22] 一个精彩的结论见于 Ian Harden and Norman Lewis, *The Noble Lie: the British Constitution and the Rule of Law* (London: Hutchinson, 1986)。

[23] Fuller, *The Morality of Law*, Ch. 2.

[24] See Hannah Arendt, *The Origins of Totalitarianism* (New York: Meridian Books, 1958), Ch. 12.

[25] 对这个理念的讨论, see John Rawls, *A Theory of Justice* (Oxford University Press, 1971), p. 408 ff.; Robert Nozick, *Anarchy, State and Utopia* (Oxford: Basil Blackwell, 1974), p. 49; and Joseph Raz, *The Morality of Freedom* (Oxford: Clarendon Press, 1986), p. 370。

[26] Hayek, *Constitution of Liberty*, p. 153. (主要的讨论参见第142—159页。)

[27] F. A. Hayek, *The Road to Serfdom* (London: Routledge & Kegan Paul, 1944).

[28] 这个讨论见于 Desmond King and Jeremy Waldron, 'Citizenship, Social Citizenship and Welfare Provision', *British Journal of Political Science*, 18 (1988), pp. 415-43。

第四章
第 3 堂课　宪法

一位首相的抉择

1963 年,哈罗德·麦克米伦(Harold Macmillan)领导下的保守党政府陷入一片混乱。由于戴高乐(De Gaulle)的否决,英国进入欧洲共同体的计划只得向后推迟。紧接着保守党政府被普罗富莫事件(Profumo affair)搅得狼狈不堪,同时政府还遭遇到强有力的工党反对派,该反对派正由比较年轻的哈罗德·威尔逊(Harold Wilson)领导。随着麦克米伦健康恶化以及声誉下降,保守党党员们正面临这样的前景:领导层的斗争持续不断并乱成一团。可能的竞争者有:下议院中的伊恩·麦克劳德(Iain Macleod)、雷金纳德·莫德琳(Reginald Maudling)和麦克米伦的副手 R. A. 巴特勒(R. A. Butler);贵族黑尔什姆勋爵(Lord Hailsham)和霍姆勋爵〔(Lord Home)(后来的亚历克·道格拉斯-霍姆 Alec Douglas-Home)〕。那年,一项促进安东尼·韦奇伍德-本(Antony Wedgwood-Benn)宣布放弃其贵族头衔的议会法案,为竞争者中的霍姆勋爵进入下议院领导层清除了障碍。

情况就是这样,这场竞争毫无结果,很大程度上是因为直到麦克米伦身体上已不可能履行职责之前,他都拒绝让出首相职位。1963年10月,他突然病倒,随后他授权霍姆勋爵向党内会议(后来在议会会议中)宣布首相将不得不辞职,而且他应该启动"党内事关其未来领导的……惯例磋商程序"。[1]

在同其顾问磋商的过程中,基于顾问们有关党内意见的报告,麦克米伦确信应该将党内领导位置和伴随它的首相职责传给霍姆勋爵。巴特勒或许是顺理成章的继任者,但是麦克米伦似乎已经决定排除他,而巴特勒在动员人们支持自己这方面也总是行动迟缓。[2] 即便如此,当传闻和媒体泄密使麦克米伦的立场在10月17日大白天下时,其他竞争者进行了会面,并且就霍姆勋爵争取首相职位的企图表达了一致的反对。他们的理由各不相同。霍姆属于党内的右派,是上议院的成员,并且完全不是像黑尔什姆或韦奇伍德—本那样的"不太情愿的贵族"。正如麦克劳德指出的,"我们现在正意欲承认,在12年的托利党统治之后,下议院中该党的363名成员中没有人会被认可接任首相"。[3] 最重要的是,一种支持巴特勒的一致意见似乎逐渐显现出来。其他两个最强有力的竞争者如今愿意在他手下任职,而且如果霍姆被麦克米伦作为唯一可以打破僵局并且团结政党的候选人,那么清楚的是,其他人会预先采取措施破坏这个计划。在 17 日晚上和第二天上午,这种一致意见广为知晓并得到广泛宣传。

然而,麦克米伦坚定不移,告诉霍姆:"看,我们现在不能改变我们的观点。所有的军队都整装待发。每一件事情都安排好了。"他试图以此来加强霍姆逐渐衰弱的信心。在 10 月 18 日的早晨,他将辞职信从他的病床送至白金汉宫。上午 10 点 30 分,白金汉宫宣布了这封辞职信。大约 30 分钟之后,女王去医院探望了他。在病床上,麦克米伦向她读了一份备忘录,宣布了由他的顾问在内阁和党内进行的调查结果,并且竭力推荐霍姆勋爵接替他。显然,麦克米伦和女王都意识到了其他候选人已形成"有组织的反抗"来反对由霍姆获得领导地位的前景。女王听从了麦克米伦的建议,而且根据麦克米伦记录在其日记中的叙述,

> 她表达了她的感激之情,并且说她不需要也不打算征求除我以外任何其他人的建议。她赞同霍姆勋爵不仅的确是最佳和最强有力的人选,而且是最有可能获得普遍支持的选择。但是对于那些反抗该怎么办?……我说我认为速度是重要的,并且希望她立即叫霍姆勋爵过

来——她一回宫就叫他来。他随后就可以开始工作。她同意了。[4]

从医院返回后,女王召唤霍姆去宫中,并且邀请他尽力组建一个新的政府。

这一邀请激怒了保守党和整个国家中的很多人,他们认为麦克米伦和女王是在以不恰当的积极态度把巴特勒排除在外,从而确保实现他们偏爱的任命。伊恩·麦克劳德在《观察者》(Spectator)上争辩道,麦克米伦的建议是"有权威的",而且"在被呈上这样一份文件的情况下,[对于女王而言]甚至连考虑一下询问其他建议都是不可思议的"。[5]不过其他评论者更加挑剔。保罗·约翰逊(Paul Johnson)在《新政治家》(New Statesman)上主张,麦克米伦不应该冒险在他的病床上就这样一个微妙的问题提供权威的建议,而且女王也不应该毫不迟疑地接受这样的建议。选择首相关乎皇家特权,这个选择仅受制于一个要求,即被选中的人能够控制下议院的大多数人。他认为,所有的宪法先例清楚都表明"首相在选择其继任者的过程中,作用有限或者根本不起作用,而且在任何事件中,他的建议从来都不是强制性的"。一旦麦克米伦辞职,他就不具有向君主提供约束性意见的地位。此外,在18日的一大早,反对派已经与白金汉宫接触,并且告知白金汉宫联合在巴特勒周围的支持者。毫无疑问,女王意识到了对于霍姆任命的反对。约翰逊继续说道:

> 她可以阅读,而且她一定已经通过报纸看到了详细的信息,即[麦克米伦备忘录]传达的一致同意的想法易遭到质疑。如果当时麦克米伦先生向她提出的是正式且宪法性的建议,她当然别无选择,只有接受。但是他的建议,在宪法性意义上,是非正式的,并且她可以选择是否接受该建议。如果对该建议的有效性存在任何疑问,那么采纳别的意见绝对不是什么不可思议的事情,而是她积极且必须承担的责任。[6]

约翰逊所作的令人不安的暗示是,鉴于他的背景、门第和观点,霍姆既是麦克米伦的最爱,也是白金汉宫的最爱。"如果存在强迫国家接受霍姆勋爵的阴谋,那么难以避免的结论是,白金汉宫是其中一方。"

根据麦克米伦的建议,女王没有立即任命霍姆为首相,而是邀请他尽力组建一个政府,看看他可以获得什么样的支持。有着白金汉宫和其前任的认可,他挫败了巴特勒和其他人组成的反对力量,并且能够说服他们接受由他领导的内阁办公室。他随后放弃了自己的贵族爵位并且成为首相。在1964年的选举中,工党赢得了大多数人看来不可避免的胜利(尽管人们怀疑,如果是巴特勒领导保守党政府,哈罗德·威尔逊还是否有能力击败该保守党政府)。[7]几年后,巴特勒在苦恼中退休,并赴剑桥大学三一学院担任院长。

"英国的行事方式"

59　　这个插曲说明了英国宪法实践中一些具有吸引力的方面。每个人都同意,做出正式首相任命的是女王。他们也同意她通常应该选择控制下议院大多数选票的政党的领导人(如果有政党可以控制下议院大多数选票)。如果多数党的领导人辞职或者去世,她应该任命他的继任者作为首相。不过,在1963年,工党在这些情形下有一套选举新领导人的固定程序,而保守党没有这样的程序。普遍认为,在保守党首相辞职的情况下,女王应该选择最有可能博得下议院大多数支持的那个人(事实上这指的是最有可能博得所有保守党议员的支持)。据了解,在实践中,如果她必须在争夺这个职位的竞争者之间做出选择,她应该在枢密院成员、资深政治家和党鞭中做调查,而且即使前首相同其他人一起被咨询,他也不会自动获权提名他的继任者。

此刻我并不想变得迂腐,但是请注意上一段中的语言。我们使用这些短语来表达女王任命首相的程序:"普遍认为……""据了解……"和"每个人都同意……"引人注意的是,没有关于这个问题的成文法——没有制定法,没有规定女王可以选择谁和如何选择的宪法条款。甚至,"这是她的职责——她的'特权职能'之一"这一观点,就是某种被"普遍接受"的东西。你不会在任何一部议会法案中找到它。你也不会发现有法官将它表达为普通法的一项原则。它仅仅是我们拥有的看法之一,而且关于合宪的君主应该如何行使这种权力的规则,只不过是其中的一部分。

说我们在这些问题上没有成文规则,并不是说它们无足轻重或仅仅是学术上重要的问题。当我们说女王应该选择有能力博得最多支持的政治家担任首相时,我们显然是在说一些非常重要的事情。谁成为首相对于这个国家而言关系极其重大,因为首相拥有相当大的权力和能力,足以在各种公共政策中打上富有他或她个性力量的印记。这也不仅仅是一个关乎政党的问题;同一政党内部不同的人物可以产生极其不同的影响,并且首相一旦确立就非常难以改变。因为这是一个具有公共重要性的问题,我们将不会满意于女王在决定中运用她自己个人的喜好——选择她觉得从个人喜好或者政治信仰来看与她最为意气相投的竞争者。如果全体选民的意志与首相的选择之间不存在某种联系,那么这是对民主理念的藐视。在缺乏明确总统制的情况下,选择那个可以博得大多数当选代表选票的人为首相。这一习惯,对于英国宪法来说,似乎既是适宜的,也是根本的。

但是,尽管这个问题具有这种民主意义的重要性,我们并没有将它体现在任何成文宪章或任何制定法中,而且我们没有理由相信法院会强制执行这个习惯。所以这种习惯或看法的地位**是**什么?我们为什么会期望女王和她的顾问们注意这个习惯?

我们可以就英国政治活动中"我们拥有的其他行事方式"提出类似的问题。尽管保守党在1963年之后将他们的继任程序系统化了,但是在首相任命上仍然有灰色区域,尤其是在多党政治的背景下。1974年2月,爱德华·希思(Edward Heath)失去了他在下议院的大多数保守党支持者;不过,对此我们的理解似乎是,他有权迎难而上继续担任首相,直到他在下议院被真正击败的那一刻,到那时,女王应当立即邀请(正如她所做的)反对党的领导人去组建一个政府。但是,如果有几个反对党该怎么办?女王是否应该猜测一下,在哪一个领导人下的哪种联合最有可能成功?[8]

一旦你开始观察,便会发现这些不成文的看法随处可见。有一种看法是,女王将对任何在上下两院通过的议案给予御准(Royal Assent),但是没有任何成文的规则有这个意思。还有一种看法是,君主不会主动开始缔结条约、宣布战争、解散议会、罢免大臣,或者任命贵族,即使这些是皇家权力——她会听从大臣的意见。类似的看法统治着议会本身的活动。有一种看法是,不能利用议会的多数票,例如,通过法律来废止、推迟定期选举或者授权征税(这里指那些不是由年度拨款法案授权的征税);但是没有任何成文的规则有这个意思。除了这个关于什么是"适宜"去做的一般看法,对于议会的多数票凭借这样的法令来拓展自己的权威,没有什么障碍。一个目前拥有下议院多数选票,却对自己在即将到来的选举中维持现状的能力没有把握的政党,可以利用议会多数票修正《公民代表法》(People Act),这一举动不会遇到什么障碍,只是该政党的后座议员(backbenchers)会有反对性的政治意见,并且**实际存在**(de facto)来自其他官员或者整体选民的反对意见,这些反对意见都围绕一种不明确的看法——这个行动是错误的。就执行任何明确的关于这种行为的宪法性禁令而言,法院以及法律都是无能为力的。

我们整个的责任政府体系和政治责任结构得以建立的基

础,看起来并不包含什么比这些隐晦而模糊的不成文看法更加坚实的东西。[9]

对于很多外界的观察者来说,这种对默示"看法"的依赖是典型英国式的。例如,像板球这样的运动,不仅受明确的运动规则支配,而且受到某些优秀体育精神及绅士般行为的不成文原则支配。但是,对英国政治的默示看法,不像板球的精神那样从属于构成及管理该运动的一套成文法,并对这套成文法做出补充。英国根本没有成文宪法。在我们政治结构最根本和最重要的方面,不成文的理解以及"绅士般行为"的默示原则是**我们所拥有的全部**。

在这一点上,英国位列少数国家之中(其他国家包括新西兰和以色列),因为世界上几乎每一个人都可以指出某些权威文件。这些文件表达了他们社群的渴望,对政府可为之事做出了限制,而且为他们政府的程序和机构规定了一个结构。当然,这并不是说,关于这些内容的任何一点,英国法都**没有**作出任何规定。有一系列历史上重要的文件,从1215年《大宪章》(Magna Carta)到1911年《议会法案》(Parliament Act),做了很多宪法应该做的事情。也有诸如《罗马条约》(European Convention,我们于1972年加入)的宪章和《欧洲人权公约》(European Convention on Human Rights),正如我们将看到的,在这个国家中,它们对政府与公民之间的关系有相当大的影响。但是,它们都是在我们的政治生活中**顺势**产生的,而且同样完全可以被产生它们的相同程序抛弃。英国没有一个能与美国宪法及其二十六条修正案相比的伟大文件,足以为我们的政治生活奠定**基础**、设定引导政治生活的条款,以及将我们多种多样且迥然不同的宪法权威来源带入某种秩序和一致性。

说英国没有**成文的**宪法并不等于说它没有**宪法**。相反,我们的政治框架高度地结构化,并且相当稳定,它的框架在很多名如《英国宪法》《英国的宪法性法律》的伟大书籍中都被讨论过。即使在那些有成文文件的国家中,宪法律师无论如何也必须超出文本去考虑暗含在政治实践中的规则,这些政治实践是从文件起草伊始逐渐形成的。例如,美国宪法没有提及政党和总统初选,尽管它们在政治生活中发挥着巨大作用。差异在于,有一部成文宪章的地方就有一个关于这种查询的起点和定位点;然而,英国宪法律师不得不毫无头绪地在杂乱无章如迷宫般的制定法、条约和先例中摸索他们的道路,而且,即使制定法、条约和先例是统一的,也仅仅是由这些不成文理解的精神来统一的。

62

宪法惯例(constitutional conventions)

用来描述在接任哈罗德·麦克米伦一事中岌岌可危的那类习惯、常例和看法的术语是"惯例"。它们不是成文规则,而是宪法的"惯例"。或者有时候我们被善意地告知它们是"惯例的"而不是"法律的"规则。那么,"惯例"是什么?

首先,重要的是,一个惯例不仅仅是政治行为的一种规律性;它不仅仅是对确实要发生什么的一种预测。每年首相离开唐宁街到契克斯过圣诞节。我们可以预测他将这样做,而且如果他不这么做,我们会感到惊讶。但是惊讶已经是这样一种"不规律性"会引起的一切。我们不会因为首相没有去契克斯过圣诞节而批评他。我们也不会将其视为一条原则或规范并据此评判他。这是我们从首相的行为中识别出来的一种规律性,而不是首相应该符合的一种标准。

现在我要说,宪法惯例不像那样。它们是规范性的。它们被用于说明**应该**做什么,而且,正如我们所看到的,如果某人的行为没有符合它们,它们会被用做**批评**的基础。我们用它们去**评判**行为而不仅仅去预测行为。

不过,尽管它们是规范,它们从来都不会被法院执行:你从来都不可能让一位法官宣判一个惯例应当被看做法律问题

(a matter of law)而加以遵守。而且,如果某人决定藐视一个惯例,唯一的救济方法是政治的而非法律的。(那些拥有政治权力的人——人民、其他的政府官员,也许最终会依靠军队——要么会容忍已经发生的事情,要么不会容忍。如果他们容忍了,该惯例实际上已经被改变。如果他们不容忍,将会出现类似于革命的事情。)大多数作者已经说过,因为这些是规范而不是法律规范,唯一可能的结论是它们是**道德规范**——政治道德规范。例如,A. V. 戴雪曾写过,惯例"由习惯和常例构成(正如它们所是);不能被法院执行或认可的箴言或者格言,构成的不是一套法律,而是一套**宪法或政治伦理**"。[10] 而且,杰弗里·马歇尔(Geoffrey Marshall)认为它们"仅仅详细阐明了关系到政府运转的**道德义务、权利和政府官员权力**"。[11]

但是,将它们称之为"道德的"或"伦理的",并不真正有用。关于"宪法或政治伦理"与"道德义务、权利和政府官员权力",存在各种各样不同的观点。和平主义者可能认为议员都有一种不批准核武器开支的道德责任。激进的民主主义者认为未经全民投票不应该通过任何法律。基督教原教旨主义者可能认为不应该允许无神论者担任公职。这些观点的支持者们认为它们是道德规范,但是我认为支持者们不会将他们的原则视为宪法惯例。当然,我们认为或者我们希望我们所拥有的惯例具有道德上的正当理由。但是我们没有理由信心十足地认为它们抓住了**最佳的**政治道德。使得它们成为英国宪法惯例的不是因为它们具有道德上的正当理由。我们不得不说明一些更具体的东西。

肯尼思·惠尔爵士(Sir Kenneth Wheare)曾经写道,一个惯例是"被宪法运行过程中那些相关的人认可为具有义务性的行为规则"。[12]这是一个有趣的定义,因为它表明这些规则没有其他基础,最终只能依赖于一个事实,即涉及其中的人们认为它们是他们的行为标准。在大多数情况下他们遵守这些规则;当他们没有这样做时,他们感到内疚或者懊悔;他们批评其他人背离这些规则的行为;此外,每个人都知道做出这些批评后将会发生什么,因为每个人在心底大致有同样的一套标准。它们不仅仅是行为的习惯或者规律性;它们成为人们的意识,并且变成反思和责任感的内容。但是它们也不仅仅是关于道德的主观见解。它们具备一种社会现实性,由于它们捕捉到了人们的一种互动方式,通过这种方式人们彼此需要并且形成关于一种共同实践的态度和期待,而这种共同实践具有一些标准,人们都正在执行这些标准。报纸、期刊以及专题学术论文会提及这些惯例。政治家们在评价彼此行为的时候引用它们。它们是社会事实,而不仅仅是抽象原则,因为它们将人们聚集在一种共同的生活形式中。

相较于一部制定法或一部成文宪法的有力事实,所有这些听起来非常脆弱。我已经让它听起来好像宪法惯例是那些只能自力更生的规则。它们是规则,因为它们所约束的那些人认可它们是规则,而如果它们所约束的人们不认可,它们就根本不是规则。除了得到它们所支配之人的共同接受之外,这些惯例没有其他的效力和力量。如果女王打算悄悄废除那个选择获多数票的领导人作为首相的惯例,转而选择皇室最喜欢的人,而且如果政治家和记者停止因为这个做法批评她,该惯例就已经消失了。唯有"政治家们将此惯例作为实践和批评的一项标准"这个事实,才给予这个惯例以社会现实性。

这里还有一个有意思的理论要点。尽管当我们以这种方式来描述惯例时,惯例看起来极其脆弱,但是,许多法学家相信,**每个**法律体系最终都以某种与此同样脆弱的东西为基础。下面让我来拓展一下这个观点。

承认规则

在第二章,我粗略提及了简单的法律实证主义哲学:法律是主权者的命令;而且一个主权者就是人们恰巧习惯服从的对象,无论他是谁。尽管这个理论听起来是冷静实际和现实的——法律就是获得服从者的命令——但是(这个理论中)主权者的地位依赖于普通人愿意服从这个事实,而不是比这更实质的东西。如果人们不愿意这样做,就不会存在主权者和法律体系,或者可能主权者(以及法律体系因此)会变得不同。在英国,我们中的大多数恰巧愿意服从君临国会的命令;我们承认这些命令的内容是法律。如果我们在这一点上改变我们的态度,如果我们开始惯常地违抗或忽视我们议会的命令,那么按照实证主义者的解释,这些命令就将不是法律(不论它们自身多么高尚和道德)。它们将要么是无效的表示(gesture),要么充其量是以刺刀为后盾的命令(即便如此,它们也需要那些手持刺刀的人、或者那些人的统领者自愿服从它们)。即使是最冷静实际的理论也不得不承认政治权力从来都不能完全以武力为基础:它必须开始于某些人自愿认可其他人有权利控制他们。[13]

　　法律实证主义的现代理论,已经不再认可主权者这一简单意象。部分问题是,除非有明确规定什么应该算是主权者命令的规则,否则我们甚至不能理解"主权者"这个概念。(例如,和总统一起行动的美国国会,只有在它的命令符合美国宪法中所规定的条件时,才算得上是法律上的主权者。)近来最有影响力的法律实证主义理论是 H. L. A. 哈特（H. L. A. Hart）的理论。哈特主张，使得一个命令体系成为一个法律体系的，不是一个关乎命令与服从的简单问题。重要的是，有足够的人接受他所谓的"承认规则"。承认规则告诉我们什么使得一条规则成为一条法律规则；它将法律规则区别于，例如，礼仪规则、教会规则和已经被废除的前法律规则等。这是公民或至少是体系内的官员，用以识别应该算做法律一部分的规则和要求的方式。[14]

为什么承认规则是必不可少的？一个部落群体的成员可能仅仅依靠很小的一套被普遍接受的社会规则就可以维持群体，而不需要一条告诉他们如何去识别规则的主要规则（a master-rule）。但是，一个复杂的现代社会需要一条主要规则，理由有二。在我们的社会中有许多不同的社群和实践——从教会到体育俱乐部再到非正式的礼仪实践。它们都制定规则，而且它们都对我们提出要求。它们与**法律**的差异在于，最终，法律规则将得到国家所有权力的**执行**。承认规则告诉我们如何去识别那些将会以此方式得到执行的规则。

另一个理由是在现代社会，我们通常想要改变这些规则，并且如果这里存在很多规则和改变，我们想要一种掌握当前哪些规则有效而哪些规则无效的方式。承认规则就给予我们这样做的标准。

在英国,承认规则说一项(以恰当的方式)得到议会上下两院通过且得到女王同意的议案具有法律效力,并且优先于与它冲突的任何先前法律或者任何其他规则(除此之外,承认规则还包括其他内容)。它告诉我们,实际上,要通过看一个规范的**制度系谱**(institutional pedigree)来判断它是不是一个法律规则:看它的日期、制定的程序和相关的手续,这就是所有你需要知道的有关其法律地位的事情。[15] 其他国家拥有更为复杂的承认规则:在美国,人们不仅要看(国会两院在获得总统同意或者获得国会两院各 2/3 及以上新一轮多数票的情况下)如何以及何时通过该议案,还要看它与包含在 1787 年宪法中的《权利法案》(Bill of Rights)是否相容。一个对美国的承认规则的充分表述也必须包含修正宪法的程序。哈特的论点是,无论承认规则多么复杂,一个法律体系确实需要某个这样的承认规则,以确保无论何时都能识别出它的法律有哪些。

是什么赋予承认规则以法律效力?是什么使得它成为决定法律是什么的权威方式?该问题并没有一个确切答案。这有点儿像在问是什么使得美国宪法是合宪的(constitutional)。承认规则就在那儿。它是一项社会事实,与我们社会运行过程所涉及的人——特别是律师、议员、法官、警察等——行动的方式有关,而且最重要的是,这项社会事实与这些人认为他们应该如何行动有关。毫无疑问,法官等人有他们自己的理由认为他们应该服从议会的法令。有些理由可能是民主的理由;有些理由可能是传统的理由。但是没有进一步的权威授意他们这样做,即服从议会并且以此作为自己的标准。他们的实践,他们将自己看做受该规则约束的意愿,使得我们的社会成为一个法律体系——它是其余一切的支点和基础。如果没有某种这样的社会实践,英国就不会存在法律体系——即,对于应该期待哪些规则和命令会得到支持,民众缺乏共同的理解。[16]

我提出实证主义和哈特的承认规则,是因为我想要阐明一个关于政治生活基础的一般观点。政治生活中有传统,有道德,有感情,有个人魅力,有意识形态,有迷惑,有谎言以及——最终——有刺刀和子弹。在政治分析中,所有这些都是重要的,而且它们中的一切——**包括**最后两个(想想北爱尔兰)——在解释我们政治体系的稳定性时都能发挥作用。但是政治生活中也有法律,有政治秩序,有进行管理的权威,有继任问题,还有权力的转让和行使。法律和政治秩序对于我们极其重要。但最终它们等同于一个由规则和惯例构成的连锁体系,这些规则和惯例依赖于政治生活所涉之人约束和评判自己及他人行为方式的意愿,而不是依赖于比这更为具体和可靠的东西。哈特的承认规则理论暗示,位于每个法律体系基础位置的某种东西也并不比这种意愿更为可靠。关于宪法惯例——指起作用的规范,而且据说在权力从麦克米兰转移至霍姆勋爵的过程中这些规范遭到了违反——我们已经说过的内容表明它们也属于这一范畴。正是政治生活所涉之人乐意用某些不明确的标准去安排自身行为的脆弱意愿,构成了任何一种说"英国必须采用立宪政体"的主张的基础。

那么,英国宪法的特别之处不是它最终依赖于一系列脆弱的看法;这一点对于**每个**法律和宪法体系来说都为真。更确切地说,英国与众不同的事实在于,在它的宪法性法律中,处在那样一种地位的内容是**如此之多**。其他国家会有一部成文宪章,这部成文宪章的权威也含蓄地依赖这样的预设。1787年制宪会议上,当代表们认可他们的文件具有约束力时,他们以"我们美利坚合众国的人民……"作为文件的开头——美国人默示地预设这些代表具有权威性。然而,在英国,整个事情自始至终是一个由默示预设构成的结构。这里没有被默示地预设为具有权威性的大宪章。这里有的仅仅是一些默示的预设。这是我们的政治生活独有的特征。

宪法与权力结构

我之前说过,尽管英国没有可与美国宪法相比的成文文件,但是推断说英国没有宪法是错误的。我们被描述成一个"君主立宪国";在我们的政治程序中有一套关于代议制民主的固定安排;并且存在一种广泛的一致意见,即相较于很多能在大理石建筑内的玻璃罩里一张羊皮纸上找到所有宪法原则表述的政权,英国的政治活动和统治管理受到宪法原则相关因素更为充分而可靠的约束。

对此我不想显得沾沾自喜。在本章的随后部分和第五章中,我会讨论拥有不成文宪法的优势,也会讨论拥有不成文宪法的劣势。但是,如果不问一个非常基础的问题,我们就不会进行得非常深入。宪法是什么?国家拥有宪法(无论是成文的还是不成文的)究竟是为了什么?宪法在政治生活中扮演什么样的角色?

大体上说,宪法是一套关于应该如何统治国家的规则、原则和理解。S. E. 芬讷(S. E. Finer)在《五部宪法》(*Five Constitutions*)一书中将它们定义为:"宪法是规则的汇编,它有志于管理各种政府机关和官员之间职能、权力与义务的分配,而且有志于定义政府机关、官员与公众之间的关系。"[17]当然,并不只有国家才有宪法。俱乐部、工会和其他组织也可能有宪章，在这种背景下，它们履行着相似的职能：它们在组织内部定义并且管理权威的地位，陈述组织的目标和权力行使想要实现的各种目的。

注意到下面这一点很重要，宪法往往并不包括国家组织的种种细节——从加冕典礼的程序到达克经销管理局（Duck Marketing Board）的法定责任。宪法经常被理解为对公共权力**基本原则**的概述，而不是对管理国家每个行政机关和每个官员每个行动的每条规则的全面汇编。当然，这个界限必然不是固定的。在英国，当地方当局的税收权力受到最细微的修改，便会有一些人站出来并且高谈阔论"危在旦夕的宪法问题"；还有另一些人认为这仅仅是管理结构的细节变动。对此，无法决定孰对孰错——几乎是只要我们愿意，我们就可以使用"宪法的"（constitutional）这一术语。

以下可能是一个有用的建议。并非统治和管理结构方面的每件事都是具有宪法重要性的问题。不过，"宪法的"也不是一个用来将更为重要的**机构**和**机关**（如王室、内阁和议会）与不那么重要的**机构**和**机关**（如达克经销管理局）区分开来的语词。这个术语从重要性的角度来辨别**问题**。一些关于议会运行方式的问题（比如谁获得什么空缺职位）不具有宪法上的重要性。一些关于达克经销管理局运作方式的问题(例如管理局的行动是否可被法院审查)具有宪法上的重要性。问题总是在于:是否存在一个关于政治权力基本平衡的重要问题?我们有这样一种观点,即国家权力的触角在社群生活和组成社群的个体的生活中能延伸多远,这是**重要的**;而且社群及其包括的民众可以在多大程度上控制那些行使权力的人,这当然也是重要的。这些关于权力的问题才是立宪主义真正关切之事。

从这个观点看,关于英国政府结构最重要的事情之一,是它宣称自己是代议制民主的一种形式,而且,我们必须为选举和代议制责任提供的法律和惯例毫无疑问是我们"宪法"中最重要的部分。如今,大多数成文宪法都在它们的条款中对民主形式作出某种友好示意。然而,在英国,投票和代表制的整个问题都受普通的制定法约束。就技术上讲,议会的多数决可以废止《议会法案》。也只是因为《议会法案》,我们得以至少每五年拥有一个建立在普选基础上的新议会。如果政府有改变这种状况的意愿并且得到议会的支持,那么几周之内就可以通过一项改变这种状况的法案——延长议会的期限或者完全废除选举。毫无疑问,在下议院和整个国家会有异议,而且一些官员可能不愿意接受这些变化。但是如果这些异议找不到任何政治声援,它们就没有任何宪法性法律可提供基础性的支持。在英国,我们政治体系的民主基础与我们宪法的其余部分一样可靠。民众有这样一种理解,废止类似于《公民代表法》(Representation of the People Act)的制定法是错的。我们政治体系的民主基础就依赖于这种理解,而不依赖于其他更实质的东西。

即使我们宪法的民主特征得到了保证,还有其他结构性的问题需要我们关心。自从18世纪末和19世纪初的思潮中出现"多数人的暴政"这一概念,立宪主义者们就已经确信对政府的民主式控制最多只是无压迫社会的一个必要条件,绝非充分条件。

> 如果承认,一个拥有绝对权力的人可能通过不公正对待其对手而滥用权力,为什么占多数地位的人不可能遭到同样的责备?人们不会因为互相联合而改变他们的特征;在存在障碍的情况下,他们的耐心也不会伴随他们力量的增长而增长。就我而言,我不相信这点;我拒绝将无所不能的权力给予我的同胞中的任何一个人,也绝不会将它授予他们中的任何一群人——不论他们人数有多少。[18]

这种担忧已经导致许多宪法理论家朝着以个体人权限制民主决策的方向前进。我们会在第五章中对此进行分析。不过,也有许多设计政府结构的方法,可以降低多数人或者一个精英阶层专制行使权力的可能性。

如何组织国家对于国家所为之事有影响,这一信念和亚里士多德一样久远,而且几百年来它都是政治科学和政治理论的中心焦点。[19]其主要观点是,就一个单一组织或者一个由共同行动的民众构成的单一群体能够行使社会权力而言,社会权力对其成员会变得更加危险。另一方面,如果权力被分配在数个机关中,那么它们各自控制社会生活的努力可能会彼此抵消,并且它们的相互对抗可能会变成对它们各自行动的约束和限制。正如詹姆斯·麦迪逊(James Madison)所说:"必须用野心对抗野心。"如果我们可以完全相信我们统治者的动机,这些约束就是不必要的。正因为我们不能相信统治者的动机,所以我们需要麦迪逊提到的一项政策——"用相反且对抗性的利益弥补较好动机的缺陷"。[20]

人们已经提出各种方式来确保权力中心的多元性。一种方式强调地方机构以及中央机构的重要性,而且视中央政府和地方当局之间的权力平衡为人们根本关切的问题。因此,例如,当中央政府几年前尝试对地方议会可从财产税里收取的数额("税率限制")做出限制时,上下两院的几位议员反对新法,宣称它"与我们不成文宪法的精神相背"。[21]据此,他们所提到的不是任何规定"地方当局在这方面应该有独立地位"的明确规则,而是权力分散所具有的宽泛的立宪主义价值,以及某些由此推出的默示理解。

另一种分散权力的方式与中央机构本身的结构有关。在英国,立法机关不是一个单一的机构,而是——至少在理论上——三个机构的组合:下议院、上议院和君主。归根结底,下议院总是在三者的角力中占优势。[22]但是,上议院在某种程度上仍然是一个独立的权力中心。它可以搁置已经在下议院通过的议案,而且,议案在上议院受到挫败对于政府来说可能是一种政治困窘,尽管存在克服这种困窘的宪法机制。所以对于任何一种组织的统治来说,我们立法机关的两院制结构都提供了某种约束。

第三个观点是所谓的"权力分立"。这个观念认为,任何统治中都至少存在三种需要得到履行的职责:制定法律(**立法**职能);将那些法律运用于特定的案件(**司法**职能);执行法律和法律的裁判(**行政**职能)。权力分立观念主张这些职能应该由从事相对独立的政治职业的不同个体来履行,这样一来,他们的野心对彼此可以起到抑制作用。

尽管该原则在美国已经有相当大的影响力，但实际上它只在美国宪法中得到了不算完美的落实。国会议员（立法机关）和总统（最高行政长官）是通过不同渠道选举出来的，但是司法机关的最高层是由受制于参议院批准的总统任命的。当然，行政机关彼此不可能完全分离，这是有道理的。毕竟，它们在功能上是相关的：至少有些时候，司法部门必须根据立法机构通过的法律来裁判案件，而行政部门必须执行的正是这些法律和决定。此外，如果统治部门完全不同，它们很难对彼此的野心构成"约束和制衡"。

如果一定要说的话，权力分立原则还遭遇了一种批评它实现得太好的意见。该意见认为，通过赋予不同机构以统治过程中的独立角色，权力分立原则给予每个机构权力以挫败另一个机构的目的，这有时候会导致一种互相指责不休的僵局，社群的政治权力根本得不到行使。对于那些害怕强大政府并将其视为针对个人自由的威胁的人来说，这可能是好消息。但是很多人认为除了保护个人自由不受政府侵害，在社会中还有其他需要做的事情。放任不同机构彼此相斗的立宪主义策略可能是防止政治压迫的好方式，但它也是导致政府瘫痪和社会政策被忽视的好方式。

部分问题在于，该原则没有详述制定社会经济政策与实施社会经济政策这两方面之间的关系。现代统治的经验是,社会问题长远而复杂,任何可能的解决方法都需要由一群专业人士在一贯的政治方向下全面考虑和制定。解决方法可能仍然以立法的形式出现,但是这需要那些负责制定解决方法的人、负责执行解决方法的人和负责通过权威的方式使其变成法律的人之间适度紧密的合作。过去的一百年里,若干情况下——当下关于联邦预算赤字的讨论是其中之一——在美国存在一个广泛的看法,即宪法上的权力分立实际上阻碍了这种合作。[23]

在英国,权力分立没有那么严格(如果它确实存在的话),那么事情有没有好一些?当然,英国的司法机关独立于立法机关——我们将在第六章对此进行讨论。无论如何,"内阁政府"的体系确保了立法机关和那些负责制定和实施公共政策的机关之间存在更为亲密的关系。如果英国的统治中存在一个"行政"分支,它将被认为在政治上与内阁等同,内阁一度同时控制着官僚体系,并且是统治下议院的委员会。从严格的理论上来说,英国的行政机构是王室,但是君主只按照大臣们的建议行动,并且只选择那些可以博得下议院大多数人信任的人出任大臣这一惯例,意味着实际上这些权力属于首相及其同僚们。当你将行政机关位于大臣们的直接权威之下这个事实附加到上述惯例,你会发现在那些制定政策的人、实施政策的人和通过法律的人之间完全不存在什么接近"职能"分离的东西。

这种议会路径模糊了各种不同"权力"之间的传统界限,很可能是一个更有效和更现实的政治结构类型。在另一种政治体系中,那些制定法律的人和执行法律的人彼此嫉妒而互相僵持。相较于这种政治体系,议会路径在处理现代统治和公共管理的紧急情况上也许更胜一筹。问题是,在英国,我们还没有形成任何**其他**方式来处理那些最初促使一些人呼吁权力分立的担忧。他们提出分权,并不是想把它作为某种职能上的保护神,也不是因为他们喜欢在立法机关、行政机关和司法机关之间做出整齐的区分。他们这样做是因为担心出现如下前景:政治权力集中在单一决策中心之下。他们所提出的特定解决方法在现代世界似乎已经过时且繁冗累赘,但这一事实并不意味着不再有理由去担心这种前景。

不成文宪法被认为有这样一个优点,它没有用此时看上去适当而彼时看上去却不适当或过时的制度结构来约束我们。1787年美国宪法要求美国人至少在口头上支持其规定的原则,不成文宪法却甚至连口头上的支持都不做要求。我们的不成文惯例在这一方面给予我们灵活性:如果我们愿意,我们可以用新方式处理旧问题。但是,如果不成文惯例被用做不处理权力问题和权力集中问题的借口,不成文惯例就容易失去这个优势,而英国长期的经验正是将其用做借口。我们政治制度的灵活性——缺乏结构性约束——极大地促进了行政机关在寻求更有效管理和更集中控制的过程中获得优势地位。确实,这种备受珍爱的灵活性本身在拒绝引入约束及审查程序的方式上有些"不灵活"。[24] 我们不需要认为这是一个险恶的过程:大体上说,灵活性的运用终究还是出于最好的意愿,是为了更好地实现公共政策的目标。但是不论这些意图是否险恶,事实是,对于未来而言,在权力从边缘到中心、从议会到控制议会的委员会,以及从职能上分工清楚明白的结构到单一政府的转移中,存在某种危险。我们缺少成文宪法,这允许上述权力转移未经某些程序即可发生,这些程序包括围绕权力和自由之基本原则的公共讨论。我们再一次感觉到我们最缺乏的不是成文宪法可能带来的实际约束,而是一种迫使我们诚实面对立宪主义原则和担忧的方式。[25]

宪法性约束

结构性特点,如两院制和分权,间接地起作用;它们的目标在于,通过设置制度性障碍,降低残暴行使权力的可能性。

此外,世界上大多数成文宪法对政治权力的行使强加了某些直接的约束。它们规定有些事情绝对**不能做**,无论人们同意这样做的目的有多么值得称赞。

最有名的一套直接约束是所谓的《权利法案》,它由美国宪法前十条修正案构成。例如:

> **第一修正案** 国会不得制定如下法律:确立国教或禁止信教自由;剥夺言论自由或出版自由;剥夺人民和平集会和向政府请愿申冤的权利。

第一修正案和其他修正案是为了确保立法者(在这个例子中,国会)、行政官员(上至总统下至在辖区执行任务的警察)以及法官不会以侵犯某些个人权利的方式行动。然而,值得注意的是,不是所有的宪法约束都与个人权利有关。1937年爱尔兰共和国宪法中有基于宗教教义对立法施加的约束,这些宗教教义关乎可欲的社会政策。

> **第41条第3款第2项** 禁止制定允许解除婚姻的法律。

在其他一些国家,存在以历史经验和国际法为基础的约束;例如,现代日本宪法为放弃战争提供法律依据,并且指示

"永不维持陆军、海军和空军……"[26] 不过,部分因为我们的自由传统,部分因为美国的例子对于我们思考立宪主义的巨大影响,有关个人权利的约束已经成为主要的兴趣焦点。

在现代法律讨论中,权利话题如此显要,所以我将用一整个章节(第五章)讨论它。在那里,我将讨论权利是什么——法律权利、道德权利、人权——以及人们为什么认为权利应该对政治行动和立法行动构成实质约束。在目前这一部分,严格意义上说,我想集中讨论这种更为宽泛的宪法性约束的理念,以及当英国的议会或政府而非我们有时所说的"主权者"受到约束时,将会出现怎样的情况。

美国《权利法案》是最为著名的一套宪法性约束。任何受一纸法律影响或者受某种行政行动影响的人都可以起诉至联邦法院、质疑该法律或行政行动的合宪性。如果多个州法或联邦立法的内容看起来与权利法案经恰当解释的条款不一致,那么法院有权自己宣布这些州法和联邦法律违宪且无效。例如,得克萨斯州限制堕胎的制定法就因此被最高法院在里程碑似的"罗伊诉韦德案"(*Roe v. Wade*)中判定无效,这是因为它与法院视为"隐私权"的东西相冲突,而"隐私权"暗含在第四和第十四修正案里。[27]

然而,美国模式不是宪法性约束起作用的唯一方式。一部宪法可以不直接规定某段时期内不得通过某些法律,而是坚持某些类型的条款只有在得到立法机关特别多数选票(比如,2/3选票而不是简单多数选票)时才能获得通过,因此立法有赖于双重党派的支持。或者宪法所约束的法律可能只有经过全民投票的批准才能获得通过,或者可能只有经过立法机关就此问题间隔一场普选进行两次投票才能获得通过,或者可能只有经过某种其他特殊时间段(供反思,或者供动员反对意见)才能获得通过。最弱形式的约束,则比如:一系列被明确表明无法得到法院执行的立法指导,或者是体现在普通制定法中的可以被后法明示或默示废止的权利法案。尽管后面这些模式看起来根本不像真正的约束,但是如果它们能成为政治争论和政治关切的焦点,也许还是比什么都没有要好。它们遭到无视的这一简单事实,可能为动员政治反对意见和激起公共讨论提供基础。

在所有这些约束模式中,除了最后一种模式,其他都涉及对议会能为之事强加实质限制。那么,在进一步讨论之前,我们应该看看所谓的"议会主权"原则。例如,当人们为英国考虑制定一部《权利法案》时,他们将《权利法案》视为一种限制议会主权的方式,而一些人正是因此而反对这个想法。

议会主权

"议会主权"这一短语可以有若干种含义,而其中一些意思即使是用做描述**现状**也会误导人们。如果这个短语被用来表示,就议会自身来说,议会是这个国家里最有权势的机构,那它一定会误导人们。每个人都知道议会作为一个机构的实际权力在20世纪已逐渐衰弱,而它的议员现在仅仅可以行使对立法、公共政策、税收和开销的最小控制权。如果我们想要讨论真正的权力,如果我们想要知道哪个机构经常做到他想做的事,或者谁的行动最有可能成功,我们就应该集中关注内阁或者首相职位及其身边小范围的一圈助手。然而,议会主权可能不是指议会处于控制地位,而是指那些处在控制地位的人必须**通过**议会行使他们的权力。(尽管大臣行使王室特权方面的情况不是这样,但是立法和税收方面的情况的确如此。)它也可能是表明如下内容的方式:行使这些权力的那些人是从议会吸收进来的,而且他们凭借议会大多数选票的支持而得以出任他们的职位。但这不是找到真正政治权力的方式。

在现代社会,议会主权原则也不是表达英国作为主权国家的独立性的方式。我们本质上仍然是一个自治的国家。但现在因为欧洲共同体法律(EC Law),英国的主权在某种程度上受到限制。英国实施在布鲁塞尔和斯特拉斯堡制定的规则和条例,而我们的政治家们经常被要求接受和忍受他们不喜欢或者如果他们可以自由选择就不会为英国单独通过的欧共体政策或欧共体条例。从法律角度看,欧洲共同体的法律(即《罗马条约》,以及在其权威下制定的各种法律、规章和司法裁判)已经通过一部地方制定法——1972年《欧洲共同体法》(European Communities Act)——并入英国法。那么从理论上说,鉴于欧共体的法律在这里只有凭借一部议会的法案才具有权威性,议会主权看起来没有被削弱。实际上,问题远不止于此。尽管议会可以明确地废止《欧洲共同体法》,《欧洲共同体法》却不再被视为一部普通的制定法。在《欧洲共同体法》权威之下并入的欧洲规章,甚至可以击败**后来的**英国法律。也就是说,就欧洲法而言,我们已经放弃未直接载明的后法废止前法原则,而这一原则经常被用来象征每届议会相较于往届议会主权在握的特征。

我猜想,如果我们的统治者愿意,他们总是可以退出欧洲。这样的话,我们就可以在那个范围内保持主权地位。但是我们并入欧洲共同体的程度在不断提高,而且涉及如此复杂的细节,以至于迈出这样一步将带有革命特征。并且在那个意义上,议会主权不再是宪法原则,而仅仅是一种让步,即如果一个国家或者民族有此权力而且他们愿意,最终他们可以拒绝接受任何限制。

主权还有第三种含义,这种含义更接近这个问题的核心。关于议会主权最通常的含义是"全权"(omnicompetence)——这个观点是指对于议会可为之事不存在限制。现在,从挑剔的和语义的层次上来说,"可"(can)这个词在这里有点问题。肯定有一些事业是议会可能从事但无法成功的:例如,它可能尝试通过立法改变种族态度,但是投票遭到惨败。"可"应该是制度上的"可"——粗略而言,没有议会**不被允许**做(或者尝试)的事情。不像美国有规则(如第一或第五修正案)来限制美国国会,英国没有规则来禁止议会做某些事情。

不过,即使这样说,对这第三种含义的陈述也还不够细致。**存在**禁止英国议会做某些事情的规则,而且就如美国第一修正案那样,它们以个人权利为基础。《欧洲人权公约》(European Convention on Human Rights)[28]要求已经批准它的国家(英国是其中一个)"在其管辖权内确保每个人"的权利和自由,如下所述:

第十条第一款 每个人有言论自由的权利。该权利包括不受公共权威干涉而保有己见的自由,以及接受并传递信息和观点的自由……

现在这条规则毫无疑问禁止英国议会通过允许审查邮件的法律,并禁止英国议会查禁富有政治争议的出版物。此外,这是一条正式的规则,而且有一个我们协助其运行并提供资助的法院(在斯特拉斯堡),来确定这条规则和《欧洲人权公约》的其他规则何时遭到了违反。

那么,说英国议会至高无上且不受限制意味着什么?最终,这只是在表达**英国法院对议会的某种服从**。无论《欧洲人权公约》规定什么,无论欧洲人权法院可能说什么,**我们的**法院都永远不能质疑议会法案的有效性。

在这个意义上,主权作为一个法律原则被相当好地确立下来。在若干情形下,法院主张他们不会允许诉讼当事人仅仅依据《欧洲人权公约》的条款(除非是在出现了不止一种解读英国制定法的方式的时候,它可能用来辅助解释)。在我们前一章讨论的马隆(那个被窃听电话的古董商)案中,法官认为警察电话窃听的合法性由英国法律确定而不是由《欧洲人权公约》确定,他认为该公约只具有条约的地位。[29](对《欧洲人权公约》而言,并没有类似于1972年《欧洲共同体法》这样的法案将它并入国内法。)

我已经说过,议会主权并不意味着没有可以用来评估法律的规则或者原则,只是意味着没有法院乐意执行这样的规则或原则。我们可以用另一种方式,即从我们宪法的默示理解角度来解释这个要点。在本章的前面部分,我们发现,在结构性决策的层面上(谁被选为首相,君主扮演什么样的角色,等等),存在一些不明确的原则,每个人多半会遵从这些原则,但是我们从未将这些原则提升到明确的法律规则的地位。就这个国家中对权利和公民自由的保护,我们也可以提出同样的说法。议会主权并不意味着我们的立法者认为他们可以在有关公民权利的问题上为所欲为。他们可能的确认为自己是在遵循某些原则,比如言论自由以及"一个英国人的家是他的城堡"。此外,所有有关的人可能不仅仅将这些原则视为道德理想,而且将它们视为构成这个国家政治生活一部分的规范(如关于谁能成为首相的规范)。正如女王不认为她自己有权力去选择任何她喜欢的人当首相,议会中的雄辩家可能也不认为他们自己有权力废除基本的公民自由。

但是,无论这些宪法性态度多么根深蒂固,它们都不会削弱议会主权作为法律原则的地位,因为在那个意义上,议会主权仅仅是一条有关我们应该期待**法院**做什么的原则。

只要我们的法官对法律继续保持服从态度，我们就很难看出如何可能把对议会权力的明确约束引入我们的宪法。这是议会主权自相矛盾的情形之一。议会的全权意味着有一件事是每届议会都不能做的——即约束下届议会。假设1994年议会打算通过一部《权利法案》，其内容包括美国宪法第一修正案的英国版本和其他内容："议会不能通过任何剥夺言论自由的法律。"接着假设一两年后，在1996年，政府打算引进并通过一项禁止出版任何左翼杂志的议案。一些法官可能花时间思考这样一条禁令是否应该被解释为对言论自由的攻击，同时其他人可能会简单地认为，当1996年法案与1994年法案相冲突时，时间在后的法案一定占优势地位。正是因为1996年议会一定不会受到约束而可以做任何它愿意做的事，所以1994年的议会可能无法自由地就其继任者可为之事施加约束。因此无论议会制定《权利法案》的过程多么严肃，我们的法官好像都可以仅仅将它视为另一部制定法，认为它与其他法律受制于同样的默示废止原则。换句话说，我们似乎没有办法**支持**议会主权去改变行使议会权力的基础。

这是一个真正的难题，但是对此我们不应该太悲观。一些法学家写道，这好像是一个逻辑上的两难境地，又好像我们完全**不可能**在这个国家牢固确立《权利法案》或者任何类似的东西。但是情况并非如此。我已经说过我们的法官可以采取这种消极的方法,但是这并不意味着他们**必须**采取这种方法。司法部门的成员可能决定将我们设想的 1994 年《权利法案》视为具有权威性和约束力的法案;他们可能决定以违宪为由推翻 1996 年禁令。如果他们这样做,毫无疑问,议会主权的几个顽固辩护者会写信给《泰晤士报》或者《法律季度评论》(*Law Quarterly Review*),说他们弄错了并且超越了他们的权限。但如果法官坚持他们的立场并且继续推翻与《权利法案》不相容的法律,而且官员和公民继续在意他们的裁判,那么最终,我们将不得不承认,传统的议会主权原则已经消失。

在最终的意义上,正如我们已经看到的,居于我们法律体系基础地位的有关法律上主权者和承认规则的问题,与我们接受什么以及我们遵循什么规则有关。如果法官不认可与《权利法案》不相容的法律,而且如果法官一宣布它们无效,官员就拒绝遵守或者执行这些法律,那么我们别无选择,只能说承认规则已经发生改变。这个时候,承认规则变成了"凡君临国会制定的都是法律,除非它违反《权利法案》",而不是"凡君临国会制定的都是法律"。这意味着在法律效力基础上已经发生了一场静悄悄的革命。一旦我们最终意识到法律效力仅仅是一个关于公民、官员和行政机关如何对待传统法律渊源的问题,我们就会看到革命的可能性。这是我们从麦克米伦继任者风波中获得的教训。[30]

作为政治框架的宪法

在我们关于结构和约束的讨论中,争议点是社会权力的平衡。宪法的目标是规制这种权力平衡,而且规制的方式不仅要公正,还要有利于实现社会所理解的自由、秩序和责任。但是立宪主义的另一个方面也值得一提。

正如在这些章节中所体现的那样,实证法的理念认为,我们可以按照我们的意愿,在不同程度上塑造和重塑我们的社会和政治制度。当然,具体如何实现则存在着限制——我们可能尝试使英国变得更加公正和繁荣,但以失败告终。无论如何,原则上不存在我们能组织起来却不能改变的事情(尽管这样做我们可能无法获得我们试图获得的东西)。如果存在一部制定法,我们可以废止它或者修正它。如果存在一种制度,我们可以重建它。我们可以有两个或者几个政党,采用比例代表制或者相对多数决制度,采用五年期选举或者三年期选举,拥有核武器或者只拥有常规武器,构建一个福利国家或者非福利国家,征收人头税或者地方税,等等。

这种感觉——**每件事情**都可以做(up for grabs)——有时

可能令人气馁。这在一定程度上是存在主义者指出的那种令人眩晕的恶心的感觉——我们对自由的恐惧。在一定程度上这又是我们在讨论法治时所提到的失去方向的感觉：如果一切事情或者任何事情都可以被改变，那么人们就不能做出计划而且不知道他们所处的位置。在一定程度上这也是一种不确定感，即我们从来都不非常确定我们正围绕什么条件讨论政治问题。我们认为我们在讨论福利和如何维持福利国家；但是，我们突然讨论起议会和它的程序如何阻碍激进的行动。我们认为我们在讨论税收问题和地方当局征收地方税的权力；我们又突然发现讨论变成了关于中央政府是否应该有权力裁撤大都市机构。既然每件事情都可以做，我们通过某种程序来推进一项特定提案时所遇到的任何困难，都可能突然转变成一项要求改变该程序本身的提案。而且，我们可能认为，这使得任何特定的政治讨论在某种程度上都变得比参与者想要的更加不稳定和更易消逝。

宪法的一个特点是，它试图纠正政治过度善变的特征。具体观点是，我们应该使政治程序的某些方面变得稳定，并且使它们在某种程度上超脱于来自普通政治活动的挑战，恰恰因为如此，我们才能拥有一个为人所知且可预测的框架以供实质的政治讨论。如果我们知道不能挑战选举程序，那么我们就会明白,关于激进经济政策的讨论将不会突然变成关于"资产阶级"政治活动效力的讨论。而且这可能使得全面讨论经济政策变得更容易而非更困难,因为参与者将就必须展现什么、必须说服谁和必须建立何种多数制等问题享有共识。

当然,我们从来都不能使政治行动和政治讨论的框架完全超脱于挑战,也不应该这样做——正如我们所看到的,该框架的稳固性最终依赖于参与者都愿意尊重围绕这个框架展开的规则。随着情况发生改变,合理的做法可能是关注并且讨论改变政治程序。宪法的理念仅仅是,应该有一种审慎且可清楚识别的方式供我们这么做——此处"审慎且可清楚识别"的意思是,我们知道这个问题**何时**被提出,而且我们知道这个问题不必然和我们所处理的任何其他问题纠缠在一起。该结构的形态和存在可能是一个问题,但是这个问题应该能够明显地与其他重大的政治问题分隔开来。

我们需要一个稳定的框架,关于这种需求的问题,在我看来不是立宪主义最重要的内容。对于约束权力的实质需要和对于国家和个人之间适当平衡的实质需要,是我们在前面部分讨论过的,它们解释了大多数人对英国缺乏一个清晰并且可识别的宪法传统的担忧。但是,我认为关于任何时候每件事情都可以做的不安感,也是我们在权力平衡方面所持有的部分疑虑。我们担忧政府或大多数人的权力,不仅是因为就其权力可及范围不存在限制,也因为就他们可以作出的决策类型同样不存在限制。他们可以像改变交通规章那样轻易地改变选举法;他们可以像降低税率那样轻易地更改法院的结构。这使得我们想知道是否存在一些程序是我们在表达政治忧虑时可以依赖的。

成文宪法还是不成文宪法?

在这一整章,我坚持认为每一部宪法和每一个法律体系都依赖于某种东西,这种东西在最终意义上也就是下面这个问题——一个政治体系会**接受**什么。将所有的事情都明确说明或者写出来是不可能的,因为仍然存在一个问题,即**那个文本**是否并且为什么被视为具有权威性。不过,英国宪法中明确说明的东西远比其他大多数国家少。所以最终我们还是需要考虑一些理由,它们支持或反对下面这个做法:至少将我们更为重要的一些宪法观念,无论是结构层面上的观念还是约束层面上的观念,体现在一个更为正式的文件中。

有两个著名的反对这样做的论点。人们认为,相比于一部明确的宪法,我们宪法的**不明确**法则更强有力,而且它也更灵活且更少地依赖于多变的文本解释。

如同很多典型的英国原则,不明确宪法比明确宪法更强有力的观点是由 A. V. 戴雪提出的。在第三章中,我们讨论了戴雪关于"万民一法"原则的说明。他关于法治的观点也包括了另一条原则,该原则概括了对《权利法案》的大量反对态度以及类似的英国式想法:

> 在我们这里,宪法的一般原则(如个人自由权,或者公共集会的权利)源自在起诉至法院的特定案件中确立私人权利的司法裁判,我们可以据此认为宪法里面充满了法治;然而在很多的外国宪法之下,却是针对个人权利的保障(尽管很有限)源自,或者看起来源自宪法的一般原则。英国宪法缺少那些外国立宪主义者钟爱的关于权利的宣言或者定义。[31]

从逻辑上看,认为英国人有个人自由权利的主张,是从法院于人们质疑错误逮捕的特定场合所宣布的所有裁判中**归纳**出来的。在其他国家(戴雪以法国和比利时为例),推理从相反方向进行:立法机关宣告一项关于个人自由的明确原则,而法院由此**演绎**推理出特别裁判。如今,依情况看,这不是一个重要的差别。假如在两种体系中自由受到同样好的保护,那么我们是从大量的法院裁判中推断出自由权利,还是将裁判建立于先前某种对该权利的陈述,就不是特别重要的问题。但是,戴雪在英国行事的方式中看到两个特别的优势。

首先,如果我们是从实际的法院裁判推断出我们的权利,那么我们就可以非常自信,这些权利不仅仅是**纸上的**权利,而且将得到实际执行。因为我们的权利推断自法院实际所为之事,我们对受到保护的期待就不可能在后来被证明是毫无根据的。"**有权利便有救济**"(*ubi ius ibi remedium*)这一古谚(粗略的翻译是:"除非存在执行一项权利的实际程序,否则不要说存在这项权利"),建议不要在有别于其余法律的特别宪章中对个人权利作出普遍抽象的规定:

> 英国人努力创建了一套复杂的法律和制度,也就是我们所称的宪法。相较于关注什么人权宣言(或者说是制定一部英国人权章程),英国人更为热切地专注于提供救济来实行特定权利或者(只是从同一事情的另一面来看)避免明确的错误行为。《人身保护法令》(Habeas Corpus Acts)没有宣告任何原则,也没有做出任何权利定义,但是就实践目的而言,它的价值等同于一百条保障个人自由权的宪法条款。[32]

戴雪主张的另一个优势是,相较于其他政府(如比利时政府),英国政府要想中止公民自由权(例如,在一场政治危机中)会困难得多:

> 在从宪法原则演绎推理出个人自由权利的情况下,很容易出现这样一个观点,即该权利能够被中止或剥夺。而在另一方面,即个人自由权利由于是本国普通法固有的内容而已成为宪法一部分的情况下,未经该国制度和习惯方面的深刻变革,这一权利几乎不能被破坏。[33]

这些论点说明了什么?我的直觉是,只有当你认可这些被讨论的原则实际上是在我们的普通法和宪法惯例中体现出来的,戴雪的论点才会起作用。如果前述种种的确暗含在我们法律实践和政治实践的精神特质中,那么它们为公民提供的保障要远胜成文宪章的明确文本,而且推翻它们要比推翻成文宪章的明确文本更困难。但是如今人们对此不再像戴雪那样自信。在下一章,我们将对人权的普通法保护提出若干问题。当然,就政治结构的概括性原则而言,我们先人留下的不明确宪法已经具有一种适应中央集权要求的能力,而不是立宪主义者原则的有力化身。

如果我们转而讨论第二个支持英国行事方式的论点——

关于灵活性的论点,我们就会看到这一点。这个论点是有某种力度的,尤其当我们将英国的行事方式与美国的行事方式相比较。美国现在的情况是,律师几乎完全是在由《权利法案》的措辞构成的狭窄框架里讨论关于公共生活的诸多重大问题,而这些措辞是《权利法案》起草者近乎 200 年前采用的。在英国,我们则可以一种灵活且结论开放的方式,讨论诸如堕胎、宗教宽容、绞刑、种族歧视的问题,按照道德敏感者处理复杂问题的方式,试验各种方法和构想。相比之下,在美国,整个讨论必须以某一条宪法原文的解释为方向,这样一来,重要的是一个特定的提案能否被套进某个术语,如"法律的平等保护"、宗教信仰权的"自由行使"或"残忍和不寻常的惩罚"等。美国人已将自己置于某些原则之下,而且他们必须在他们可为之事范围内实践这些原则;这给他们的很多宪法讨论都增添了一种颇具经院哲学色彩的语调。而我们的立宪主义遗产表达得不那么清楚,因此,我们可以将我们对权利的珍爱,或者我们对有限政府的渴望塑造成任何我们想要的东西。

然而,正如我们早前看到的那样,存在灵活性的可能性,不必然意味着利用那种可能性的方式有助于实现自由或者开诚布公的政府。太多的时候,我们政治体系的灵活性意味着完全忽视我们宪法遗产的相关事宜。英国没有明确表达其对自由的承诺,不过英国也未能充分利用这种不明确性带来的创造性机会,因此,花费代价接受一种更大程度受文本约束的路径,也许对英国更好。在该路径下,我们至少将不再能那么轻易地避开岌岌可危的问题,而且关于在我们政府的行动和组织中哪些方面正面临危险,我们至少会有一个更清晰的共识。

  无论如何,与我们不必在《权利法案》和普通法的精神之间做出选择一样,我们也不必在明确的宪法规则和"不明确的行事方式"之间做出选择。(美国经验表明《权利法案》和普通法的精神不是互相排斥的。)在任何政治体系中,宪法结构的正式原则和国家政府的实际执行方式之间的契合都将相当松散。沃尔特·白芝浩(Walter Bagehot)对宪法"高尚的"部分和"有效的"部分有一个著名的区分,前者是"那些引起并维持公众尊敬"的部分,而后者是"那些实际上使得宪法起作用并且实现统治"的部分。[34]在英国,君主、上议院和下议院(被视为一个独立的权威中心)逐渐被降低到"高尚的"范畴,而内阁、白厅和唐宁街可能被视为本国"有效的"权力。在美国,成文宪法的"高尚"条款里没有提及政治体系的若干"有效"部分,如政党和他们的预选结构。我们应该预料到:政治体系比权威和合法性的外部标志演变得更快。差异在于,英国政治形式的演变相对不受约束,因为即使"高尚的"规则最终也仅仅是非正式的理解;而在美国,总是要回溯至体现于宪法规定的理念和原则。这可能意味着美国人陷入了1787年的固定原则。但是他们至少有某种东西可以用做相对稳定的参照点,以评价政治发展进程。相反,在英国,参照点似乎也在变化。

在所有这些内容中,我试图更多地强调宪法条款在更广泛的政治讨论中所发挥的作用,即它们在一个变化不定的环境中充当地标和聚焦点,而不是强调宪法条款施加给权力的实际约束。我们必须承认,一个足够强大和坚定的群体总是可以选择将一部成文宪法仅仅视为一张无用的羊皮纸,并用刺刀随意地将它们拨到一边。但是政治权力不同于蛮力。蛮力是某种人们与生俱来的东西。政治权力是一种动员和保住他人支持的能力,一种使他们中足够多的人赞同你的意见的能力,以此你能够战胜其他任何抵抗。成文宪法的条款在面对有专制倾向的权力(如果存在的话)时不可能占优势;但是它们流行于官员和更广泛的民众中,这种流行使得专制权力不大可能存在。如果人们熟悉立宪主义的确切标准,他们就拥有一种思考和讨论这些标准的确定的基础——某种不论别人说什么他们都不会放弃的东西。这就不会有那种令人头晕的感觉,即当政治结构改变,评价政府运行的标准也发生改变,以至于政治生活的规范中永远都没有什么是稳定不变的。

宪法的职责是为政治活动提供一个框架。统治和管理的框架定义了政府**工作方法**。如果我们仅仅从统治和管理的框架角度来思考宪法的职责,那么宪法是明确体现在成文宪章里还是暗含在关于政治实践的共享理解中,就不是非常重要了。但如果我们在政治生活和政治讨论这种更广泛的意义上思考政治活动,对于明确框架的需要则更为明显。没有哪种规定会永远完美,因为没有哪种规定总能准确抓住我们想要使用的标准。但是,假若**存在**一种规定,那么就存在某种可以被用做解释和再解释的焦点的东西,而且,它本身将为关于政治生活目的与原则的共同讨论提供地标。

---

[1] Harold Macmillan, *At the End of the Day:1961—1963*, (London Macmillan, 1973), p.506.

[2] 就巴特勒而言,关于这个过程最好的描述见于 Anthony Howard, *RAB:The Life of R. A. Butler* (London:Jonathan Cape, 1987), particularly Ch.15。

[3] Iain Macleod, 'The Tory Leadership', *The Spectator*, 7073, 17, January 1964, p.66.

[4] Macmillan, *At the End of the Day*, p.515.

[5] Macleod, 'The Tory Leadership', p. 66.

[6] Paul Johnson, 'Was the Palace to Blame?', *New Statesman*, 715, 24 January, 1964, pp. 113-14.

[7] Howard, *RAB*, p. 339 and p. 401 n. 39.

[8] 参见 Geoffrey Marshall, *Constitutional Conventions: the Rules and Forms of Political Accountability* (Oxford: Clarendon Press, 1984), pp. 33-5 中的讨论。

[9] 对其他类似原则的精彩而全面的研究,见于 Marshall, *Constitutional Conventions*。

[10] A. V. Dicey, *Introduction to the Study of the Law of the Constitution* (1886: 10th edition, London: Macmillan, 1967), Chapter XIV (emphasis added).

[11] Marshall, *Constitutional Conventions*, p. 216 (emphasis added).

[12] K. C. Wheare, *Modern Constitutions* (Oxford University Press, 1966), p. 179.

[13] See Dennis Wrong, *Power: its Forms, Bases and Uses*, (Oxford: Basil Blackwell, 1979), Ch. 5.

[14] H. L. A. Hart, *The Concept of Law* (Oxford: Clarendon Press, 1961), especially Chs. 5-6.

[15] 关于英国承认规则的充分陈述,也必须讨论一些关于普通法和判例法的东西。我会在第六章的末尾更加充分地讨论。

[16] 类似地,奥地利法学家汉斯·凯尔森(Hans Kelsen)认为,每个法律体系逻辑上都预先假定某种被他称为基础规范(*Grundnorm* 或者 basic norm)的东西的效力——该规则建立起认定其他规则有效的程序,但是它本身不通过任何更多的权威来源而有效。See Hans Kelsen, *The Pure Theory of Law* (Berkeley, Calif.: University of California Press, 1967). 一个便于理解的讨论见于 J. W. Harris, *Legal Philosophies* (London: Butterworths, 1980), Ch. 6。

[17] S. E. Finer, *Five Constitutions: Contrasts and Comparisons* (Harmondsworth: Penguin Books, 1979), p. 15. (这是一本精彩的小书,它阐明并且比较英国、法国、西德、美国和苏联的宪法。)

[18] 关于这个担心,see Alexis de Tocqueville, *Democracy in America* (1835; New York: Mentor Books, 1956), Part one, Ch. XV, p. 114。See also *The Federalist Paper* (1788: New York, Mentor Books, 1961), No. 10, and J. S. Mill, *On Liberty* (1859; New York: Bobbs Merrill, 1956), Ch. 1。

[19] 亚里士多德的《政治学》(*Politics*)卷三仍然是有关宪法性理论最伟大且最易读的作品之一。

[20] James, Madison in *The Federalist Papers*, No. 51.

[21] Second Reading of the Rates Bill, *Hansard*, January 17, 1984. [该引文来自于前保守党大臣杰弗里·里彭(Geoffrey Rippon)的一个演讲。]

[22] 讨论见于第二章脚注6。

[23] 一个精彩的讨论见于 M. J. C. Vile, *Constitutionalism and the Separation of Powers* (Oxford: Clarendon Press, 1967)。

[24] 关于这个观点,我要感谢苏珊·斯特雷特(Susan Sterett)。

[25] Nevil Johnston, *In Search of the Constitution* (Oxford: Pergamon Press, 1977), Ch. 3 强调了这个论点。

[26] *Constitution of Japan* 1946.

[27] *Roe v. Wade* 410 U. S. 113 (1973).

[28] 注意《欧洲人权公约》不同于欧洲共同体;它是欧洲法律结构的一部分,这个欧洲法律结构是一个不同的超国家的结构。

[29] *Malone v. Metropolitan Police Commissioner* [1979] 1 Ch. 345.

[30] 一个好的讨论见于 A. W. Bradley, 'The Sovereignty of Parliament-in Perpetuity?', in Jeffrey Jowell and Dawn Oliver (eds), *The Changing Constitution* (Oxford: Clarendon Press, 1985)。

[31] Dicey, *Introduction to the Study of the Law of the Constitution*, pp. 195-196.

[32] Ibid, p. 199.

[33] Ibid, p. 201.

[34] Walter Bagehot, *The English Constitution*, (1867; Oxford University Press, 1952), p. 4.

第五章
第4堂课　权利

五种手段

是时候来一些运动了。找一面墙并面对它站好。把你的手臂举过头顶,能举多高举多高,然后用你的手指抵着墙。双脚开立,然后把脚往后挪,以远离那面墙,直到你踮起脚尖,身体的重心主要转移到手指上。试着保持这个姿势,比如说,5分钟吧。

1971年8月,一些人被英国军方拘留并带到北爱尔兰一个不明的讯问中心。在那儿,至少有四五天的时间,他们被要求在一个房间内长时间保持上述姿势"抵在墙上"。他们站在这个位置上共计20到30个小时,尽管不是持续站这么长时间,但是有时候他们被要求连续4个小时保持这样的姿势。如果他们尝试动一下、坐下、睡觉、弓起背或者把身体的重心转移到其他位置上,看守士兵就会强迫他们改回原来的姿势。即使是瘫倒了,士兵也会把他们再拉起来。为了加重这种痛苦的经历,他们的脑袋被蒙上深色头巾,而且他们还需要忍受一种持续的、大到足以掩盖其他任何声音或交谈的嘶嘶声噪音。在那几天里,他们不被允许睡觉,只能每 6 小时吃一片面包和喝一杯水。蒙头、保持姿势、噪音、剥夺进食和剥夺睡眠,成为人们所知道的"五种手段"。

偶尔,头巾会被摘下来,噪音会停止,这些人被允许坐下。然后他们将被北爱尔兰皇家警察队讯问。当讯问停止时,这五种手段又会重新开始。诸如此类的行为持续数日。这种"深度讯问"有助于"获得大量的情报信息,包括指认出 700 名[爱尔兰共和军]的成员,以及发现应该对先前无法解释的大约 85 起犯罪案件负刑事责任的个人"。[1]

这些事件发生于一项大规模的拘留和扣押行动,即为人们所知的"迪米特里厄斯行动"(Operation Demetrios),这项行动是英国军方在北爱尔兰皇家警察队政治保安处的指示下于 1971 年 8 月 9 日早晨采取的。在极短的时间内,军方逮捕了大约 340 人,这些人被怀疑卷入、涉及或了解爱尔兰共和军的活动。很多人在 48 小时内被释放。其余的人则被拘留,并且大约 12 个人受到使用了五种手段的"深度讯问"。这种未经审判的拘留和讯问政策一直以各种形式、在各种法律的授权下持续有效,直到 1975 年。

开展"迪米特里厄斯行动"的决定,是在 1970 年至 1971

年间北爱尔兰恐怖主义暴力强度激增的背景下作出的。在1971年1月至7月之间，304颗炸弹在北爱尔兰境内爆炸，其中仅在7月之内就发生了94起。到8月9日，共有13名士兵、2名警察和16名平民在爆炸案或枪击案中丧生。没有人否认是爱尔兰共和军发动了大部分的袭击。北爱尔兰政府（直到1972年才接受威斯敏斯特的直接统治）处于巨大的政治压力之下，他们被要求对这场史无前例的恐怖运动"有所行动"。当局已经对采取一网打尽式扣押行动的可能性调查了数月，而且，虽然当局寻求避免使用特别权力，但很清楚的是，常规的讯问、逮捕和起诉方法只能带来有限的情报和非常低的定罪率。[2]

有一般性规章禁止"对生命和人施加暴力，尤其是使人残废、残忍虐待和酷刑"和禁止"严重侵害个人尊严，尤其是屈辱性的行为和贬低身份的行为"。安全部队对被拘留者采取的行动受这些一般性规章约束。然而，搜查"最新的信息以便尽快利用这些信息抓获犯罪嫌疑人、发现武器和爆炸物，从而拯救安全部队成员及公民的生命"也是官方的政策。一份官方文件指出："如果被讯问的人饮食受限而又受制于严格的纪律和隔离，讯问者就能更快地获得情报信息。"[3]专家认为五种手段（有时候也被称为"迷惑手段"或"感觉剥夺手段"）将助长纪律感和隔离感,而且可以防止被拘留者互相联系,加强关押中心的安全。这五种手段的使用得到了英国政府"高层"的授权,而且在1971年4月,英国情报中心通过一次研讨会将这些手段传授给北爱尔兰皇家警察队警官。

由于那个8月发生的事情,一些被拘留者控诉安全部队的行为。一些人控诉那五种手段;一些人则宣称在讯问过程中存在残忍的行为;还有其他人宣称,在最初逮捕时存在无缘无故的殴打和权利剥夺现象。一些控诉是在释放当时或之后立刻向北爱尔兰皇家警察队提出的;另一些控诉则通过英国的报纸流传开来;还有一些控诉则被爱尔兰共和国政府受理。8月31日,英国政府成立一个调查委员会来调查此事,由爱德华·康普顿爵士(Sir Edward Compton)任主席。调查报告在11月公布,其结论是,虽然没有证据证明"存在施加于身体的残忍行为,更不用说酷刑或洗脑行为的证据",但这五种手段中每一种手段的使用都构成"身体上的虐待",而且都表明"一般讯问规则的具体适用是有一定问题的"。[4]

这份报告公布后引起的轰动迅速促成另外一个委员会的成立,由帕克勋爵(Lord Parker)任主席。这个委员会要认真考虑"目前得到授权的讯问恐怖主义嫌疑人的程序是否需要改进"。帕克的报告得出的结论是:使用五种手段在英国的法律下本可能会被认为非法,但是委员会的大多数人认为在北爱尔兰当时的情境下,基于道德的理由,没有必要排除这五种手段的适用。(少数人对此存有异议。)

在1972年3月帕克公布其报告之后,英国首相在国会上陈述:政府"在极其仔细地考虑了整个事件以及未来的所有行动后,已经决定将来不会用这五种手段辅助讯问"。禁止将来使用这些手段的专门指令立即下达到了爱尔兰皇家警察队和军方。

与此同时,爱尔兰政府已经向位于斯特拉斯堡的欧洲人权委员会(European Commission on Human Rights)提起申请,宣称:未经审判的扣押和英国式讯问手段侵犯了人权。欧洲人权委员会是根据《欧洲人权公约》建立起来的一个机构,它的职责是调查个人或成员国针对欧洲范围内侵犯该公约所规定之权利的行为提起的申诉,并且向欧洲委员会(Council of Europe)*的部长委员会报告其调查结果。[5] 爱尔兰提起的控诉与《欧洲人权公约》的一些条款是相关的,包括自由权、受到公正审判的权利和非歧视性原则。然而,它最重要的控诉涉及

---

* "欧洲委员会"(Council of Europe)与"欧洲理事会"(European Council)英语词语很相近,但两者不是同一个机构。欧洲委员会致力于保护人权、民主的发展和文化的合作等,而欧洲理事会,是欧盟最高决策机构,其会议又被称为欧盟首脑会议或欧盟峰会,是欧盟最高决策机构。——译注

公约第三条,这一条规定得很简单:

> 没有人应遭受酷刑及非人道的、贬低身份的对待与惩罚。

第十五条则规定"在战争时期或其他公共紧急情况下",一个国家可以"采取克减本公约义务的措施",而且欧洲人权委员会认为英国政府在那时候的确面临着这样的紧急情况。然而,《欧洲人权公约》明确规定,上述例外情形下不允许克减公约第三条所施加的义务。换句话说,对酷刑和非人道对待的禁止是绝对的。[6]

委员会的报告一公布,爱尔兰政府便采取了《欧洲人权公约》程序规定的下一步措施,并向欧洲人权法院递交了这份报告,以寻求一个判定英国已经违反了公约的正式裁定。和欧洲其他大多数国家一起,英国承认欧洲法院的强制管辖权,甚至允许它的公民提起控诉侵犯人权的个人申诉。[7]我们知道,英国法官并不把《欧洲人权公约》视为我们法律的一部分;但是政府经常认可欧洲人权法院的裁定有约束力,并作出相应的回应。[8]

当爱尔兰将这个案子起诉到欧洲人权法院,英国政府以一种有趣的方式进行了回应。虽然它反驳爱尔兰政府的一些主张和委员会的一些结论,但是它承认根据第三条提出的指控是正义的。事实上,英国认为这个事件不应该被诉至欧洲人权法院,恰恰是因为这些控诉**已经**得到英国政府的承认,并且英国政府**已经**采取了措施防止重现这些虐待情形。英国总检察长在欧洲人权法院做出如下正式而郑重的承诺:

> 联合王国政府已经特别参照公约的第三条仔细考虑了使用"五种手段"的情况。现在他们做出这个无条件承诺:在任何情况下,"五种手段"都不会再被作为辅助手段引入讯问。[9]

然而,欧洲人权法院坚持正式作出判决,因为他们认为法院不仅有责任裁判诉至法院的案件,而且"从更一般的意义上讲,更有责任阐明、保护和发展公约所制定的规则,以此促进缔约国遵守他们担负的承诺"。[10]

事实上,相比欧洲人权委员会的报告,欧洲人权法院得出了一个稍微不那么严重的判决。委员会谴责使用五种手段,认为这是一种**酷刑**,而法院则有不同的感觉:

> 这五种手段被故意结合在一起连续几个小时使用。即使这五种手段没有造成事实上的身体伤害,它们也至少给置身其中的个人造成了强烈的身体及精神痛苦,而

且导致个人在讯问过程中产生严重的精神错乱。因此这五种手段涵盖在公约第三条的涵义内,可归入到"非人道对待"的范畴。这种五种手段也会贬低受害者的身份,因为它们具有这样的特征是为了激起受害者的恐惧感、痛苦感和低人一等感,从而能够羞辱和贬损他们,并且可能击溃他们身体和道德的防线。[然而],尽管它们的目的是提取犯罪嫌疑人的认罪陈述、其他嫌疑人的名字和(或)相关信息,尽管这些手段被系统地使用,它们并没有引起"酷刑"这个词所暗含的那种特定强度的痛苦和残忍。[11]

但是,不管是不是酷刑,这五种手段都违反了公约的第三条,而且相应地,法院作出的判决不利于英国政府。

权利作为道德约束

我想用这一整章来讨论人权这个论题以及它们在我们法律道德和政治道德中的地位。在过去几十年里,关于制定一部《权利法案》的可欲性,在英国一直存在着广泛的讨论,并且基于这场讨论不时出现立法行动。然而至今仍未成功。但是这个问题一直存在,尤其是因为,无论如何,《欧洲人权公约》

都影响着我们的政治活动。

所以,支持《权利法案》的论点是什么?人权是什么?为什么在政治活动中,它们必须得到认真对待?它们的根基是什么?它们促进什么价值?它们威胁什么价值(如果存在威胁的话)?这些都是我想讨论的问题。让我从《欧洲人权公约》及其章程所表达的理想开始讨论。

我们已经看到《欧洲人权公约》建立起各种机构,比如欧洲人权委员会和欧洲人权法院。但是让我们暂时抛开这些机构;实际上,让我们抛开法律,而仅仅关注文件本身所表达的抱负。它在尝试说什么?公约签约国[或者,用公约的有趣语言来说,"the High Contracting Parties(各缔约国)"]向本国承诺的人权理念是什么?

《欧洲人权公约》所表达的基本理念是:在日常的政治生活进程中,存在着某些我们不应该做的事情(例如未经审判的拘留、干涉隐私,或者对出版进行审查);存在着在任何情形下,无论是平时还是战争时期或公共紧急情况,我们都尤其且完全不应该做的某些事情(例如酷刑)。

根据上面的陈述,这些理念是道德理念。它们是关于应该发生什么和不应该发生什么,以及政府应该做什么和不应该做什么的规范性主张。它们代表了那些设计和签署公约的国家的道德承诺与关切。例如,因为他们相信,酷刑和故意的虐待在道德上总是错误的,他们才乐意起草和批准一份包含有类似第三条这样的条款的文件。但是,现在的意见可能有所不同。有些人可能认为酷刑在道德上并不总是错误的,所以不应该在每一种情形下都以这种绝对主义的方式排除它。既然这是一种可能的挑战,那么我们就不得不追问,如何能够为《欧洲人权公约》体现的观点进行辩护。准确地说,**为什么任何人都不应该"遭受酷刑及非人道的、贬低身份的对待"**?

一些读者可能会感到奇怪,我们竟然要为不折磨人给出**理由**,或者我们竟然要为不干涉其他权利给出**理由**,如言论自由权、隐私权和个人自由权。可以肯定的是,他们认为,酷刑和其他这些干涉在道德上的邪恶性是不证自明的。只有怪物、暴君和恶霸才会以那样的方式干涉人权。人权在现代受到普遍欢迎,一定程度上这是在回应20世纪让这个世界饱受痛苦的恐怖行为和暴行:希特勒对欧洲犹太人的种族灭绝,斯大林的肃清运动、大屠杀和恐怖的大饥荒*等。每个人都反对这类事情,难道这不是理所当然的吗?(保护)人权的职责就

---

* 1932年至1933年,乌克兰苏维埃社会主义共和国发生了"人为的"严重饥荒,它发生的原因与苏联持续的内战、农业集体化和拒绝援助等政策有关,因此有人把这场饥荒称为"乌克兰饥荒种族灭绝"。——译注

在于防止这些事情再次发生。那么为什么我们仍然需要正当理由？理性和道德理由无法影响一个纳粹分子。当我们在写作道德哲学时，如果我们考虑读者是谁，在这里是否存在需要辩护的话题？或者是否存在处于激烈争论中的问题？

北爱尔兰案的一个有益之处，就在于它有助于我们回应上述不耐烦。也许参与"迪米特里厄斯行动"的一些官员就是恶霸或施虐狂。也许授权使用五种手段的一些官员就是"小希特勒"，或者他们太懒惰或道德上太不敏感，以至于无法区分是非。但是我们不得不承认的事实是：参与拘留或讯问爱尔兰共和军嫌疑人的大部分官员相信他们是在出于好意行动。他们清楚自己面对着一个非常困难和危险的情形，而且他们也认为他们正在以自己所知道的最佳方式——道德上最佳的方式——回应该情形。我并不仅仅指那些认为自己除了服从上级发布的命令外别无选择的士兵；我还指那些策划行动、下达命令、创造讯问手段、传授它们、授权使用它们和将它们付诸实践的人。就我们所知，1971年8月，从内阁部长到北爱尔兰皇家警察队警官都认为他们别无选择。他们想不出任何其他方法来阻止似乎正逐步升级而无法控制的爆炸案和枪击案。

在这里我们不会花时间详细讨论爱尔兰问题、英国对此应负的责任或者安全部队可以做的选择。你不必是一个英国政策的支持者或者爱尔兰共和军的反对者才能理解那些人的观点,即他们的确而且真诚地相信拘留和"深度讯问"是对他们所面临危机的最佳回应,或者至少是最不糟糕的回应。事实上,该行动加剧而不是改善了暴力的程度,而且,也许这个结果是可以预见得到的。但是该行动带来的情报使安全部队对爱尔兰共和军有了更充分的认识,并且使得对爱尔兰共和军大量定罪成为可能。[12]我们可以想象有人认为(即使我们不同意他们的观点,尤其是如果我们的分歧仅仅是基于事后之明)采取该行动获得的利益大于付出的成本,而且最终该行动所阻止的伤害多于它引起的伤害。如果一个政治家或负责任的官员在人们呼吁行动的时候真诚地相信这一点——真诚地认为他们知道一种能使恐怖和痛苦水平总体上降低的方式——他们应该怎样做?如果他们认为,讯问中使用五种手段最终所避免的痛苦,比使用这些手段可能包含或引起的痛苦更多,那么在那些情形下继续执行这些手段就是合理的(事实上,当然也是合乎道德的)公共政策吗?

要为与专横残暴地运用权力相对立的人权做辩护,既十分简单又十分困难。说十分简单,是因为每一个从道德角度思考问题的人都已经同意不应该以暴君和恶霸滥用权力的方式滥用权力。说十分困难,是因为暴君和恶霸自然经常对道德理由置若罔闻,而且他们也对像这篇文章一样的文献里陈述的这种理由不感兴趣。

关于人权的疑难情形,就是**像这样的**道德理由的确重要的情形。在这些情形中,等式两边似乎都有很好的道德理由。如果我们不对讯问中的嫌疑人施压,很多生命可能逝去,在这种情形下,有道德理由和值得尊重的道德动机将我们拉向两个方向。如果我们确实关心人权,在这种情形中,我们也不得不准备好站在人权关切这一边;而且我们不得不准备很多理由去说服一个诚意行动的官员,如果说唯一的备选方案就是虐待恐怖主义嫌疑人,(但是基于保护人权的考虑不能这么做,所以)她必然会使人民的生命陷于险境,而且会使罪犯得以逃脱惩罚。

另一种说明人权疑难情形的方式是说,对一个社群来说,维护权利的**成本很高**,且社群的代表们有时会尝试避免这些成本,对此我们不应该感到惊讶。如果在讯问的过程中,我们不能对恐怖主义嫌疑人的身体施压,那么更多的生命可能会受他们同伙已经布好的炸弹威胁,而且安全部队的工作就会变得更加困难。以上就是接受禁止使用五种手段的政策所需要花费的成本。其他人权的情况也是类似的。如果各种抗议团体想要他们的支持者密集列队、举着横幅一周又一周地行进在大街上,尊重集会自由权就使维持有序的交通系统变得更难,也可能会妨碍无数行人。如果不允许政府、法院或其他机构限制出版自由,那么保护国家安全免受各种泄密的破坏、保护陪审团不受偏见影响或者执行有争议的方案就会变得更加困难。因为权利对我们在追求公共政策实现过程中可能做的事构成限制,所以不可避免地,那些制定政策和实施政策的人将视它们为令人讨厌的约束。我们承诺保护个人权利就等于承诺在追求我们的社会目标时放弃使用某些手段;如果那些手段恰巧是我们可利用的最有效的手段,那么承诺保护权利的社会成本就包括不得不继续使用效率较低、较不可靠且更拖拉的替代手段。

罗纳德·德沃金(Ronald Dworkin)已经清楚地说明了权利的成本这一点的含义:

> 针对政府的权利制度不是上帝的恩赐,不是一项古老的礼仪,也不是一项国家运动。它是一项复杂而麻烦的实践,它使政府保护普遍利益的工作变得更加困难和更加昂贵,而且除非权利制度有所助益,否则它将会是轻率和错误的实践。[13]

如果我们期待我们的官员和政治家们尊重个人权利,我们就必须乐意于清楚说明构成权利基础的价值和关切。否则,权利将仅仅被视为是一种令人讨厌的东西,并被认为与追求政治目的无关而被束之高阁。在接下来的部分中,我将试着阐述那些构成权利基础的价值和关切。

权利与对个人的尊重

社会政策应该以整个社会的福祉和每个身处其中的人的福祉为导向。但是因为不同的人拥有不同的利益,社会整体的政策就经常涉及在不同个人和不同群体的利益和愿望之间做出权衡。当我们追求诸如繁荣、秩序、经济增长等目标时,我们认可一些人遭受损失而另一些人获益。例如,当一条新的高速公路或一座新的机场建成,一些人将失去享有其财产的乐趣,尽管他们可以和其他所有人一起使用这个新的设施,但是从长远来看,他们整体上有时仍可能变得更糟。北爱尔兰那样的情形令人揪心,在维持北爱尔兰秩序的运动中,类似地,我们可能将不便强加给购物者和驾驶人员,要求他们停下来,并接受搜查;我们甚至有可能不得不拘留某些事后被证明没有参与任何恐怖主义活动的人,并且在核查这些人的证件时,剥夺他们的自由。不用付出成本而能够追求社会目标实现的情况几乎不存在。而且,经常的状况是,有些人承受的成本比其他人更多。

有一种看待人权理念的方式如下:那些信仰权利的人坚信,在追求社会政策的过程中,任何个人所必须承受的损失都是有**限度**的;他们坚信在社会中对任何人可以合理要求的牺牲也是有**限度**的。[14] 我们必须舍弃任何要求我们强加超出限度的损失和伤害的社会目标。像《欧洲人权公约》这样的宣言,其职责就在于标明这些限度并警告我们不要超出这些限度。

因此,"迪米特里厄斯行动"的错误在于,搜集有关爱尔兰共和军情报的政策涉及向某些个人强加令人无法接受的水平的伤害——如果要获取信息,必须虐待犯罪嫌疑人。根据人权的观点,没有人必须承受国家安全政策的大部分成本。官员和政治家本该放弃那个特定行动,而不是把如此程度的伤害强加给某一个人。

那么,这些限度来自哪里?我们为什么要相信它们是正确的?它们不能被视为是上帝赐予的,因为我们不再享有那种关于神启或自然法的共识,这些共识使我们能建立起任何关于上帝许可我们彼此如何对待的主张。宗教性的"自然"权利的观念,在政治的意义上已经不再是可利用的。

一个可能的观点是,我们的信念以一个深层次的有关尊重的**伦理**观点为基础,而且我们是出于共同的人性和我们遵循道德行动的潜能而负有相互尊重的义务。在个人的层面和政治生活的层面上,我们认为人们必须能够保持他们的尊严和自尊,并且人们至少必须能够保持基本能力,从而在我们所组建的社会里生存。当一个人被施以酷刑,当他们的家庭生活暴露在监视之下,当他们的文化被贬低,当他们的政治呼声被剥夺,或者当他们的需求被冷漠对待,人类的尊严就遭到了侵犯。你不能在这样对待人们的同时,指望人们还能保持人类生活所必需的自尊的基础。如果繁荣、安全或者社会功效的获得以我们从一些人身上夺走他们应有的这种基本尊重为代价,那么追求繁荣、安全和功效的成本就太高了。

这些观点提醒我们,虽然在考虑社会政策时,我们倾向于把社群视为**一个整体**,但事实上,社群只不过是由过着各自生活的男男女女组成的,而且在根本上正是**他们的生活**(每个人各自的生活)给予了我们社群和社会政策以它们所拥有的全部道德重要性。当我们说到为了普遍利益或社会利益而把成本强加于人们,我们倾向于漫不经心地考察某种超越个体男女并从个体男女的牺牲中获益的实体。但那是一个错误。就像罗伯特·诺齐克(Robert Nozick)所说的:

存在的只是个体的人,他们是不同的个体,有着他们各自的生活。为了群体中其他人的利益而利用其中某个人,是在利用他和造福其他人。仅此而已。[15]

因为个人容易受到一个政府的侵害——政府有权力要求一些人为了其他人的利益做出牺牲——所以确保没有人被当做他人的纯粹资源而被利用就非常重要。哲学家伊曼纽尔·康德(Immanuel Kant)曾经这样描述道德的基本前提:"不管是你自己行动还是他人行动,都要一直以把人视为目的的方式行动,而绝不仅仅将人视为手段。"[16]权利理念可以被看成是对这种关切的表达,因为如果某人承受过大份额的社会成本,那么看起来就像是他仅仅被视为手段,而没有被尊重为一般来说具有内在重要性的人。

刚才讨论的观点对有些人的口味而言,可能看上去有点**太个人主义**了;因为该观点强调作为个体的人具有绝对的重要性,即使作为个体的人可能有损作为整体的社群。权利理论家经常因为这一点而遭到指责——他们被指责贬低社群、歌颂利己主义并鼓吹有关"孤立的个人"的主张。[17]但是,我们没有必要为了见证尊重个人的重要性而去贬低社群。当然,人在社群中成长并在社群中接受教育,而且他们用以发展自我意识的所有社会资源和文化资源都归功于他们的社群。确实,最好的生活是与他人一起过的生活,身处爱情、友谊、社会中,并且参与到政治中。但是,即使在与其他人一起创造共同生活的时候,个人的尊严和自尊也依然是重要的。在参与与利用之间、被爱与被利用之间、自由结社与感觉到陷入一个漠视个人命运的体制之间,依然存在差异。没有哪种合理的社群主义可以要求我们忽略这些差异。

反对权利的功利主义论点

我已经提到,人权的理念表达了在追求社会政策实现的过程中,我们对每个个人所负有的尊重义务。然而,一些哲学家争辩道,对个人的尊重已经体现在制定社会政策的方式中,所以就没有必要存在任何基于权利的特殊约束。

这类观点中最强有力的便是**功利主义**。功利主义者认为社会政策的总体目的是带来以全体人民计的最大总和(有些版本则是讲"平均")的幸福或满足,将以全体人民计的痛苦和不满的总和(或平均值)最小化。假设一下,我们不得不决定新伦敦机场的选址。我们对多个选择进行仔细考虑;列出一个清单,清单上的每个人都将从机场建在 A 地点获益,而且清单上写明他们将获得多少利益;然后我们再列出另外一个清单,该清单上的每个人都将因为机场建在那里而遭受痛苦,而且清单上写明他们将遭受多少痛苦;我们计算出总量,从第一个清单的数量里面减去第二个清单的数量。对于 B 地点,我们同样这么做。直到我们选出那个利益减去痛苦之后得到最大正差值的地点。这个成本—收益分析的要点就在于确保每个受影响者的利益都被纳入考虑。每个人的利益和痛苦都得到平等对待,没有谁的利益因为没有重要性而被完全置之不理。一旦我们已经将每样东西都纳入考虑,我们就是在运用唯一一种看起来可以利用的公平程序——即该程序似乎尝试尽我们所能创造最多的利益和最少的痛苦。如果我们一丝不苟地认真地做这件事,并且作出一个涉及向一些个人施加一定量痛苦的决定,那么这些个人就不能抱怨说他们仅仅是**被利用**了,因为他们的利益和痛苦已经和其他所有人一样都得到了充分和公平的考虑。

功利主义经常被贬低为邪恶的或不符合道德的,但是在这里,它却在炫耀它的优点,说自己是一种充满公平和尊重的理论,否认自己还需要更多的补充,来从人权的角度捕捉那些价值的重要性。

我们可以从功利主义的角度来分析一开始讲到的北爱尔兰案。那些策划了"迪米特里厄斯行动"的人并不是铁石心肠和冷酷无情的人,他们并不认为拘留和虐囚所涉痛苦无关紧要。他们会同意,在我们作出社会政策的决定时,必须考虑那些痛苦和对个人权利的剥夺。但是,他们认为应该在这些后果与他们试图取得的利益之间进行权衡,或者在这些后果与若不采纳提议的政策则可能出现的其他痛苦和权利剥夺之间进行权衡。我们应该寻找总体上最佳的结果:将包括我们的手段引起的痛苦在内的一切因素纳入考虑后得到的利益(good)与苦难(evil)的最大净差额。

确实,功利主义者发现很难想象出其他任何理性的决策手段来处理这类情形。当然,这些情形是难以处理的,我们被我们的道德关切拉向两个方向。我们不想让犯罪嫌疑人受到伤害;但是我们也不希望官员袖手旁观而导致更多人被炸死(伤)。不管在二者之间选择哪一个,我们都会感觉很糟糕。如果一定要做出一个抉择,那么,不以长远来看所涉损失最少的方案为基础做出定夺,似乎就是荒唐的。功利主义者认为,以长远来看所涉损失最少的方案为基础做出抉择是公平的。我们在类似《欧洲人权公约》的文件中发现此类承诺,它们的问题在于,有时候它们要求我们选择总体上将导致**更多**痛苦的选项。这些额外的痛苦对现实的人们来说,也是实实在在的痛苦,而且这些额外痛苦比必要的痛苦更令人痛苦。这种选择的道德基础会是什么?

作为与不作为的区分

在继续讨论之前,值得提一下对功利主义观点一种常见的回应。我们正在讨论的两难困境正是1971年8月北爱尔兰安全部队所面临的困境:要么(a)使用五种手段从恐怖主义嫌疑人处迅速获取情报,要么(b)袖手旁观任更多的爆炸和宗派暗杀发生。两种选择都涉及本可能避免的痛苦:在(a)选择中,不得不忍受五种手段的犯罪嫌疑人要承受痛苦;而在(b)选择中,受恐怖主义者暴行影响的人们要承受痛苦,而如果采用了五种手段,本可以避免这些恐怖主义暴行。功利主义的论点是比较每一种选择下痛苦的数量,然后选择那个涉及最少痛苦的选项。但是一个常见的回应是说,这里痛苦的数量在严格意义上并不是可以比较的。如果政府选择(a),这将在事实上向犯罪嫌疑人**施加**痛苦,而如果政府选择(b),产生的痛苦则不是任何政府行动的结果。(b)选择下产生的痛苦是未得到阻止的恐怖分子的所作所为导致的结果,所以不同于政府要对使用五种手段所涉痛苦负责,政府不用为(b)选择下的痛苦负责。人们认为,**做某事**与**任某事发生**之间存在差异,这是**作为**与**不作为**之间的差异。他们指责功利主义者忽略了这种道德上相关的区分。

当人权的辩护者面对社会功效的论点,他们经常援引作为与不作为的区分。功利主义者认为我们必须对我们以某种方式而不是另一种方式行动时**发生的事情**负责。但权利的辩护者否认上述说法,并认为我们无需对发生的每一件事情负责,而仅仅对**我们做**的事情负责。根据权利辩护者的观点,人权背后的理念就是禁止政府主动地对他们的公民做出某些事情——折磨他们、监视他们,等等——而且我们不应该把这些禁止性行为,拿来与政府阻止它本身不用负责之事发生的可能性进行比较权衡。[18]

正如我所说的,这是一个常见的权利观点。你是否觉得它有说服力,取决于你认为在道德中重要的是什么。假设你是一个认真尽责的北爱尔兰皇家警察队警官,而且决定在你负责的羁押中不对爱尔兰共和军的犯罪嫌疑人使用五种手段。你确信这些犯罪嫌疑人中有人掌握着即将发生的袭击的情报,而如果你使用五种手段获取情报,你就可以阻止这些袭击。但是因为这种做法是不道德的,所以你克制自己不去使用五种手段。几天之后,更多的炸弹爆炸了,并造成大量人员伤亡。现在你会对自己说什么呢?我猜你不得不说:"好吧,这件事太糟糕了,但这不是我的错。我并没有引爆炸弹。要想阻止炸弹爆炸,我就不得不做一些邪恶的事情。在这整个肮脏的事情中,我的手并没有被任何恶行玷污。"如果你认为在道德中真正重要的是**你**不应该做任何错误的事情,而不管痛苦是如何发生的,它都不应该**由你**故意引起,那么上面的回应似乎是一个充分的回应。你的手是清白的,而且你的道德正直性没有受损。问题是,这无法改变炸弹爆炸、无辜人员被炸飞以及他们挚爱的人悲痛欲绝的事实。也许令人惊讶的是,你的双手是清白的这个事实对那种痛苦毫无影响。本可能对那种痛苦有所影响的是在炸弹爆炸前你决定使用五种手段获取情报。但是,既然你为了保持你的道德正直性而回避了这个决定,你肯定是认为在类似的决定中,你的道德正直性比其他人的痛苦更重要——而你的行动和妥协本来可能有助于阻止这些痛苦发生。[19]

在个人道德中,良心和正直是重要的问题,作为与不作为之间的区分可能有一定意义。但是用这种区分来说明**政治**道德就变得令人难以接受了。虽然我们希望我们的政治家和官员是好人,但我们不希望他们把自己的道德纯洁性看得比那些受他们选择影响的人们的福利和痛苦更重。这一定程度上是因为他们不仅仅要为了他们自己行动,而且要为了我们所有人行动。他们有责任考虑其决定所带来的一切后果,并评估他们的选择对其承诺给予关心者的福祉的影响。他们不能简单地说:"我们没有布下这些炸弹,所以我们没有责任阻止炸弹爆炸。"他们已经选择在一个存在恶人和艰难抉择的社会中进行管理,并选择就公共权力的行使作出决定;而且他们已经承担起这些责任,那么就不应该为了成全自己的个人美德而逃避这些责任。尽管功利主义背负了邪恶的名声,但是相比于区分作为与不作为的自私的道德,功利主义对政治官职的责任给出了一个某种程度上更吸引人的说明。因此,如果人权取决于自私的道德,那么它们就是建立在一个相当不吸引人的基础之上。[20]

间接功利主义

是否存在其他不依赖于区分作为和不作为的方式来为人权辩护?在功利主义的进路**内部**,可以发展出一些论证。

追求社会功效是一项复杂的工作,它涉及对未来的精致权衡,以及常常无法估量的计算。在作出一项决定时,一个官员不得不弄清楚各种选择的结果会是什么,以及各种可利用的选择能够在多大程度上促进公共政策的目标。由于未来总是不确定的,那么人就必定要处理多种可能性,而且我们都知道,政治决定从其特性来说,会给人类的福祉带来决策时还无法预见的后果。即使计算结果是可能的,事情也可能经常出错。官员可能被偏见和恐慌所蒙蔽,并且他们也可能对某一阶层的人们抱有一相情愿的看法或偏见。在恼人的情形中,政治家处于要求他"有所行动"的压力下,他可能会将一个普遍受欢迎的行动方案合理化,而不仔细考虑它的现实后果会是什么。

在一些情形中,此类决定的危险性是如此之大,以至于更明智的做法是,完全禁止官员或政治家依赖他们自己关于社会利益要求什么的计算。也就是说,基于**功利主义的理由**,禁止他们做出或尝试做出功效计算可能是更明智的做法。相比于让他们自己决定他们是否正面对一个例外情形,强迫他们遵守某种事先决定的规则——该种规则在所有情形(除了例外情形)中将使功效最大化——可能会更好地促进社会的普遍利益。

这种进路就是为人所知的"双层"或"间接"功利主义。[21]社会功效依然是我们的总目标;但是我们认为,在人类生活那些令人焦虑的情形中,设立关于权利的原则并向人们灌输绝对尊重权利的习惯,可能会最佳地服务于我们的总目标。尊重那些权利有时可能会导致我们忽略促进普遍福利的特殊机会(例如通过使用酷刑等)。但是如果尊重那些权利引导我们避免代价昂贵的错误,即原本可能由无知、恐慌或偏见带到我们的道德决策和政治决策中来的那些错误,我们就依然会获得总体上更多的功效。所以似乎一个考究的功利主义者不需要反对引入基于权利的约束。

　　这个进路可能特别适用于为了让一些人**可能**免受痛苦而让另一些人蒙受**某些**痛苦的政策。这也正是北爱尔兰案涉及的政策。如果使用五种手段,犯罪嫌疑人必然会遭受痛苦。如果我们从犯罪嫌疑人处获得情报,我们可以避免其他痛苦。这些被避免的痛苦的分量**也许**超过犯罪嫌疑人所受痛苦的分量。但是我们不**知道**我们是否可以获得那些情报,以及能否及时根据情报采取行动,我们也不知道那个政策的长期后果会是什么。我们唯一确切知道的是嫌疑人会遭受痛苦。现在北爱尔兰安全部队处于极大的压力和危险之下,而且他们经常受鼓动去鞭打被怀疑是恐怖分子的人,就好像相比于他们努力保护的战友和市民的痛苦,恐怖分子的痛苦并不那么重要。处于他们面对的这种特有的压力之下,安全部队的成员有时会受鼓动而夸大折磨犯罪嫌疑人政策的好处,并低估这个政策的危险性。所以,相比于允许安全官员逐个案件地决定什么将促进普遍利益,在所有情形中全面禁止酷刑,也许能更好地促进社会的普遍福利。

你或许可以为出现在类似《欧洲人权公约》这样的文件中的很多约束提出相似的论证。或许有时候，中止出版自由和公民自由权可以基于功利主义的理由得到辩护。但是，我们知道那些可能是紧急和危险的情形，而且我们也知道，当权者被驱使做出这类举措，既可能是出于对普遍利益的公正无私的考量，也可能是出于对政治批评的愤恨。那么基于功利主义的理由，我们认为更明智的做法，也许是制定一些规则来禁止这些人以功利主义考量为借口，中止此类保护权利的措施。

功利主义错在哪里？

然而，我们对功利主义的一些不安，不仅是针对官员功效计算的可靠性，而且还是针对功利主义计算本身。正如我们所看到的，它声称自己是一种权衡个人利益与他人利益的公平方式。但是它真的公平吗？

社会决策的功利主义进路存在的问题之一是，它在完全同样的天平上考虑和衡量每件事情。在审视"迪米特里厄斯行动"和使用五种手段的成本及利益时，一个功利主义者不得不在犯罪嫌疑人的痛苦与一系列可能的广泛利益之间进行权衡，这些利益包括阻止进一步的人员伤亡、因为安全保障状况得到改善而减少对本省普通居民造成的不便，以及满足那些呐喊"必须做些事情"的新教徒公民和政治家的愿望。所有这些在巨大的社会计算中都将被算为利益，那么问题便是它们加在一起的总和是否足够大，以至于超过使用五种手段所涉及的成本。

现在我们就可以理解在"深度讯问"可能造成的伤害痛苦与借此可能被阻止的伤害痛苦之间进行权衡的情形了。不管作出为其中一种痛苦放弃另一种痛苦的决定多么困难，这两种伤害似乎大体上是可通约的。但是，我们应该在犯罪嫌疑人的痛苦及其所受虐待与公民纯粹的政治不满这两方面之间进行权衡吗？这两种伤害属于同一个范畴吗？

让我们试试看另一个例子。想象这样一个社会，除了一个小的但是非常活跃的异教派，它在宗教上是同质的。这个教派的存在对大多数人的信仰来说是恼人之事；它使大多数人感到不舒服。大多数人希望这个异教派消失，或者至少中止他们恼人的传教活动。所以，人们基于功利主义的理由提出一个政治提案，并基于功利主义理由为该提案辩护：禁止该教派在这个社会中进行任何进一步的活动；禁止他们做礼拜和传教。当该教派的成员听到这个提案，他们抱怨他们将遭受伤害，因为他们再也无法以自己的方式信仰上帝。那些为这个提案辩护的人承认这一点，但是他们说，在社会计算中，压倒性的大多数人的快乐和满足的分量超过了这些伤害的分量。他们认为,如果这个提案的代价只不过是(伤害)极少数人的宗教自由,那么一亿人的舒适就明显值得保护。

这里到底出了什么错?问题就在于我们在同样的天平上衡量舒适和宗教自由,这样一来,如果一方涉及的人数足够大,那么舒适的分量会超过宗教自由的分量。我们对功利主义和类似处理社会政策的进路的担忧在于,我们不认为**应该**在同样的天平上衡量它们。人们拥有的一些利益比其他利益更重要。例如,生命的利益和基本自由的利益就比普通的便利或平凡的满足(mundane satisfaction)更重要。于是,如果这仅仅被视为量的差异——比如说一个生命被夺去与某人被剥夺舒适感相比,前者失去了**更多的满足**——那么,每一种东西都将取决于数量。一个人的生命要比一个人的舒适更重要,但可能不比一万人的舒适更重要。我的感觉是,我们想说这里存在**质**的差异,而且你不能将生命或某种基本自由权的价值换算成任何有限数量的平凡的满足。如果情况的确如此,那么我们应该把譬如生命、死亡和基本自由的问题视为与普通功效问题不相关的问题,并且这些问题相较于普通的功效问题具有优先性。当任何一种特别重要的个人利益处于危险之中,我们都应该首先关注特别重要的个人利益,在我们已经考虑了更紧急的因素之后,我们才可以考虑舒适、便利和满足的问题。[22]

我发现上述说法是一个吸引人的解释,说明了我们赋予个人权利的优先性。我们将那些不应该被简单地与其他任何东西一起扔进社会计算的利益称为**权利**。我们的权利代表了那些应该在普通社会计算起作用前被首先处理的利益。我们现在知道,当人们针对拥有什么权利意见不一时,他们在争论什么。他们正在讨论应该任由普通社会计算处理什么利益,又应该给予什么利益以相较于普通社会计算的优先性。

这个观点并没有暗示权利就是绝对的。它仍留下一种可能性,即有些人的权利可能与其他人的权利冲突,而且当冲突发生时,我们将不得不再次使用一个权衡程序来处理它。如果阻止一些人伤亡的唯一方式确实只能是虐待他人,那么我们就必须非常认真地考虑我们的选择,看看我们怎样才能最好地尊重处于危险中的所有道德上重要的利益。但是我们不能将权利之间的权衡,与权利和更平凡的满足之间的权衡混为一谈。这里涉及两个层次的道德计算,而且对在这些决策中处于危险但特别重要的利益的尊重,要求我们将这两层道德计算区分开来。[23]

权利与民主

直到目前为止,我们已经考虑了体现在《欧洲人权公约》这类文件中的道德。我们已经说过,只有政治家相信在追求社会政策实现的过程中,人们应该承受的成本是有限度的,他们才可能承诺保护人权,而且我们还探讨了那种信念的一些理由。

但是,《欧洲人权公约》不仅仅是一份道德教义,它也是一项制度,有自己的法律生命和政治生命。存在公约文本本身,也存在委员会、法院和部长委员会。他们就指控的人权违反行为作出判决和报告,人们和政府则对那些判决做出回应。《欧洲人权公约》在我们的法律体系和政治体系中确实没有发挥像《权利法案》在美国那样的作用。尽管如此,就像事实所发生的那样,英国政府确实关注委员会的报告和法院的判决,并且由于考虑到这些意见,它总是(虽然并不总是情愿地)会调整其政策和实践。[24]英国政府允许公民个人在已经穷尽国内救济手段的情况下,向(欧洲人权)法院起诉。英国政府也为《欧洲人权公约》体系的运行成本出钱,并且允许英国的法官被任命为欧洲人权法院的法官。英国政府在制定政策和设计管理方案时,越来越多地将《欧洲人权公约》作为一种背景约束。你可以说我们已经发展出一项服从《欧洲人权公约》的宪法惯例。这不是一条可以在我们的法院得到证明的原则，但是正如我们在第四章所看到的，就英国宪法而言，该原则得到了同样的尊重。[25]

如果我们打算在英国制定一部《权利法案》，或者把《欧洲人权公约》更直接地纳入我们的法律，那么我们将不得不面对前面部分讨论过的道德问题之外的另一套道德问题。我们将不得不处理有关权利与民主的关系的问题。

一部美国模式的《权利法案》是一种阻止多数人或他们的代表为所欲为的方式。那么它的正当理由是什么？如果我们相信民主和多数人统治，它如何可能是正确的？事实上，这个问题甚至在《欧洲人权公约》身上就已经产生了，因为正如我们已经看到的，这个国家的当选政府**确实**觉得它必须服从公约，或者至少服从解释公约的法院所作出的判决。深度讯问爱尔兰共和军犯罪嫌疑人的政策可能得到了大众广泛的支持。然而，英国政府觉得它必须服从欧洲人权法院而不是国民的意愿。所以，即使没有明确制定《权利法案》，我们似乎已经正在使民主做出妥协。

在本质上，来自民主的论证如下：当社会成员就应该做什么、遵照什么政策行事和为什么目的采用什么手段意见不一时,必须有某种解决分歧的方式,否则社会将会瘫痪。如果一方不能说服另一方,最公平的方式似乎就是采用多数人支持的观点。在这种方式中,每个人的观点被平等地计算,并且决定结果的不是任何一条说"一群公民天生优于另外任何一群公民"的原则,而仅仅是在受政策影响的所有人中居于优势地位的观点。当然,在一个面对着复杂问题的大型社会中,纯粹的多数主义也许是不可行的,或许精英决策不可避免。尽管如此,公平对待每个人要求我们至少制定出相应程序(如选举代表的程序),以使政策选择对多数人的观点(如果有多数人观点的话)做出回应。像《欧洲人权公约》这样的制度问题在于,它指定的决定所基于的理由对多数人的观点并不敏感。它制定或排除政策的基础在于,政策是否符合对某些成文权利原则的解释,而不论它是否符合人们的观点。来自民主的论证断定,对人们来说,这样做是不公平的。

当然,这个论证假定即使没有《欧洲人权公约》,英国的政治活动也会是民主的,而且依然会有真正的机会使政府负责并表达大众的意愿。正如我们在第二章看到的,我们可能想就这些假设提出异议。也许来自民主的论证在现实世界中并不像其在政治理论中那样有力。即使如此,适当的补救手段肯定是修正和改革民主程序本身,而不是依赖于有关人权的规则。如我们所知,就民主而言,基于那些规则作出决定可能会使问题变得更糟糕。

在美国,人们非常认真地对待来自民主的论证,因为美国政治文化的基础价值显然就是民主的,而且难以调和那些价值与法院那种不考虑民众支持而推翻现行制定法的权力之间的关系。一个国家的立法机关可能通过一项议案,比如禁止堕胎,而且那种禁令可能会保留在制定法汇编中,因为立法者知道任何想要废止它的尝试都会遭遇来自大多数选民的强烈反对。但是,如果它在诉讼中遭到质疑,法院可能会因为它与女性的个人隐私权相冲突而裁决其违宪。[26] 虽然在法案最初通过的时候,投票人和立法议员中已经有人提出关于隐私权的论点,但是法院不会在意投票人和立法者分析这个论点的方式。相反,法官会强行用他们自己的观点解释那个论点的价值。

使民主的辩护者如此愤怒于将权利作为宪法性**约束**来实施的是,事实上,少数法官的观点正在代替数百万公民的观点。每一个政治社群都不得不就道德问题,如堕胎,作出决定;但伴随权利出现的问题是,它们妨碍了那些生活最终将受到法律影响的人们通过集体决策作出决定。一部权利法案会给予一方或另一方某种优势,有些时候这种优势看上去像是一种不公平且专制的优势,即法官站在他们这一边。

在英国,我们通过代议制民主的程序决定这些问题,尽管这个程序并不完美。比如关于堕胎,存在一个持续的公共讨论,并且国会议员似乎既敏感于多个道德理由,也敏感于他们能够说服其选民的程度。法律得到通过,又不时被修改,而国会议员对这个问题的看法将会成为选民决定是否投票给他(她)的因素。这个程序并没有保证会产生道德上理想的结果;它肯定还有待完善;而且它无法使每一个人都感到满意。但是它代表了社群的一种尝试,尝试清楚说明集体关于这个问题的决定,尽管它并不完美,(民主式的论证认为)相比于让参与宪法起草和宪法解释的少数精英来强加一种解决方案,还是它更为可取。我认为,这就是人们在说"一部依据美国模式适用的《权利法案》会令人无法接受地根本损害议会主权"时所指的意思。人们不是说下议院有一种内在的尊严,而且它须得到不惜一切代价的维护。其要点毋宁是指,人们在议会会议厅中所做的事情以及他们的选民影响他们的方式,都应该被珍视为我们一起决定疑难道德问题的方式。我们不应该以权利理想的名义——权利理想会干涉我们作为一个社群表达我们的意愿与决定的方式——抛弃代议制民主程序。

我已经尽可能有力地陈述了来自民主的论证,因为宪法性权利的辩护者必须认真对待这个论证,并且必须准备好回应这个论点。人们为民主代表制度进行了漫长而艰苦的斗争。他们想要自我管理并一起决定法律内容与结构的权利。尽管像"多数人的暴政"和"多数人并不总是正确"这样的说法朗朗上口,而且这些说法也一定有对的地方,但我们最好还是确定我们通晓**为什么**人们乐意在这些情形中无视民主程序:即我们中的一些人认为,法官会通过强行贯彻权利宪章,维护我们那些与多数同胞所做决定相反的道德直觉。

在处理这个问题时,我们需要记住另外一件事情。当人们为政策或代表投票时,他们并不仅仅是在表达他们自己的偏好或者预测自己的满意度。(如果他们仅仅如此,那么我们在为与大多数决冲突的权利辩护时,大体上就可以采用为与普遍功效冲突的权利辩护的方式。)但那是一个太粗糙的投票模式。经常的情况是,当他们投票(或游说他们的代表,或向他们的代表施压)时,公民个人实际上会考虑人权;针对个人权利要求什么的问题,他们表达的是经过深思熟虑的道德观点。如果我们允许法官关于人权的观点成为普遍观点,我们就不得不面对这样的事实,即我们将时时地允许法官的观点推翻投票人**关于权利**的观点,因为就法官正在做决定的那件事,投票人可能已经在表达他们的判断。法官并不是唯一能够进行道德慎思的人;而他们接受的法律训练一定不是进行道德慎思必须要具备的唯一的资格条件。普通的男男女女以及他们的代表也能够进行道德的思考(和投票)。

归根到底,即使不囿于利己的偏好,人们也还是可能就权利意见不一,而且是极其真诚地意见不一。虽然人们经常用简单的口号表达人权,但人权不是一个简单的问题。对于什么算是酷刑、淫秽作品是否属于言论自由、公平的审判要求什么、在公共紧急情况中可以无视哪些权利、什么算是公共紧急情况以及应该如何解决权利冲突等问题,一直存在无尽的争论。考虑一下堕胎的问题。胎儿有权利吗?如果有,胎儿的权利对评定女性控制自己身体的权利(范围)有什么影响?这些都是非常困难的问题,真诚的分歧或多或少不可避免。当这些争论意外发生时,应该如何决定它们?我并不认为我们应该排除通过民主手段决定它们的可能性;如果用民主手段决定,那么即使民主主义者认为**关于人权**,多数人作出了道德上错误的决定,他还是要乐意遵守多数人的决定。

所以,仅仅因为你相信存在权利并不必然意味着你相信存在对民主的宪法性约束。对权利重要性的信仰,并不必然意味着相信值得拥有一部《权利法案》。你可能认为当公民和代表决定如何投票时,他们应该将权利纳入考虑。但是一旦投出选票,社会就应该根据博得多数人支持的观点行动。如果我们拒绝多数人的判断,并代之以法院的判决,那么这似乎不仅对所有参与争论和投票的人不公平,而且也是在侮辱他们权衡和考虑道德理由的能力。[27]

权利作为民主的一部分

当我们考虑权利与功效相对抗的问题时,我们考察了"间接"功利主义者的论点,他们认为在功利主义传统中,可能存在好的实用性理由,让人们像是拥有权利那样去行动。也许在民主传统内,也能找到一个相似的对人权的辩护。

民主自身需要一些人权。除非人们拥有投票的权利,否则我们就没有民主;而且我们可以假定,如果也没有言论自由、出版自由、结社自由以及组织和鼓动游行的自由,那民主将变成一个拙劣的替代品。没有这些人权,在人们之间就肯定没有我们在前面一部分中所设想的那种道德讨论。那么,保护这些权利就是维护民主,而不是贬低民主的价值。它们是一种防止多数决民主制对其自身制度造成根本损害的方式。

但并不是所有人权都以这种方式成为民主的组成部分,而且这种进路对于诸如宗教自由权、迁移和移民的权利、结婚的权利、隐私权以及我们的老朋友——公约第三条规定的不受酷刑折磨的权利——这类人权,没那么有用。虽然这也许取决于你在多大程度上宽泛地解释民主理念。但若简单地把民主等同于尊重人权,是在回避正题——这恰恰是在希望不存在这个两难境地(但事实上不可能)。当然我们可以认为民主不仅仅意味着投票的程序。它意味着所有重要问题的所有方面都能在公共讨论中得到公开展示,并且任何受政策或政策提案影响的人都有机会使同胞关注他们的关切。民主预先假定人们能够参加公共讨论,那意味着他们一定有时间有资源这样做。它意味着代表们在做决定时要牢记他们选民的利益,还意味着代表们会对各种形式的政治压力做出回应。同时它还意味着法律、政策和政治结构至少能够被改变,这样一来,如果有人想要提出一个彻底的改革方案,这在制度上绝对不会是没有希望的。所以即使人权在形式的意义上不是民主的组成部分,为了保证社会所有群体都有自己的发言权并在民主程序中得到倾听,为了保证他们在社群中拥有要求他人在政治程序中平等对待他们的地位和权力,其他一些人权可能还是必要的。[28]

关于法院在维持对民主程序的宪法性约束方面所发挥的作用,我们能得出一些相似的观点。如果我们愿意,我们可以将法院视为非代表性的精英,他们把自身关于人权的信念(或很久以前起草了他们正在解释的条款的那些人的信念)强加给人们。但是,我们也可以将法院视为国家政治讨论的参与者——事实上是主要参与者。有时候,他们的裁判强迫公民面对此前不曾诚实、融贯和勇敢面对过的问题和关切。虽然对于民主和一个多数人观点的出现,我们可以侃侃而谈,但是我们应该记得,人们之间的政治讨论并不总是某些简简单单**发生**的事情。有时候,公共讨论的动力来源于全体公民自身,并且由他们的经验和关切引起。但事实情况经常是,一个主题最初是由某个小的利益群体或压力集团提出的,而后只有社群的其他人都以某种方式被迫注意到这个主题,它才会成为国家政治讨论的现实问题。这可能通过有技巧的政治活动发生,也可能是难以忽略的象征性抗议或大规模示威游行的结果。例如,"核裁军运动"(Campaign for Nuclear Disarmament)和英国及欧洲其他和平组织就是通过这种方式把裁军问题强加到国家议事日程中的。在一个存在类似于《权利法案》的体系内,它还可能通过诉讼发生。一个原本可能只属于极少数人的关切的问题,可以通过被起诉至法院及与某项人权条款关联,而强制获得整个社会的注意——这项人权条款得到广泛的支持,至少被作为一个抽象观点而得到支持。关于这种情况,最明显的案例是美国20世纪50年代和20世纪60年代的民权运动及废除种族隔离的运动。如果没有《权利法案》,废除学校种族隔离的问题可能仍然是美国南部地方政治活动的棘手问题。通过向联邦最高法院提起诉讼,以及在那个场所就种族隔离是否符合"平等保护"的宪法性保障提出疑问,民权运动领导人就能够发起一场改变美国种族政治面貌的运动和讨论。[29]

权利是民主的代价吗?

虽然我们可以采用这些论证,但是如果不走出民主理论的界限,最终我们很可能无法为我们关于人权所有想说的内容进行辩护。对此我们不应该感到惊讶。我们没有理由认为,我们必须从同样的理论角度来为我们关于人权所有想说的内容进行辩护。

最终,或许重要的是去承认有些人权——《欧洲人权公约》第三条再次浮现在我们的脑海中——只是对民主决策起到约束作用。我们乐意见到政府为公民做的事情中,有些仅仅是因为大多数人说要这么做,政府就这么做的。对这些事情,有些人权代表着一种外部限制。我们乐意于强加给任一个人或任一群体的成本中,有些仅仅是因为大多数人想追求某个政策实现,对这些成本,某些人权代表着一种上限。我们既有之前发展的那些道德理由来论证用一些人权约束民主决策,也有好的实用性理由来论证这一点。

对任何个人或群体来说,接受多数人统治的原则都包含了一个可怕的风险。政治是权力活动的领域:在政治中,人们就使用社会强制力以及分配处在社会控制下的一切价值作出决定。在一场政治分歧中,失败可能意味着看到你重视的东西逐渐消失;这可能包括你看着自己的福祉和那些你关心的人的福祉被严重削减;在一些国家中,这可能意味着使你自己身陷囹圄或走向死亡。现在,如果对此你无计可施,那么就必须毫无怨言地完全承受那些危险。但是,赞成多数人统治,意味着如果你在讨论中失败,即使你相信可能有机会通过强力撤销或抵制多数人的决定,你还是要接受它。如果只是为了和平与秩序,在很多问题上,大多数人可能愿意这样做。但也许不是在所有问题上都这样。可能只有多数人的统治向人们保证不会在民主程序的运行过程中要求他们牺牲自己特定的基本利益,人们才会服从多数人的统治。

例如,相当清楚的是,这种思路解释了宗教自由权在大多数人权章程中的重要位置。人们非常认真地对待他们的宗教信仰,而且他们知道在过去(希望这**只是**在过去!)异教少数派被要求放弃自己的信念并遵从正统的信念,否则便得遭受惩罚或被取消政治资格的痛苦。通常,放弃他们的信念是他们不愿意为了社会和平而忍受的;在异教徒已经拥有少量权力的地方,他们会勇敢地斗争直至死去,为的是能够崇拜和公开宣布自己所信仰的神。那么可以理解的是,保证这项宗教实践中的利益得到保护是发展现代民主政治的基础。换句话说,如果某种形式的政治决策不以上述保证为底线,人们就完全不会愿意服从该政治决策,对这一点的认识是发展现代民主政治的基础。

我们可以将现代人权原则部分地视为对那个进路的一般化。从实用主义的角度来看,我们想问:"必须给予什么保证才能维持社会所有群体的忠诚,以防止分离和内战?"而在道德哲学和政治哲学中,理论家问他们自己:"如果人们正一起为未来生活设计一个新的社会结构,他们会坚持什么条件?"[30]当然,没有人会相信现实社会是以"社会契约"的幻想所描绘的这种审慎方式建立和设计出来的。但它仍然是一个值得提出的好问题,因为它迫使我们仔细审查不同群体和不同个人被迫付出的代价,以及为了我们的社会政策和维持我们的社会框架,不同群体和不同个人被要求接受的成本。我们无法从头开始并设计一个新的社会,但是我们可以问,我们向少数群体——黑人、母亲和穷人——索要的代价,是不是他们本来就自愿认可的作为社会生活条件的代价。如果答案是"不",那么,用来支持在现实中将上述成本强加给他们的正当理由看起来站不住脚了。我们不必确保他们同意接受我们期待他们接受的安排,这只是我们运气好——我们可以通过强力、欺骗或思想灌输的方式维持那些安排,这是我们运气好——因为如果我们必须得到他们的同意,那么社会契约的论点表明我们不可能得到它。这一定能告诉我们某些关于我们社会的道德的东西。

---

[1] Ireland v. United Kindom,欧洲人权法院 1978 年 1 月 18 日判决,第 98 段。我对这五种手段的描述取自该判决的第 96 至 104 段,也取自英国内政部'Report of the enquiry into allegations against the security forces of physical brutality in Northern Ireland arising out of events on the 9th August, 1971' (The Compton Report) Cmnd. 4823,第 46 至 105 段。英国政府承认在所述期间内使用了五种手段。被拘留者还宣称他们被讯问人员以其他方式殴打和虐待,但是这些事实没有得到英国政府的承认,并且要确定这些事实的真实性也被证明是不可能的。

[2] 值得注意的是,"迪米特里厄斯行动"事实上并没有减少暴

力;相反,它在天主教社群激起了激烈且暴乱的反应,也导致爱尔兰共和军运动激增。在1971年8月和12月间,另有146人在729起爆炸和1437起枪击事故中丧生。

［3］引自英国政府的一份官方备忘,见于 the *Compton Report*, paragraph 46。

［4］*Compton Report*, Paragraphs 14 and 92-6.

［5］欧洲人权委员会、欧洲人权法院、欧洲委员会是与欧洲共同体中的法院、议会和委员会截然不同的一套机构。《欧洲人权公约》的签约国数量比欧洲共同体成员国数量多很多。

［6］"绝对"这个术语描述的是没有例外且有意适用于所有情形的规则或原则。有时这个术语也意指"客观的",但那是一个不同的意思。

［7］虽然个人有权向欧洲人权委员会控诉,但只有委员会或签署国之一有权将案件起诉至欧洲法院。就法院而言,委员会是某种调查机关。

［8］并不是所有的欧洲政府都采用这个方法。欧洲人权委员会在1969年裁定希腊政府(建立于1967年的独裁政权)因迫害和虐待政治在押犯而有罪之后,希腊宣布退出公约并退出欧洲委员会。(在1974年独裁政权倒台后,希腊被重新接纳,并重新批准《欧洲人权公约》。)

［9］*Case of Ireland v. the United Kindom*, paragraph 154.

[10] *Case of Ireland v. the United Kindom*, paragraph 154.

[11] *Case of Ireland v. the United Kindom*, paragraph 167.

[12] 这个主张是有争议的;我的证据是 *Parker Report* 中第20至21段中多数人的裁决(majority findings)。以及第14(a)段中少数人的裁决(minority findings)。当然,我们知道的一切是我们获得了犯罪信息;我们不知道的是如果使用更人道的方法,我们可能获取多少信息。

[13] Ronald Dworkin, *Taking Rights Seriously* (London: Duckworth, 1977), p. 198.

[14] 如果我们相信群体权利的存在,对于在追求社会政策中群体所必须承受的损失,我们要说的也是一样的。比如,我们可能说,没有哪个种族群体的语言消亡是追求更广泛社会政策实现的必要成本,也没有哪个种族群体必须承受这样的语言消亡的痛苦。参见我的文章,'Can Communal Goods be Human Rights?' *Archives européennes de sociologie*, 27 (1987)。

[15] Robert Nozick, *Anarchy, State and Utopia* (Oxford: Basil Blackwell, 1984), p. 33.

[16] 这是康德"绝对律令"的第二公式。他在《道德的形而上学原理》一书中表述了这个公式。*Groundwork of the Metaphysic of Morals*, translated by H. J. Paton under the title *The Moral Law* (1785; London: Hutchinson University Library, 1961), pp. 95-6.

[17] See for example Karl Marx, 'On the Jewish Question' (1843), in my collection *Nonsense Upon Stilts: Bentham, Burke and Marx on the Rights of Man* (London: Methuen, 1987). 在那一卷册的第183 至 209 页中,针对这些指责,我为人权做出辩护;我在这里简要地概括了那个论点。

[18] 哲学家们将此描述为:把权利视为对行动的"边界约束"。这个权利观点近来最有名的支持者是诺齐克,参见 *Anarchy, State and Utopia*, pp. 28-51。

[19] Jonathan Glover, *Causing Death and Saving Lives* (Harmondsworth: Penguin Books, 1977), Ch. 7, and Ted Honderich, *Violence for Equality* (Harmondsworth: Penguin Books, 1980), Ch. 2, 对作为与不作为的区分进行了详尽的批评。

[20] 我这里的论点模仿了马克斯·韦伯的论点, in W. Gerth and C. Wright Mills (eds) *From Max Weber: Essays in Sociology* (London: Routledge & Kegan Paul, 1970), esp. pp. 114-28。

[21] R. M. 黑尔(R. M. Hare)是"间接功利主义"最有名的辩护者。参见他的文章 'Ethical Theory and Utilitarianism' in A. Sen and B. Williams (eds) *Utilitarianism and Beyond* (Cambridge University Press, 1982), esp. pp. 30-8, 以及他的书 *Moral Thinking: Its Method, Level and Point* (Oxford: Clarendon Press, 1981), Chs. 2, 3, and 9。有时候这种进路也被称为"规则功利主义",但那是一个错误。(规则

功利主义现在是一种不可信的理论,它驱使我们遵循那些**如果**得到每个人的遵循就会使功效最大化的规则,而无论每个人在事实上是否遵循这些规则。)

[22] 用某种行话来讲,我们赋予紧急的利益以超过非紧急利益的"词典次序的优先性"(lexical priority)。这种行话的流行源于罗尔斯(John Rawls),见 *A Theory of Justice* (Oxford University Press, 1971), pp. 42-4。See also T. M. Scanlon, 'Rights, Goals and Fairness' in Jeremy Waldron (ed.) *Theories of Rights* (Oxford University Press, 1984)。

[23] 针对把一些利益和其他利益在功效计算中分离开来的需要,罗纳德·德沃金已经发展出一个略微不同的论点。他担心一个功利主义者会尝试不仅仅满足人们为自己而拥有的偏好,而且还满足他们关于应该如何对待其他人的偏好。例如,一个种族主义者不仅想为自己要某些利益;她还想否定给予黑人一些利益,而**那种偏好——黑人获得更少的东西——**在功效计算中与任何其他偏好分量相同。一个允许那种情况发生的理论,若要作为政治道德的基础,看起来非常没有吸引力,因为它使某些人的福利受制于其他人如何看待他们的福利。所以德沃金指出,如果我们认为一项个体利益在社会计算中有被这种偏好超过的危险,那么我们应该给予那种利益作为权利的特殊优先性。[该观点见于 Dworkin, *Taking Rights Seriously*, pp. 232-9 and 274-8,以及他的文章 'Rights as Trumps' in Waldron (ed.) *Theories of*

Rights。]

[24] 例子包括改革监狱中的邮件审查、改革移民程序和改革送入精神病机构的程序。

[25] 从法律上和政治上来说，《欧洲人权公约》所具有的地位介于美国《权利法案》和像 1948 年《世界人权宣言》(Universal Declaration of Human Rights)那样的章程之间。虽然《世界人权宣言》与联合国制度机构有关，它并没有作为一部法律而发挥作用，在政治上也不如《欧洲人权公约》看起来那样有效(当然，《欧洲人权公约》受到《世界人权宣言》启发的这个事实除外)。《世界人权宣言》的现实是意识形态的和政治的，而不是法律的：它提供了一个共同的权利话语，而且它为那些参与政治运动的人提供了集合点。

[26] 这个案子是 *Roe v. Wade* 410 US 113，由美国最高法院 1973 年裁判，它推翻了《得克萨斯州刑法典》(Texas Penal Code)中关于堕胎的禁令。

[27] 该论证的一个扩展版本见于我的文章 'Rights and Majorities' in J. R. Pennock and J. W. Chapman (eds) *NOMOS XXXII: Majorities and Minorities* (New York University Press, 1988)。

[28] 这个进路已经在对美国宪法的讨论中得到详细发展，见于 John Hart Ely, *Democracy and Distrust: A Theory of Judicial Review* (Cambridge, Mass.: Harvard University Press, 1980)。

[29] 我很感激苏珊·斯特雷特(Suan Sterett)向我强调了法院在

发起和加强民主讨论中所发挥的作用。

[30] John Rawls, *A Theory of Justice* (Oxford University Press, 1971)是现代这类著作中最强有力的。在这本书的第 3 至 22 页,有一个很好的关于罗尔斯路径的概述。

第六章
第5堂课 法官

"合理票价"案

"在赢得选举后6个月内,工党将把伦敦运输局巴士和地铁的票价平均下调25%。"在1981年大伦敦议会(Greater London Council)的竞选宣言中,工党做出如此承诺。工党赢得了选举,并且正如承诺的一样,工党在6个月内降低了巴士和地铁的票价。此举使得提高伦敦各区征收的税率(即财产税)成为必要,而其中一个区——布罗姆利区(保守党控制其议会)——向高等法院起诉并质疑该决定。大伦敦议会并未严肃对待该质疑,而高等法院驳回布罗姆利区的请求也在其意料之中。

几周后,布罗姆利区议会提起上诉,上诉法院3位法官撤销了原判,并且支持布罗姆利区的质疑。法官们指责下调票价是"一种粗暴的权力滥用",并且他们撤销了大伦敦议会为支付差价在伦敦各区的追加征税。[1]大伦敦议会上诉至上议院——英国的最高法院——但归于徒劳。

上议院法官一致认为，大伦敦议会受制定法约束，而制定法要求它"促进大伦敦提供完整、高效**且经济的**运输设施和服务"，法官们将此解释为巴士和地铁系统必须根据成本—效益的"一般商事原则"来运营。他们说，工党议会无权为了推进他们的一般性社会政策而下调票价和扩大伦敦运输局的赤字，当然也无权简单地将伦敦通勤者的大部分出行成本转嫁给纳税人。

该政策已经预先宣布并获得多数人支持的事实，在法院眼里没有多少分量。在上议院法官及上诉法院的法官们看来，大伦敦议会的议员们不应认为他们自己"一定要严格地落实事前宣布的包含在竞选宣言中的政策"，尤其是当中央政府明显会通过拒绝给予部分正常补贴来惩罚此举时，大伦敦议会的议员更不应该这么认为——正常情况下，中央政府会给予像大伦敦议会这样的机构以正常补贴。所以，尽管有成千上万的选民支持该政策，但是由于5位大法官的命令，票价下调被撤销，追加的税率也被撤销，该政策亦被挫败。

可以说，大伦敦议会及其律师们对上诉法院和上议院的裁判大吃一惊——其中一位律师用了"极为震惊"（shell-shocked）这个词。议会官员们则做出如下评论："（这是）对1969年法案做出的匪夷所思的解释……我不明白上议院法官怎能如此解读该法案"。当他们开始废除新的票价体系时,他们发现自己在回应上议院的解释时行动得过于谨慎,以至于伦敦其他各区因为他们行动过慢开始用诉讼来威胁他们!他们不得不与身边的律师一起实施每个步骤,咨询并听取律师的建议行动。(事实上,该裁判带来的持续影响之一,是在地方委员会日常决策的政治活动中给予律师更大的权力)。最终他们提出了一套新的、更适度的票价计划,并把它谦逊地提交给法院批准。该计划获得了通过。[2]

该事件最重要的一方面是,工党议员对上议院法官干涉一项明显由民主选举赋予正当性的决定而感到非常意外:

> 从本地历届政府来看,我们认为,如果你将一些东西写进竞选宣言并赢得选举,你上了台就该兑现承诺。我们珍视这种信念:人民信任民主政府。如果你赢得人民的投票,你就可以按竞选宣言做。[3]

正如他们所见,选民们已被给予一次选择:是为了社会和环境政策的利益补贴伦敦运输局,还是继续执行现行票价体系。选民们已经做出了他们的选择,而且议员们不理解为什么法官——他们对其中涉及的具体政策问题几乎一无所知——会想推翻他们的决定。议会律师(council solicitor)不知如何解释上议院法官裁判的惊人一致:"存在自由裁量权之处**总是会有争论的空间**"。他们唯一能够明白的是,对于工党政策,对于某种人们所担心的革命性社会主义挑战的苗头,法院总是本能地反对。

下议院也对法官干预的政治性质表示担忧。但这遇到了一种熟悉的回应:

> **莱昂先生**(工党):"首相认识到法官僭越作出政治决定的危险了吗?尽管说议会已经超出了它的法定权力可能是一回事,但是说即使议会有这项法定权力,它未能合理地平衡纳税人的利益与支付票价的乘客的利益,这不是非常不同的另一回事吗?在这种情形下,法官作出的是政治决定而非司法裁判。"
>
> **撒切尔夫人**:"我完全反对这个说法。法官根据法律和他们面前的证据作出裁判。他们这样做完全公正。"[4]

我们又一次看到"中立"的法律观和"偏私"的法律观之间的冲突。大伦敦议会承认其改革性质是偏私的,并且他们对法官的裁判唯一能做出的理解是,它是来自另一方的偏私干预。而且两者间的差异对他们来说是明显的:大伦敦议会拥有通过选举获得的授权来实施偏私的决定,然而法官没有此类授权。但是,在撒切尔夫人看来,法官的裁判中立地援用了一种超越党派政治的价值——某种被称为"**法律**"的东西。本章我想做的事情之一,是把这两种模式间的对比具体地和法官裁判联系起来。"司法"裁判是什么?"依据法律"作出裁判意味着什么?它与"政治"决定不同吗?如果不同,如何不同?

法官与政治权力

没有人会怀疑,上议院的裁判标志着大伦敦议会工党领导者的一次政治失败,同时是布罗姆利区保守党议员们的一次胜利。无论我们对法官作出裁判的方式作何想法,他们裁判的**影响**无疑是政治性的。但这使得**法官**具有政治性吗?

一些评论者注意到,二十世纪六七十年代司法审查的巨大进展,几乎完全以牺牲工党政策为代价,而且最关键的一种态度是,司法部门不愿意审查按照保守党意识形态打造出来的行政决定。[5]这可能是一种夸张:保守党政府偶尔也会在法院那里遭遇挫折。但是,当然,当人们抱怨司法部门的政治偏见时,那些抱怨往往来自左派。左派评论者将法官看做英国保守主义传统立场象征性的代表人物。法官拥有其职位所固有的一套言行程式、马鬃制成的假发,以及对取笑他们浮夸的任何人进行抨击的权力,而且这项权力实施起来还非常容易。

他们代表着英国权势集团中最古老、最腐败的一切,正如一位工党议员对他们的描述——"身着貂皮大衣充满阶级意识的破坏者"。[6]带着对这个国家行事方式之任何变化的固有怀疑,他们会尽全力抵制社会主义政策的革新,保护托利党的专权几乎不受任何挑战。我们可能觉得这种观点带有诽谤性且过分简单化。但不可否认的是,很多对英国司法部门失望的人都持有这种看法。

不幸的是,在"政治性的"这个词事实上如此模糊不清的情况下,我们很难去评价"法官政治性地行动"这一主张。这个词至少有六种不同意义可能与这里的语境相关。

(一)"政治性的"可能仅仅意指"**政治体系的一部分**"。在这个意义上,很明显,法院是政治性的机构而法官扮演政治性的角色。他们是本国政治体系的一部分,因为他们是统治我们的整个机构的一部分。

(二)"政治性的"可能意指"**他们的裁判对社会中权力、自由以及资源的分配有影响**"。有人曾将政治的重大问题定义为"何人在何时以及如何得到什么"。[7]同样,我们不能否认,法官的裁判在这个意义上是政治性的。作为大伦敦议会案裁判的一个结果,通勤者要为其在伦敦的运输支付比原先更多的费用,而纳税人则要支付更少的税款。大伦敦议会工党的投票者的期许被挫败,而布罗姆利区的议员却得到了他们想要的。这只是"法院是政治体系之一部分"的另一种说法。它们是决定本国生活环境的庞大组织的决策中心,并且它们的裁判会产生影响。

(三)"政治性的"可能意指"**直接参与同他人的政治互动**"。这是政治(politics)更精妙的一种意义。"政治"不仅可以指重大的社会进程,还可以指小规模群体中人们面对面的互动。我们谈论会议室的政治、家庭的政治,或者政府部门的政治,意指人们努力争取影响力、说服其他人、制造各种威胁和提出各种提议来达成愿望的方式。我们没有理由不应该在同样的意义上讨论司法部门的政治。在一个上诉法庭中,每个合议庭里通常坐着数位法官,他们都试图影响其他法官,以及他们面前的出庭律师和双方当事人。也存在其他问题,比如大法官对司法部门其他人的影响(升职、指派至特别合议庭等),还有不同级别法院之间以及法官和非司法人员(如学者、执业律师、政治家等)之间的互动。同样,司法行为在这个意义上也明显是"政治性的"。[8]

(四)"政治性的"可能意指"**在党派争论中偏向一方或者另一方**"。这是"合理票价"案中由很多工党支持者提出的主张。正如我们所看到的,他们认为法官会受舆论氛围、红色恐惧以及对社会主义政策的固有反感影响。这种偏见可能已被或未被意识到,也可能已被或未被清楚说明。但是,这种主张接着认为,法官的阶级背景使他们相比于其他论点更赞同某些论点,或者当他们能够(在支持何种诉讼理由上做出选择)时,他们更容易支持某些诉讼理由而不是其他理由。即使他们努力保持"中立"和"公正",他们还是不可避免地受其背景以及职业的保守气质影响。据说,法官通常甚至都不做这种努力。这种主张更富争议性。

(五)"政治性的"可能意指"**有意受意识形态的或道德的信念驱使**"。具体是指:法官不仅在政治上是偏私的,而且他们在作出裁判时故意使用政治性的前提。如果法官在裁判中决定采取某种支持诸如个人自由、基督教价值、**自由放任主义**或者社会民主之类事情的立场,那么在这种意义上他们就是政治性的。如果是这种情况,他们的行动就与政治家的行动一样,是基于政治价值观的。像所有的政治家一样,他们会受某种有关应该如何组织社会的构想驱使。唯一的差异在于,法官不得不围绕并非由他们制定的制定法以及先前法院的先例来组织他们的裁判;相比于当选的政治家,他们在实现构想时受到更多的约束。但在他们对法律的解释中,他们会展示他们自己的价值观、他们自己的意识形态、他们自己的政策目标和以及他们自己的原则。

（六）"政治性的"可能意指"受保住官职的野心或欲望驱使"。这是该词最卑劣的意义。例如，水门事件过程中理查德·尼克松（Richard Nixon）的很多行为就具有此种意义而非第五种意义的"政治性"。通常，当大臣们被指责作出政治性的决定时，其真实含义是说他们正采取行动来增加再选的机会，或者保护他们的名誉，或者增加他们朋友的财富。今天，在这个国家，法官们不必担心选举进程，但他们也许不得不担忧晋升，尤其在他们司法职业生涯的早期。一种更让人不安的可能是，法官或被驱使去协助那些必须面对选民的官员保住政治地位。经常地，当人们说法官是"政治性的"，他们暗指法官完全是在努力保护政府（通常是一个保守党政府）免于政治上和选举上的困窘。

正如我已指出的，看来法官以及他们的裁判至少在第一、第二和第三种意义上明显是"政治性的"。争议以第四、第五和第六种意义的"政治"为中心。我们的法官是有偏见的吗？他们是否在尝试将他们自己的价值观强加给我们？他们是否担心自己的政治地位，或者可能担心他们朋友们的政治地位？

在我之前引用的亚历克斯·莱昂议员与撒切尔夫人的争论中，"政治性的"似乎被（双方）用做一个消极意义的词。法官不应该是"政治性的"。莱昂说法官(当时)是政治性的,所以不称职。撒切尔夫人说法官(当时)**不**是政治性的,所以非常好地完成了他们的工作。

但是,"政治性的"一词在用于法官时总应该是消极意义的词,这个观点是一种过度简化。第六种意义上的"政治性的"明显是一个卑劣且消极意义的修饰语;没有人希望我们的法官受那样的因素影响。但其他一些意义毫无消极意义。第一个和第二个意义仅仅是告诉我们法官是整个政治进程的一部分,并且他们的行动对政治有间接影响。如果法官在这些意义上**不**是政治性的,那么付给他们工资就没有意义了。那么其他含义呢?第三种意义——法官彼此之间"玩弄政治"——是消极意义的吗?这部分地取决于你如何理解第四和第五种意义,部分地取决于你对司法职位的整体印象。有些人认为一名法官应当是一个睿智且高尚的人,一个埋头于皮边书本找寻普通法智慧的人,而不会降低自身道德标准与他的同行玩弄政治。但我们大多数人认为互动是不可避免而且是值得拥有的——并且总体看来,重要的是司法范围内政治活动的**品质**(例如,法官是在以理服人还是在威吓人们),而不是这些互动的简单存在。

现在就剩下第四种和第五种意义了。法律的中立模式如此具有优势,而我们又是如此习惯于将**公正性**与司法职位联系起来,以至于如果有人说政治性的或意识形态的偏见可能是合理的东西,我们就会有所担心。但"公正性"主要是指在政党之间保持公正性——不被恐惧或任何一方的支持影响。这并不必然意味着法官就应当是政治中立者——被去除所有价值观和原则性的承诺。一时很难看出他如何能够如此——因为一位法官肯定必须至少持有与法治相关的价值观,而且就如我们在第二章和第三章看到的,这些价值观与一种关于政治、社会和自由的特定看法联系紧密。经过本章讨论,我们将会明白的事情之一是,如果没有对支撑他们的价值观的某种承诺,法官不可能理解对他职位的各种约束。对制定法的服从、先例的重要性、正义、平等、公平、确定性、刚正不阿、公共利益——这些都是法官们应当始终参照的价值。此外,法官经常需要在这些价值发生冲突时权衡它们。当然,负责任的做法是预先全面考虑这些可能的冲突,然后就不同情形下哪些价值让位于其他价值培养出一种一般的理解。但如果法官这么做,那么他就已经开始从事政治意识形态学家从事的事业——试图用一种有助于指引必须作出的决定的方式,来理解社会世界和政治世界。

在无法避开价值承诺的很多领域——政治、社会和法律,应该做的事情不是尝试掩盖它们,而是尽可能**详细说明**它们。如果法官已经发展出特定的关于道德、政治和社会的理论,他们可能应该提前讲出来,而且可能应该将它们明确地纳入他们的裁判。在本章下文中,我们将看到,最好的司法裁判理论坚持认为这正是法官们应该做的。但这是**规范性**法理学的问题(说明法官**应该**做什么),而不是**描述性**法理学的问题(说明法官实际上**做**什么)。如下争议持续存在,英国法官事实上是否在第四种或第五种意义上政治性地行动。我的直觉是,他们的确在这两种意义上行动。但我将要论证,无论如何,法官都**应该**在第五种意义上行动,而不**应该**在第四种意义上行动。如果他们偏向一个政治因素,他们应当将该因素纳入他们判决的实质部分和措辞中。如果这样做他们会觉得不舒服,这可能很好地表示他们应当再次审查他们的偏见,看看对他们而言这是不是一个恰当的影响因素。

  目前为止,我们的结论十分惊人。大多数法官的裁判至少具有第一种意义到第五种意义的政治性,而且可以说,对于一些法官而言,他们的裁判也具有第六种意义的政治性。它们**应该**具有第一种、第二种、第三种和第五种意义的政治性(或者至少它们具有政治性并没有什么错误)。但此时存在一个困惑。如果这些都是对的,那为什么有人认为明智的做法是认为我们的法官是中立的,他们超越或者应当超越政治考量?例如,为什么撒切尔夫人会"完全反对"法官作出政治性裁判的观点?

为了回答这个问题,我将详细地审查我称之为"传统裁判观点"的优点和缺点。

传统观点

人们对法官作用的描述有时类似于传统上对公务员在政治中的作用的描述。按照这种叙事,公务员的职责不是制定政策而是执行当选政治家所制定的政策。公务员应该是民主选举当选者所决定之政策中立的"传送带"。在传统的叙事里,法官类似于此。法官的职责是将现行法律适用于起诉到他面前的特定案件。他的职责不是制定新的法律,也不是将他自己的道德或政治偏好强加于足够不幸而落入其权力范围的当事人,因为他既没有被选举去这么做,也不用为其所持有的偏好对选民负责。法律由议会中的人民代表制定,而法官的职责是查明法律是什么,并将法律适用于诉讼当事人提供给法庭的事实。

这是很多非法律人和很多政治家所持有的观点。至少从书面资料来看,很多法官也支持这种观点,并且在很长时间里,这种观点是法哲学中一个公认的标准学说。然而如今,法律理论家在概述这种传统观点时,仅仅是为了嘲笑它(就像公共管理专业的学生嘲笑传统的公务员观点一样)。理论家说,这种关于裁判的观念从技术上说是幼稚的,从政治上说是不真诚的。关于这一点,这些理论家现在无疑是正确的,我稍后将解释原因。但传统观点是基于一些合理的担忧的,在摒除传统观点之前,或许值得讲讲那些担忧是什么。

不负责任的精英

一旦我们问"我们的法官是谁?他们从何而来?"这些担忧就开始出现。除了极少数例外,法官都是在律师界执业超过20年的出庭律师,或者(在高级法院任命的情形中)由女王根据大法官的建议任命,或者(在上诉法院任命的情形中)由女王根据首相和大法官的共同建议任命。为了成为一名成功的出庭律师,一个人必须接受大学教育并在律师界经历最初几年的"见习期"。J. A. G. 格里弗斯(J. A. G. Griffiths)表示,对大多数人而言,顺利度过这些年,需要有办法获得个人收入;司法任命的统计数据显示,绝大多数法官都是公立学校和牛津剑桥教育的产物,来自有能力支持其职业的上流、专业或中上阶层的家庭(1820年到1870年间,来自中下层或工薪阶层背景的高级法官比率是14.1%;1951年到1968年间,降到9.3%)。除了背景,对成功执业的要求也导致一种特定的社会化:在任命之前大约20年的时间里(任命通常在50岁以后),一位法官已经在伦敦有成功的业务——事实上是一位个体经营的专业人士——如格里弗斯描述的,挣着"非常可观"的收入。除非有人在大法官职位上犯错,否则法官不会因为不寻常的政治观点而出名。尽管在巡回法院和高等法院中有少数女法官,但上诉法院中从来没有一名女性,也从没有女性以法官身份坐在上议院里。在性别、教育、背景、社会化以及生活方式方面,法官大概如人们可能设想的那样,是一个不具代表性的精英群体。[9]

尽管如此,我们还是把某些权力委托给他们,正如我们已经看到的,法官的某些裁判对政治有相当大的影响。当他们作出裁判,他们可以立即要求国家的全部强制力支持它。违抗法官裁判可能使自己面临与藐视法庭相关的无限制裁。[10]

对这种权力有什么限制?能让法官为其行使权力的方式负责吗?答案是"是的——但只能依靠上级上诉法院的其他法官"。一旦上议院层面作出裁判,那么这个程序就终止了。在似有神灵护佑的司法部门圈子之外,再也没有限制和审查。当然,议会能修改法律,但正如我们在克莱克罗斯案中看到的,溯及既往地改变司法裁判的直接影响,可能会引发最强烈的不满。我们的法官作为一个群体,不对任何人负责。实际上,我们已经竭尽全力来确保情况如此。

在17世纪的社会动乱中,一个得失难料的重大问题就是司法机关的独立——从王室影响中独立出来。詹姆士一世(也是詹姆士六世)认定,爱德华·科克爵士(Sir Edward Coke)是在挑战国王在其认为王室利益受威胁的情形中干涉法院诉讼程序的权利,因此罢免了这位伟大法学家的职务;在斯图亚特王朝统治后期,法官只有保有国王的支持才能保住职位。随着斯图亚特王朝的覆灭,法官职位的基础得以重构,而1701年《王位继承法》(Act of Settlement)以后,情势似乎变为,在行为端正期间(*quamdiu se bene gesserit*),只要法官举止得体,法官的职位就得以保持,并且只有议会两院都通过动议才能罢免法官。到1959年,良好的行为能确保终身职位;但是,从那时起,接受任命的法官必须在75岁退休。行为不当通常被理解为意指疏于司法职责(duties),或是因严重的刑事违法行为获罪;但只有一名法官曾因此被免职[1830年的乔纳·巴林顿爵士(Sir Jonah Barrington)]。在现状之下,我们不可想象议会因为不赞成某法官的裁判而提议罢免(甚至强烈谴责)他。

除此之外,应该注意下述观点:没有人可以因为法官离职期间的言行起诉他;《议会集会规则》(Parliamentary Standing Orders)要求议员们避免诽谤一位法官的行为;美国有这样一个程序,被总统提名的最高法院法官候选人首先要由国会委员会仔细审查,然后该任命由整个参议院投票决定,但在英国政治进程中,完全没有与此近似的程序;甚至在议会决定对法官薪水拨款多少的期间,议员们也没有机会质疑法官裁判的模式或者倾向;而且,最近,若某位民众非难某位法官有偏见或者不称职,他还可能被视为藐视法庭而遭到惩罚。

保护法官不受直接来自政府的压力无疑是好的。然而有趣的是,尽管他们可能在宪法理论上是独立的,但是,在自由世界里,英国法官所获的恭顺对待政府和行政部门的名声不亚于任何国家。在战争期间的"利弗塞奇诉安德森"(*Liversedge v. Anderson*)案中,阿特金勋爵(Lord Atkin)就其大多数上议院同行判定内政大臣不需要为拘留公民给出正当理由,表达出如下担忧:

> 在面对涉及国民自由的权利主张时,有些法官在一个纯粹的解释问题上表现出比行政部门更为行政化的思维,我对这些法官的态度深感担忧……即便只有我一个

人这么做,我也要反对会赋予大臣以无限监禁权的过度解释。法官对所有人一视同仁,并且站在国民与行政部门任何侵犯国民自由的企图之间,保持警觉以查看所有强制行为能否在法律上得到辩护,这是我们正在向当权者争取的自由原则之一,也一直是自由的支柱之一。在这个案件中,我听取了本可以在查尔斯一世时期向王座法庭表达并可被接受的论点。[11]

这种认为英国的法官"比行政机关更具行政化思维"的观点已在更近的时期获得充分的证明。有一起诉讼宣称警察对被控告制造伯明翰酒吧爆炸案的六人实施了暴行,丹宁勋爵——被认为是更有趣也更具革新精神的法学家之一——驳回了这起诉讼并因此而出名:

> 让我们仅仅考虑一下,如果这个诉讼进入审判环节,整个事件的过程会怎样吧……如果这6个人败诉,那意味着很多人要为毫无意义的目的耗费大量时间、金钱和忧虑。如果这6个人胜诉,那意味着警方有伪证罪和暴力威胁罪,也意味着供述是非自愿的,而且被不适当地采纳为证据;该定罪是错误的。那意味着内政大臣要么必须建议赦免他们,要么必须按照1968年《刑事上诉法》

(Criminal Appeal Act 1968)第17条把这个案件提交至上诉法院。这个前景如此骇人听闻,以至于本国每一个明智的人都会说:这些诉讼继续进行下去不可能正确。它们应该被驳回。[12]

在克莱夫·庞廷案(the case of Clive Ponting)中,这名公务员被指控将政府掩盖阿根廷军舰**贝尔格拉诺将军号**(General Belgrano)被鱼雷击中的情况细节泄露给了**一个下议院防务特别委员会的一名成员**,庞庭辩解道他有责任像他所做的那样为"国家利益"而行动(这一辩护规定在《公务秘密法》中)。麦考恩(McCowan)大法官指示陪审团说"国家利益"指且仅指"当时当权政府的政策"。(陪审团有良好的判断力,忽略了这个指示并宣判庞廷无罪。)[13]我还可以举出更多这样的案件,在这些案件中,英国法院对个人权利提供的保障远不如《欧洲人权公约》。[14]

换言之,保护法官免受行政压力,似乎会使他们免受公民或者议会中公民代表因为他们有明显的意愿在任何有机会的时候迎合行政部门的利益而向他们问责。

到目前为止,我们已经讨论了法院缺乏正式的问责体制(accountability)。但是法官可能以一些不那么正式的方式敏感于社群的普遍情绪和信念吗？当然，如果我们承认法官和其他任何人一样阅读报纸而且在这个社会里养家糊口，答案一定是"是的"。他们没有与公众舆论隔绝，而且尽管他们也令人发笑地装作无知（"谁或什么是'滚石乐队'"），他们与伦敦其他任何富裕且受过良好教育者一样与时俱进。

他们是否至少是法律共同体内某种共识的非正式代表？答案多半还是"不"。"服从"这一英国惯例，使得上议院法官几乎不可能听到律师界或法律学术共同体成员对其裁判的直接批评。最近的采访已经显示，有些法官不关注书面批评，并且发现很难与学者或出庭律师进行活跃的智识交流。与他们在美国上诉法院的同行不同，他们不会任用崭露头角的法学教授当他们的助理，他们也从不是从学术职业阶层中招募来的。在英国，完全没有类似美国体系中存在的律师、法官和法学院之间的交流。[15]

因此对于法官问责制的担忧是有根据的。如果法官不被迫使对其裁判负责，而且与公众舆论的压力及其他形式的批评隔绝开来，那么我们应该把有重要政治意义的决定委托给他们来做的观点肯定不得人心。当布罗姆利区的保守党议员就巴士和地铁票价设定与大伦敦议会工党议员有分歧时，我们真的想让**法官**解决这个问题吗？以某种最终包含受影响的纳税人和通勤者在内的选举竞争的方式来解决,不应该是更好的做法吗?在审查法学理论家摒除"法官的作用仅仅是适用法律,而非立法或制定政策"这一传统观点时,我们应该牢记这些问题。

我应该提一下另一种支持传统观点的论点。将法官仅仅看做议会意志的"传送带",这是在采纳一种包含清晰性、确定性和可预测性的法律意象。在第三章中,我们看到了人们知道他们在法律中处境如何的重要性,这样他们就能够制订计划、开始与他人缔结稳定的协议,并了解他们在社会和经济生活中可依靠什么。只要法律裁判是根据议会制定法的明确条款作出的,这些对确定性和法治的要求似乎就得到了满足。但是,如果法律是根据法官在庭上的突发奇想决定出来的,那么只有在法官作出裁判后人们才知道自己的处境。

撇开其他的不说,"法律是由法官在审判进行的过程中制定出来的"这一观点带有不尊敬和侮辱的元素。18世纪英国伟大的法律批评者杰里米·边沁将法官的裁判称为"训狗法"(dog law):

> 当你的狗做了任何你想让他戒除的事情时,你会等

到它做完,然后为此事去打它。这是你为狗制定法律的方式;而且这也是法官为你我制定法律的方式。他们事先不告诉一个人什么是**他不应该做的**……他们站在一旁,直到那人做了他们说他**本不应该做的**,然后他们因此事判他绞刑。[16]

他引用的另一个比喻更骇人听闻:

> 因此,大众会因为犯下不知道法官意见如何的罪行而注定遭受无可避免的毁灭,而那位法官大约 10 年或 20 年以后才会开始考虑这个问题。这种混乱和不正义正是在英国被称做**普通法**的东西的精髓——普通法这一多头怪物,直到事情发生后才能对事情做出思考,也不能理性地自称已经预先决定了所有事情。尼布甲尼撒(Nebuchadnezzar)因为人们不能发现他梦境的意义而判人们死刑;但是这些梦至少先被梦到并被恰当地记录下来。英国法官却因为民众无法解释他们还没做的梦就非常冷酷地判其死刑。[17]

法官为什么必须要做出贡献

我现在将继续讨论理论家对传统观点保持怀疑的一些理

由,而不管构成传统观点基础的合理关切。

130　　怀疑的理由可概括如下。首先,将一部法律"适用"到一个特定的案件从来都不是一件机械的事情。语词经常是模糊的,事实肯定是被构建出来的,而整件事不可能缺少一个积极的解释过程。

其次,从历史上看,我们的法律是且一直是**法官创制的**;这是我们所指的**普通法**。我们的大量私法都有这个特点。此外,撇开实际的原则,普通法的精神特质已经渗透到我们法律体系的整体和我们律师职业文化的整体。

再次,不那么明确的是,在我们的体系中,法官被允许或多或少地按自己的意愿去定义他们自己及法院在政治体系中的角色。例如,法院已断然拒绝任何将他们排除在行政管理程序之外的立法尝试。根据自身的主动权和权威,他们坚持自己有权审查任何公共机构的决定,即使议会已经说过那些决定无需被审查。[18]而他们似乎能够丝毫不受影响——即使议会已经尝试不考虑法官的裁判,人们还是会在意并遵守他们的裁判。[19]类似地,法院同样坚持定义他们自己对于制定法解释的态度。他们自称会对任何侵犯普通法权利或判例法的制定法采取一种狭隘的看法。此外,他们保持对自己**判案方式**(*modus operandi*)的完全控制。1966年,上议院简单地宣布它将不再受自己之前的裁判约束;议会或其他政府机关都未授权上议院这样做。我们的法官完全是在以法治的名义定义自己的角色。

制定法的解释

我提到过的其他两点——制定法解释和普通法——要求进一步的扩展讨论。我将从议会法案的解释开始。

回想一下大伦敦议会案。保守党认为,新票价政策涉及的将资金从纳税人转移到通勤者是错误且不得人心的。他们声称这不是大伦敦议会有权做的事,也是以此为基础,他们向法院起诉。在英国,现在地方当局的权力完全由制定法来界定,而且存在这样一个假定,即如果议会未将一项权力授予地方当局,那么地方当局就无权行使该项权力。那么法官的职责就是查明议会授予大伦敦议会的权力是什么,并决定新票价/税率组合是否属于这些权力范围。

当法官翻开制定法汇编找到合适的页面,他就要面对一份文本——一连串的语词、一条法律原则。在"合理票价"案中,《(伦敦)运输法》[Transport（London）Act]第一条写着如下内容:

> 大伦敦议会的一般职责是……制定政策,并且鼓励、组织,以及在合适的时候采取措施,促进大伦敦提供完整、高效且经济的运输设施和服务。

根据这个一般规则,该制定法的其他条款授权大伦敦议会向伦敦运输局拨款、发布政策指引,并且授权大伦敦议会弥补公共交通服务可能引起的赤字。大伦敦议会已经指示伦敦运输局将票价降低25%,它还提议从财政总收入中拨款以补足因此产生的亏空。这就是遭到质疑的行为。法院不得不决定这是不是一个将"促进……高效、经济的交通设施和服务"的举措。

对于这些事实不存在争论。双方都承认财政收入将下降(并且大伦敦议会可能也会失去一部分来自中央政府的拨款),而财产税将上升。布罗姆利区议会同意可能有更多的乘客使用这些服务,通勤者可能会从小车转乘巴士和地铁,道路的堵塞和污染现象可能会减少。法庭上,对于这些都不存在争论。

双方只是对语词的意思有分歧。大伦敦议会说"经济的"意指"成本效益比最小的":换言之,使金钱产出了好的价值。据他们所说,这里的好价值可能涵盖公共交通服务可以促进的任何政策目标：乘客的转移、污染和堵塞的减少，甚至可能是社会再分配。另一方面，布罗姆利区议会说"经济的"意指"收支平衡"：用在乘客那儿收取的车费来支付其运营开销。这看起来像一个纯粹的"语义"争论——关于语词的争论——但事实上它关系重大。我们或者我们的议会用以立法的唯一方式就是使用语词。但我们想使用这些语词以适用于现实世界中的事物、行动和情形。"语义学"这一术语经常被误解，似乎它只是言语上的吹毛求疵。事实上，语义学涉及语词与事物之间的关系，而法律语义学涉及我们的法律对现实事件和现实行动将要产生的影响。所以不要让任何人告诉你法律语义学是一个没有意义的问题。在我们找到某种无需使用语词而统治社会的方式之前，我们将一直面临一项任务，即必须认可某种将使用的语词与我们面对的情形关联起来的方式。

在最近的美国法哲学中，人们已经尝试在制定法解释（或尤其是 1787 年宪法的解释）与《大卫·科波菲尔》(*David Copperfield*)或《哈姆雷特》(*Hamlet*)这类文学作品的解释之间建立类比。有些人想表明法官和律师在解释制定法和宪法时，跟文学评论家在解释莎士比亚作品时拥有相同的自由。就像一个评论家可以决定《哈姆雷特》是一部弗洛伊德式剧本（尽管这种分类可能对作者没有任何意义），一位法官也可以决定第十四修正案禁止歧视同性恋者,尽管这种想法可能令制定者厌恶。我们马上将看到,有关制定者意图的观点在制定法解释中的确只有很有限的作用。

但是,对于其余的人来说,文学类比是错误且过分的。解释一部小说和将一部制定法适用于现实生活是相当不同的事业。制定法具有明确的规范性,而且问题是我们该如何遵守这些规范;但小说不是这样。虽然一部小说可能具有说教性,或意图改变我们对事物的看法,但严格意义上说,解释它是一项非常散漫的事业,包括形成各种有关文化间联系及其他东西的直觉。现在如果我们愿意,我们也可以对制定法和宪法这样做。但这样做是在做适用规范条文之外的一些事。这些是你能对一部制定法做的两件完全不同的事。所以前者不太可能为后者提供一个有用的类比。而且,我们也不会基于文学解释而把人绞死、囚禁或使人破产;鉴于这个相当明显的理由,我们可以允许文学圈中的知识分子在一定程度上没有纪律且自我放纵,但是在法律领域中,这就是在道德上不负责任了。

在诸如《(伦敦)运输法》中"经济的"一词词义这样的疑难案件中,法官将制定法的语词与世界联系起来的方式,在很大程度上取决于他如何理解这些特定语词为什么重要:即我们为什么应该集中关注这些语词。我们已经讨论的部分暗示了一个明显的答案,即因为这些语词来自立法机关——这些语词**是**对立法意志的一致且确切的表达。法官应该认真对待这些特定的语词,因为生活受法律统治的公民的代表决定了这些语词应该是重要的。

那么,如果法官不确定制定法的意思,他或许应该将该问题转回议会,并询问议员们有何想法。这个建议并不像听起来那么愚蠢;边沁提出了某种相似的看法(尽管他的看法与系统地制定出来的法**典**相关,而不是与在他的时代和我们的时代都存在的,构成法律整体的特定制定法的随意汇编相关)。但它又**确实是**愚蠢的——法律通常比制定它的议会存在得久;在**任何**情况下,议会(尽管)无需解决法官遇到的问题,但是在其存续时间里仍面临足够大的压力;不同的议员还可能对法律有不同的看法;议员们可能已经忘记他们的意图,或者更糟,他们自己可能从来不知道如何回答法官的问题;实际上,他们可能是有意让措辞模糊,以便其他人能填补该空隙。

虽然这些情形都很明显,但是并不总明显可见的是,完全相同的理由会在法官**事实**采取的处理法律的方法上标记一个大大的问号:即法官问**他们自己**议会意图做什么,或者更一般地说,法官问**他们自己**法律的目的是什么。这为什么是一个问题？该制定法讨论了"经济的交通服务"。有可能在为该语词形式投票时,有些议员认为它们意指"成本收益比大的"(大伦敦议会的解释),有些议员认为它们意指"收支平衡"(布罗姆利区的解释),有些议员认为它们有其他某种意思,还有些议员对这个问题没有做任何思考,而其中还有一两名议员只是以一贯的醉酒迷糊状态漫步穿过投票厅。如此就是我们立法者的心智状态——应该用其中哪一个来描述法案的**意图**或**目的**？假设支持这一议案的大臣说他希望交通当局能宽泛地而不是狭隘地解释他们的职责；假设她的一些同事被这种观点困扰,但无论如何还是投票支持这个议案,因为这位大臣说的并没有体现在条款的措辞中；假设在议案二读后考虑该议案的委员会采取了些许不同的解释方法：那么,再一次,谁的意图在决定该制定法的**特定**目的时最为重要？[20]

这中间的基础性要点并不难。当你拥有任何一种组织,比如议会这类由很多人构成的组织,那么就有某种方式来决定什么算是**这个组织的**行动而不仅仅是个别成员的行动。我们已经以一种非常形式的方式解决了这个问题：如果某件事在记录上显示为一种经过适当方式投票通过的语词形式,它就算是一项议会制定的**法案**。除了这种形式,我们没有方法辨别什么是议会制定的法案或者什么算是"**议会的**"意图。尽管我们的法官可能想服从于议会,这——成文制定法——是他们必须服从的一切了。他们已经尽了最大的努力利用它。

陈述了所有这些讨论后,让我们回到我们的问题。上议院法官被《(伦敦)运输法》中"经济的"这个词困住了。对它有两个相冲突的解释,他们应该如何决定呢?我要详尽地引述斯卡曼勋爵(Lord Scarman)关于这个难题的演讲,因为它会告诉我们法官如何谈论此类事情:

> 作为英语用法的一个问题,"经济的"(还有名词"经济")这个术语有几个意思。它们既包括上诉人主张的那种意思,也包括布罗姆利区主张的那种意思。它是一个很有用的词:像变色龙一般,根据周围环境确定它的颜色。即使是现在我们正考虑的这部制定法中,用在第一条第一款中的形容词"经济的"可能比在第五条第一款中找到的名词"经济"有更宽泛的意思[21]……因此,我拒绝认为有关第一条第一款"经济的"意思(事实上,或者是第五条第一款的"经济"的意思)的问题能够通过参考字典得到决定。字典可以告诉我们该词可以有的几种意思,但该词总是会根据它的周围环境来确定它的具体意思,在本案中,也就是根据被从整体解读的法案来确定。但

是,尽管我们必须从整体角度解读该法案,我们也不能不顾及大伦敦议会——(依据准则)它是有权力提高税率的地方当局——的责任。一旦我们在这个语境下考虑该法案,一个极为重要的特征就显现出来了。大伦敦议会不仅对大伦敦的通勤公众负有责任,它也对为弥补财政赤字提供主要资金源的纳税人负有责任。上诉人强调第一种责任,而布罗姆利区强调第二种责任,这都是可以理解的。但是它们并存……因此,第一条中的"经济的"一词必须被足够宽泛地解释以包含两种责任。相应地,我断定,法案第一条第一款中的"经济的"一词不仅包含了"交通服务要成本收益比最大"的要求,还包含了"只要可行,就要提供交通服务以避免或减少纳税人的负担"的要求。[22]

这里有几件重要的事情要说。首先,斯卡曼勋爵拒绝以字典作为解释的辅助工具。"经济的"一词的普通意思对于解决这个冲突没有任何帮助。其次,这里说明了制定法语境的重要性——就这个关键术语可能的适用方式,该制定法的其余部分告诉你什么?再次,斯卡曼勋爵引入了一个该制定法无疑没有明确说明,但是在他看来应该会影响解释的因素,即大伦敦议会对纳税人负有的责任。

有关字典释义和普通意思的要点很重要。明显的是,如果法院将要服从议会制定的法案,他们必须采用语词的字面含义。但"文义"解释('literal' interpretation)理论在这个领域的作用有限。如果对于法律没有分歧,一个案件不大可能出现在法官面前(否则双方当事人为什么要花钱请律师提起诉讼),而因此法官也不大可能会审理大量语词意思确定无疑的案件。对于像"经济的"这类可以意味着各种不同且相互冲突的标准的语词,这一点足够明显。但即使明显具体的术语也可以导致语义上的分歧。假设一部制定法规定"禁止任何车辆进入公园"。我们都知道它禁止在这个区域驾驶小汽车或卡车。但它禁止自行车或马车吗?它禁止在底座上竖立一座装甲车形式的战争纪念碑吗?

没有哪部字典会回答这些问题。而且根据已经考虑过的理由,"立法意图"也不会有帮助。我们使用的分类不可避免地是开放结构的:对于自行车是否属于车辆的问题不**存在硬性**答案。我们可以试着用更多更精确的术语和详细说明来确定这些事情。(例如,我们虚构的制定法可能将"公园"的意思明确规定为市政厅地图上的绿色阴影区域。)但是,如果法律不想完全丧失它的一般性特征,如果它想包含更为复杂的内容而不仅仅指向特定的人、特定的事和特定的行动,那么一般性分类的"开放结构"将不可避免。[23]

我们在斯卡曼勋爵演讲的摘录中看到,制定法中的其他条款可能帮助我们确定一个有疑问的表述的意思。例如,上议院法官认为,在《(伦敦)运输法》这一案件中,后面一节关于避免赤字的需要的条款使"经济的"一词的意思更清楚。类似地,在我们虚构的关于车辆的制定法中,关于公园地面外拖车设施和停车设施的条款,可能表明了对车辆的禁令应该被理解为涵盖大轿车般的物体,而不涵盖类似滑板的东西。但是再一次,对此没有什么硬性的规定。当法官尽其所能理解他面前的文本时,他明显会想从整体角度解释它,以使它的不同条款前后一致,而不是将不同条款解释得相互冲突。

对于前后一致的解释的同一渴望,可能也致使法官到特定的制定法外看看其他法律条款。毕竟法律不是一套相互独立的法令;它应该前后一致,构成一个体系。在德沃金最近的著作中,他着重强调了解释的这一方面。德沃金认为,在处理一个案件时,法官的工作是,就他正在处理的特定法令如何与作为整体的法律的其余部分相符合这个问题发展出一套理论。如果对于"经济的"或"车辆"(或无论什么术语)有两种可能的解释,法官应该支持使该条款最大程度符合法律其余部分精神,且最大程度符合法律原则、法律理想、整体合法性的那种解释。他应该这样做,不是基于任何机械的理由,而是因为一个法律体系正是由于有前后一致且统一的特质,才成为更有资格获得公民尊敬与拥护的法律体系。有一个能容纳特定法律的前后一致的方案,意味着法律作为一个整体为政治争论提供了一个参考框架,人们共同分享这个框架作为他们社会生活的背景。[24]

我们可以从这个角度来解读斯卡曼勋爵演讲中有关大伦敦议会对其纳税人所负责任的评论。《(伦敦)运输法》没有提到任何关于纳税人的内容,但其他制定法提到了,而且在英国法律中有一种地方当局负有这种责任的一般理解。如果对"经济的"一词的一种解释可以使该法案第一条很好地符合有关地方机构责任的一般法律,那么这种解释很明显将与孤立地解释它有所不同。

一旦我们明白这是如何起作用的,其他一些关于制定法解释的观点也就水到渠成了。法官不时援用的所谓的"解释原则"之一,是对刑事制定法(即设立犯罪并规定刑罚的法律)应做狭义且有利于公民的解释。另一个在法官中得到普及的规则是,应该尽可能地以与《欧洲人权公约》的原则相容的方式来解释制定法。这两条规则可以被看做两种方式,使得特定制定法很好地符合法律体系更宽泛的原则和传统。没有这种"符合"的要求,我们的法律可能只是各种松散地关联在一起且有时相互不一致的观点的集合。

我们已经在"疑难案件"这个论题上花费了很多笔墨。简单案件指的是这种情形——关于法律说了什么或法律如何适用到一组特定事实中不存在争论。疑难案件则应该指这种情形——关于制定法说了什么存在争论,而法院不得不决定如何解决这个争论。我不认为这两者间存在明确的界线。即使是在对制定法的意思无争议的案件中,法院也可能裁决适用该制定法的结果是荒谬的或不合理的,并且很有把握地选择一个与之不同的、不那么明显的解释(这就是有时人们所称的解释的"黄金法则")。[25]法官对于什么时候应该这样做意见不一,而且显然制定法中也没有任何提示来指引他们。那些这样做的人经常声称他们是在运用语义学家所称的解释的"宽容原则"——议会的意思不可能是那样的,它们的意思一定是别的什么。但是这种思路只能止步于此。最终它还是要回到政治原则的问题上来——法官在多大程度上愿意服从立法机关的法案,又在多大程度上愿意基于自己关于公平和合理的理解来做出判断?任何一种关于意思的理论或解释的理论都不可能回答得了这个问题。

当法院在这类案件中发挥主动权,也就是选择他们自己对正义的理解而不选择立法机关的原文语词,或者以某种方式而不是另一种方式来裁决疑难案件,他们是在自行履行立法的职能吗?我们是否处在由法官**制定法律**的形势中?

答案是"是的",尤其是因为先例原则的运用方式。根据我们想象的那部制定法的目的而裁决自行车是"车辆"的法官(例如,在上诉法院),是在对一个特定的案件作裁判——他在做一个评价性的判断,即当我们以这种方式解读制定法,该制定法在法律其余部分的语境中看起来就会是最好的。但是他之后的法官,尤其是低级法院的法官,会认为他已经**建立起**一个一般观点,即基于本法(及其他类似法律),(所有)自行车是车辆(我们很快会讨论到先例原则)。无疑地,从当前这个案件的层面来看,法官正在适用的法律观点,在法官作出裁判之前,对相关当事人来说,若不算是全新的,也绝不是明显的。法学家对于法官是在**制定**法律还是在**查明**法律可能会无休止地争论下去;但毫无疑问的是,有些令人们担忧溯及既往性法律(我们在第三章讨论过的)的理由,也同样适用于此类裁判。

如果在这类案件中法官是在制定法律,他们是否应该表现得和立法者一样?一些学者建议法官根据政策理由来裁决疑难案件——以我们期待立法者行事的方式,权衡社会后果,为将来选定最好的选择。例如,哈特认为法律语言开放结构的一个优点是,它用这种方式为灵活的政策调整留下了空间。[26]

然而其他人表示怀疑,法官是不是从事以政策为基础的立法活动的合适官员,即使只是在疑难案件中填补空隙似地立法?[27]存在明显的保持谨慎的理由:法官既没有能力也没有责任去充分处理政策因素;而且法庭的对抗性环境可能不是处理社会整体需求的最佳场所。[28]在我看来,尤其是在类似"合理票价"案的情形下,如果存在某个更有能力行使政策自由裁量并对受影响的民众更负责任的机关,法官就好像总应该克制不去承担有关政策自由裁量的责任。当然,如果法院面对的解释问题,是像大伦敦议会这类有能力且负有责任的政策制定者的权力范围,那么就应该有一个推定(类似于刑法中有利于公民的推定)来反对任何要求法庭制定政策的解释。

话虽如此,无法逃避的事实是,有时——实际上是经常地——法院必须作出其他人不能或者不会作出的决定,而且那些决定将代表本社群的重要选择。即使法官的主要职责是以一种使法律很好地符合前后一致的整体的方式来解释法律,"什么算是很好的符合"这个问题仍不可避免地需要相关法官做出价值判断。当法官做出选择时,他们应该避免基于自己不了解的事实问题或无需负责的价值问题做出政策判断和社会选择。但他们并不总是能够选择,因此法官的价值观和意识形态仍然有能力决定性地改变这个国家公共政策的特性。

普通法

目前为止我们已经讨论了制定法的解释。但是,我们总是无法认识到我们的大部分法律根本不是制定法——它彻头彻尾是法官创制的。例如,合同法(对协议、契约和债务的强制执行)以及侵权法或侵权行为法(谁可以因诽谤或过失起诉何人)大部分仍是法官创制的。从历史上看,这些法律领域的原则、规则、学说是在法庭而非议会发展起来的;而且很多最重要的发展——例如,过失作为侵权行为的发展——涉及法官的主动行动,这已经深刻地影响了本国的生活环境。

的确,在很多这样的领域中,制定法都得到了通过,而且偶尔议会也尝试以制定法的形式来体现普通法的全部领域。但是,这绝对没有确立普通法或判例法相对议会制定法律的明确的从属地位。一方面,当议会尝试在这些领域制定法律时,立法者们通常视自己从属于普通法的分类、原则和学说。他们认为自己是在尝试以制定法的形式体现普通法,而不是真的试图为自己**制定**法律。

一些理论家认为议会仍然是普通法之上的主权者,因为如果它想,它就**可以**废除任何一套普通法。法官的裁判——甚至是历代法官们的年代久远而无法记录的裁判——能够被630多名议会议员的决定撤销。但实际上,情况并非如此简单。法官们已经表明他们会非常谨慎地执行任何旨在废除普通法规则的制定法——这样的制定法将总是只产生最小的效果。此外,正如我们已经看到的,法律一旦得到通过,议会事实上就失去了对其语词的控制——法官接管它们,开启解释它们并塑造我们对它们的理解的过程,以便它们很好地符合法律的其他部分。因为所有现行法律都已经历那样的适应过程,一部制定法可能在从威斯敏斯特到河岸街(the Strand)*的旅程中非常轻易地失去它(原先)的特性——尤其是它革新性的特性。我认为(如果我们想坚持这一点)议会可以一举废除并替换全部普通法,从而彻底改变法官们不得不利用的背景性法律语境。但是,我们的法律文化是如此受制于普通法的思维模式,并且由普通法的分类而形塑,以至于议会那么做将是一个革命性的行动。即便如此,那也是可能发生的,但我并不认为它告

---

* 英国议会位于威斯敏斯特,皇家司法院位于河岸街。——译注

诉了我们任何关于议会主权的有趣事情——议会在我们真实存在的政治体系日常运转过程中的主权地位。

普通法不是能被简单分析的事物。如果你想给出一个粗略且易得到的定义,那会是这样:"普通法"指的是法官们裁决案件时一般使用和已经使用的方式,这些来到他们面前的案件所属的活动领域不受制于议会制定的法案。我说"**使用和已经使用**",是因为关于普通法最显著的事情在于它被建立成先例体系的方式。一名现代法官,在阐述他所认为的某种普通法规则或原则时,会经常明确提及援用了此类原则或某种类似事物的一系列先例;而这一系列先例通常会追溯到一百或两百年以前。以这种方式基于过去裁判为现在的裁判辩护,这种实践做法也很古老了;早在13世纪就能找到它存在的证据,尽管自16世纪以来,因为有了可供使用的成文判决汇编,这一做法的重要性才得到大大增强。[29]

先　例

这种实践为什么一直支配着我们?为什么越古老越好?为什么现代的法官不应该——他们可能跟他们的前辈知道的一样多甚至更多——自行作出裁判,却要受早已作古的法官的古老偏见约束?如果一个错误是在过去犯下的,为什么这是将来继续重复错误的理由？奇特的**遵循先例**(*stare decisis*)原则(让裁判保持有效)的正当理由是什么？

这个问题不仅仅是有关法院等级体系(下级法院服从上级法院以往的裁判)内垂直权威的问题。我们的法官自认为受同一等级法官先前作出的裁判约束，而且有时候他们受下级法官以往作出的裁判影响。因此，举例而言，上诉法院认为自己受其先前的裁判(即使是几十年甚者几百年前作出的裁判)约束；上议院有时候也服从级别在其下面的法院的裁判，如王座法庭和上诉法院的裁判。

在**遵循先例**这方面，上议院处在一个非常有趣的位置上。1966年，上议院发布了一个通告，说它以后不会再自认为在所有案件中都受自己先前的裁判约束。尽管上议院法官说他们继续把先例作为"一个不可或缺的基础"，但是在特定案件中，他们会背离先例。在这些特定案件中，似乎背离先例才是对的，而且先例的约束似乎会阻碍他们所说的"法律的正确发展"。[30]实际上，这一通告是在鼓励出庭律师在他们认为合适的时候于法庭上提出理由，说明为什么应该抛弃法官先前的某个裁决。上议院法官自1966年以来处理这种理由的方式，透露出司法部门对于**遵循先例**的态度。

当我们问法院为什么应该遵循先例，我们在暗示还有一种可能的选择。如果没有先例,法官会如何裁决案件?要记住在普通法中,我们处理的是制定法不涵盖的领域。两种可能性出现在我们心头,尽管它们实际上等于一回事。法院可以简单地以看起来正确的方式裁决起诉至他们面前的案件。一个人被另一个人伤害了,并起诉请求损害赔偿。法院可以简单地问它自己一个**道德**问题:后者应该赔偿前者吗?如果答案是肯定的,那么法院会判给原告赔偿金。如果答案是否定的,那么法院会让被告自由。(当然,"道德"这个词在此处用得很宽泛——它指的是我们在讨论社会中**应该**做什么时考虑到的一整套评价性的、原则性的和政策性的因素)。

但是,人们有时对道德裁判感到紧张,于是选择第二种路径。根据第二种路径,我们认为,如果议会没有规定一条关于法律责任的规则,那么被告不应该被法官道德性的裁判判定担负法律责任。如果法律是沉默的,法官就应该也保持安静,而公民的自由应该获胜。原告无权向伤害她的人要求赔偿金,除非议会专门规定了这项权利。[31]

事实上,第二种路径和第一种路径没有区别。两者都涉及诉诸道德原则。在第二种路径里,我们认为,除非一部制定法明确地约束人们,否则人们应该不受限制,并免于损害赔偿。这是一个有利于自由的推定(这里的自由是指人们在处理自己的事情时,不必为自己造成的损害和伤害承担责任)。但我们同样可以有这样一个背景推定,即除非有制定法作出相反规定,否则你必须为你造成的伤害支付损害赔偿金。所以即使在法律沉默的时候,法官仍需选择哪一种是背景原则,哪一种是"默认"立场。而且,在缺少立法机关指引的情况下,这无疑是一个价值判断。

如果没有先例原则,法官们将不得不依据道德理由裁决案件。就法官们忽略或者推翻(或者绕过)先例来说,他们是在依据道德理由裁决案件(这里的"道德"是在我不久前提到的宽泛意义上而言)。

既然如此,尊重先例是如何融入那个过程的?它是不是道德思考的一部分?或者,它是不是紧张的结果——对以往裁判的服从是因为法官对自己作出道德裁判感到不安?

服从以往裁判的一个理由是保守性的。我们可以将以往的一系列裁判,看做数代法官互相以对方的工作为基础建立并调整而成的集体成就。与该成就相比,一个法官自己全面考虑道德问题的努力就显得经不起推敲,且个人色彩太浓。用埃德蒙·伯克(Edmund Burke)的话来说:

> 我们知道**我们**没有获得什么发现;而且我们认为在

道德方面不会有什么发现；对于统治的重要原则，对于我们出生之前很久就得到人们理解的自由理念，我们也同样不会有什么发现。当墓地埋葬了我们的妄自尊大，沉默的坟墓使我们冒失的喋喋不休听从它的法则之后，这一切还是会如此……我们没有抛弃所有的古老偏见，相反我们在很大程度上珍视它们，而且……它们存在的时间越长就流传得越广，我们便越发珍视它们。我们害怕于让人们基于他的私人理性储备来生活和交易；因为我们认为每个人的理性储备很少，而且我们认为如果利用国家和时代的总库存和资本，个人就会做得更好。[32]

当然，这种保守性的论点有自己的难题。如果现代生活环境不断变化，我们有责任考虑我们自己的原则和价值观应当如何适应环境；盲目地适用只在不复存在的环境中有意义的道德观点不可能是明智的。

也需要注意，如果每一代法官都盲目地遵从前辈的裁判，伯克式的论点就会失败。因为在那种情况下，我们都受这一系列中第一个人的裁判约束。但他是一个并不比我们拥有更大"私人理性储备"的个人；为什么我们应该遵从他而不相信我们自己的判断呢？只有在该过程的每一步中，先例都得到略微调整或改变，先前的调整也都经过检验和重新考量，并且先例的众多新发展都得到概述，这个论点才有效。只有这样，我们才能认真地讨论一个不断增长的庞大数量的智慧（而不只是盲目的重复）集合。但如果是这样，**我们反过来对后代负有一项责任**，即在该过程中发挥**我们的**作用。如果我们**盲目地**遵从我们继承的先例，那么我们就会只是利用过去的遗产而对未来的遗产没有任何贡献。正如我们将要看到的，幸运的是，将特定案件作为先例运用到其他特定案件的实践，意味着在此过程中无论如何必定会有某种调整。尽管如此，仍然值得注意的是，伯克式的论点，不能支持一种**刚性的遵循先例**原则。

143　　然而，其他更有说服力的论点不得不需要先例本身扮演道德因素的角色。其中一个论点有关公平和一致性。如果某人上周不必为他的粗心支付赔偿金，那么说法院应该判定这周做了完全相同事情的人承担赔偿责任就似乎是不公平的。没有人赞同绝对平等，但同等情况同等对待似乎是一个深得人心的理想，如果允许法官在从一个案件到另一个案件的过程中，就什么是对的和什么是错的改变主意，这会违反该原则。尽管如此，这种论点本身并没有说服力。当然，道德要求一致性：如果我们认为某事是一类案件的正确答案，那么我们就要承诺这样一种观点,即除非存在相关的差异,否则它对那一类的其他案件也正确。但是先例的要求不止于此——它要求即使我们现在认为早先的裁判是错误的,我们也**依然**必须继续将其适用于所有类似的案件。而这一点——当你稍做考虑——是荒唐的。

支持先例的一个更有力的论点是确定性的价值——人们能够预测法官将要裁决什么的重要性。这又回到了一个我们已经多次强调过的主题。人们需要知道他们可以指望什么,他们可以期待政府做什么(既是以帮助的方式也是以干预的方式),这样他们就可以为自己的生活制定中期和长期规划。如果法官重新依据道德理由裁决每个案件,那么预测法官裁判的唯一方法将是获取有关该法官价值观、原则和意识形态的信息。而这种做法只有当公民来到法庭并知道谁将审理他的案件时才对他有用。[33]大多数人想要的关于法律的知识,是会让他们不用进法庭的那类。

对确定性的需求本身是一个道德因素:当我们考虑处于风险中的价值观以及一个特定案件的是与非时,我们应该考虑的事情之一,是"人们将会尝试为了未来依赖他们对于法律的知识"这一事实的道德重要性。我们在决策时应该重视使之成为可能的重要性。当然,这并不是在支持一种绝对刚性的先例原则。毕竟,对确定性的需求只是众多因素中的一个——比如,在某个特定案件中,我们也许要在它和正义的要求之间权衡。

此外,我们应该记住,这种使人们能够制定规划的可预测性,并不必然就是存在于律师先例观念中的苛刻的一致性。**遵循先例**原则,正如律师们所运用的那样,并不必然始终由社会整体对确定性的考虑来指引。先例原则要求,除非先前案件的事实能够与手边案件的事实"区分开来"(即,先前案件的事实被证明在相关部分与手边案件的事实不同),否则就要遵从先前的裁判。往最好的情况说,这种区分将以律师和法官对于什么事实应当具有道德意义的观点为基础。往最坏的情况说,这种区分以律师和法官对如下问题的理解为基础——在要进行革新和修订但不放弃以先例为基础的推理**形式**的案件中,他们可以做什么而不会受到责备。两种说法下做出的"区分",都不必然与普通人或其法律顾问的预期相似。相信形成普通预期会产生道德影响,是一厢情愿的想法,而且认为普通预期以我们对法官将如何操纵先例的愤世嫉俗的理解为基础,也无疑是完全不合理的想法。所以,尽管对于确定性的需求是重要的,但是其**作为英国先例原则之正当理由**的说服力可能被夸大了。[34]

与确定性价值相关的是人们对法律预期的既有依赖的重要性。确定性是一种具有双重面向的价值——它面向未来对我们如何做决定提出要求,但它也提出来自过去的要求。如果有人受引导相信,比如说,街头叫卖不会被检举起诉,或者一份出售百科全书的合同将被执行,那么,法院转变态度而挫败这些预期似乎就是不公平的。当然,如果这些预期是基于此人自己孤陋寡闻的直觉或者错误的法律建议,法院就不欠他什么。人们必须接受因为他们对自己错误的既有依赖产生的责任。但是,如果法律本身诱发这些预期,并且如果此人以此为基础冒风险或做投资,那么公平似乎要求法律应该避免挫败它诱发的预期。

诚然,这个论点仅仅在**遵循先例**的背景推定存在时才有效。如果人们相信法院会做它们喜欢的任何事,那么他们对过去的裁判有任何依赖都是愚蠢的。但是,先例理念在我们的法律文化中是如此根深蒂固,以至于不可能成功劝说人们不形成这种预期,尤其是因为它们与人们就平等对待、一致性及类似内容将会有的观点联系在一起。

我已经说过,确定性的重要性仅仅是其他道德因素中的一个,而且它并不必然在所有神秘莫测的细节上支持英国**遵循先例**的原则。律师有时将"刚性的"先例原则与"宽松的"先例原则区分开来。根据"刚性的"原则,在所有情形下法官都必须遵从同级法院或上级法院早前的案件(裁判)。根据宽松的原则,法官会赋予早前的案件裁判以某种影响力(如果法官重新裁决问题,就不会赋予它们这种影响力)。我们已经看到第二种原则最可能得到支持。但是在任何案件中,该区分都是人为的。即使是根据最"刚性的"先例原则,"遵从"早前的裁判(也)不是机械的。美国法学家本杰明·卡多佐(Benjamin Cardozo)曾经想出一幅遵循先例的意象:

> 在一种残酷的逻辑的推动下,法官们得出……无情的结论。这种残酷的逻辑会导致法官别无选择。法官谴责献祭仪式。尽管如此,他们仍然举行这种仪式,插刀时他们转移目光,确信自己是在服从他们职位的命令。在名为"规律性"的祭坛上,牺牲者被祭献给法哲学众神。[35]

但是,正如每一名法学学生所知,从一个特定案件的结论到另一个特定案件的结论的推断过程不是残酷无情的,因为事实总是有所不同。

假设在一个案件中,琼斯女士在一场雹暴中被史密斯先生的卡车撞倒在人行横道上;而在下一个案件中,布朗先生在一个晴天被骑着商店自行车的送货员格兰维尔(Granville)撞倒。如果法院在第一个案件中判定史密斯先生必须为他的过失向琼斯女士支付赔偿金,那么在第二个案件中,先例的逻辑会无情地将法院引向什么结论?

传授给律师的答案是,必须注意法院的这个判决,并且注意引导法官作出有利于琼斯女士的裁判的推理[用拉丁文短语来讲,即**判决依据**(*ratio decidendi*)]。这个推理被无情地适用于所有后来的案件。但是法官的话语可能包含各种事项:关于人行横道、道路表面以及刹车系统的长篇论文,对琼斯女士和史密斯先生性格的调查报告,依据相当不同的材料对先前案件展开的讨论,对天气和雹暴频率的评论。而且在多页论述中,关于过失侵权责任原则可能有半打不同的表述。"遵从"这样的推理不是机械的,尤其是在"可以区别对待相关却有差异的案件"的原则以某种方式对先例的问题做出修正时。

另一种解释这一点的方式是,普通法的原则从来没有如**规则**一样被明确制定以供遵从。即使它们被明确制定,我们关于制定法解释的讨论应该已经说服了我们,即它们的适用绝不是无情或者机械的。但是它们从未被明确制定出来。人们不时提出关于原则的各种表述;他们说出很多话,比如"人们要为其粗心造成的可合理预见的结果负责",以及"每个人都对其邻人负有注意的责任"。这些原则中的任何一条都不是标准的:与制定法的条款不同,没有**构成**(is)规则的权威文本或语词形式。它们只是为人熟悉的口号、著名法官的引文、对它们本来意思的重述等。

鉴于此,先例或许既应该被视为对司法决策实质内容的限制,也应该被视为一个风格问题。根据刚性的原则,法官参考并支持先前裁判的引文和片段,以采取他们的每一步行动。他们会对任何不能得到那种支持的行动感到不安,而且他们会引述这一点本身作为不采取该行动的理由。根据宽松的原则,法官有时乐意在决策时采取未得到这种支持的行动;比起不得不四处摸索搜寻以往的裁判来为他们必须采取的每一步行动辩护,明确地向一个新的方向奋力前进让他们感到不那么尴尬。[36]但是在这两种说法下,都不可避免的是,法官在从一个裁判推进到另一个裁判时,必须援用他们自己对价值观和公共道德优先项的理解。

回到政治

我希望我已经说了足够多的内容,来证实由法官作出"中立的"或"价值无涉的"裁判的想法行不通。无论法官是在解释制定法还是在遵从普通法原则,他们都不可避免地利用他们自己的价值观和政治信仰。

然而,这并不意味着法官的价值观是主导法庭的唯一价值观。问题的要点比这更微妙。法官的职责**是**遵从议会(以及法庭前辈)作出的价值裁判;在这个程度上,我们早前讨论的"传送带"理论是正确的。问题的要点是,法官不可以"中立的"或"价值无涉的"方式遵从和适用其他人的价值观。即使最具民主头脑的司法部门,即使对立法机关最恭敬的法官,也都将不得不面对解释的任务。所以,尽管议会或法官前辈所使用的语言一定会影响法官的决策因素,他面对的裁判仍然需要道德上的敏感和判断。而且即使这个裁判承认那些因素,它仍将是一个诚实而民主的公民可以表示反对的裁判。

我之前说过,让法官们清楚说明构成他们所作裁判基础的价值观和道德关切是可取的做法。不可避免的是,这些价值观和关切会影响并且在一定程度上决定他们的裁判,而且我建议他们应该对此直言不讳。他们的政治性应该是**公然透明**的。

这样做的理由是法官作出的争议性裁判对社会**很重要**,而且既然它们因为道德理由而重要,那么我们应该辨认出并讨论它们所依赖的道德基础。我们在本书中已经多次承认了英国的民主并不完美。但是,如果存在任何与民主理念相关的事情,那么它就会涉及公共讨论的事业,在这个公共讨论中,社群成员彼此之间仔细讨论在这个国家生活应有的环境。如果由当权者作出裁判,我们希望知道理由,这样我们就能评价它们,并考虑未来我们是否想要依赖这样的理由。试图将政治决策的理由隐藏于法律谜团的烟幕背后,是对我们自治能力的侮辱。正如我们在第五章末尾看到的,在一个民主国家中,法院能够履行发起和精心组织公开讨论的有益职能,但是只有当他们毫不隐瞒他们引导讨论所使用的措辞时,他们才能做到这一点。

---

[1]"一种粗暴的权力滥用"这一短语引自上诉法院法官沃特金斯勋爵(Lord Justice Watkins)的判决:*Bromley London Borough Council v. Greater London Council and another* [1982] 1 All ER 129, at 150。(该篇判例报道也包括上议院的裁判。)

[2] *R. v. London Transport Executive, ex parte GLC* [1983] 2 All ER 262.

[3]议员们的反应引自李·布里奇斯(Lee Bridges)和其他人合著的 *Legality and Local Politics* (Aldershot, Hants: Avebury, 1987), pp. 63 ff。

[4] *Hansard*: House of Commons Debates, Volume 12 (1982),

col. 418. 这段对话引自 Carol Harlow and Richard Rawlings, *Law and Administration* (London: Weidenfeld & Nicholson, 1984), pp. 334-5。

[5] J. A. G. Griffith, *The politics of the Judiciary* (Manchester University Press, 1977), p. 210.

[6] Bridges, *Legality and Local Politics*, p. 93.

[7] Harold Lasswell, *Politics: Who Gets What, When, How*, (New York: Meridian Books, 1958).

[8] 就最高水平司法部门(这个意义上)的政治,有一个精彩的描述,见于 Alan Paterson, *The Law Lords* (London: Macmillan, 1982)。

[9] 这一段中的观点均取自 Griffith, *Politics of the Judiciary*, Ch. 1。

[10] 参见第七章开头的讨论。

[11] *Liversedge v. Anderson* [1941] AC 244.

[12] *McIlkenny and others v. Chief Constable of the West Midlands* [1980] 1 QB 323.

[13] See Clive Ponting, *The Rights to Know: the Inside Story of the Belgrano Affair* (London: Sphere Books, 1985), pp. 190-1.

[14] 一个精彩的评论见于 Antony Lester, 'The Constitution: Decline and Renewal' in J. Jowell and D. Oliver (eds) *The Changing Constitution* (Oxford: Clarendon Press, 1985)。

[15] Alan Paterson, *The Law Lords*, Ch. 1.

[16] 这段来自边沁的话引自 Gerald Postema, *Bentham and the*

Common Law Tradition (Oxford: Clarendon Press, 1986), p. 277。

[17] *The Works of Jeremy Bentham*, edited by John Bowring, Volume IV, p. 315.

[18] 例如, *Anisminic Ltd. v. Foreign Compensation Commission* [1969] 2 AC 147,上议院推翻了被告委员会的决定,尽管设立该机构的制定法明确规定,"委员会根据该法案对任何申请作出的裁决不得被任何法庭质疑"。

[19] 类似地,在美国,是首席大法官马歇尔在具有里程碑意义的"马伯里诉麦迪逊案"(*Marbury v. Madison*)中采取的行动,建立起了最高法院可以审查和推翻违宪法律的原则。1787年宪法对这一影响并未做明确表述。

[20] 罗纳德·德沃金强调了反对向立法者意图寻求帮助的论点,见于 Ronald Dworkin, *Law's Empire* London: Fontana, 1986), Ch. 9。

[21] 第五条第一款规定,伦敦运输局在履行其职能时应"适当考虑运营的效率、经济和安全,以提供或保证所提供的这种公共客运交通服务能最好地满足大伦敦当时的需求"。显然,这里也有很多需要解释的地方:例如,"需求"是仅仅包括交通需求吗?或者它也可以包括社会和环境需求吗?

[22] *Bromley LBC v. GLC* [1982]1All ER174.

[23] H. L. A.哈特对这个问题的讨论使用了"开放结构"这一术语,见于 *The Concept of Law* (Oxford: Clarendon Press, 1961), pp. 120-32。

[24] Ronald Dworkin, *Law's Empire*.

[25] 关于这个或其他制定法解释"规则"的易于理解的讨论,参见 J. W. Harris, *Legal Philosophies* (London: Butter-worths, 1980), Ch. 12。

[26] H. L. A. Hart, *Essays in Jurisprudence and Philosophy* (Oxford: Clarendon Press, 1983), pp. 269-71.

[27] 最著名的观点是德沃金的。在他早期的著作中,德沃金认为法官应该根据原则而不是政策来裁决案件,见于 *Taking Rights Seriously* (London: Duckworth, 1977)。但是这种区分并不简单。他最新著作中的论点是,法官没有权利主动制定新政策;他们的职责,是参与并促进与社群中其他人关于该社群已经同意的政策的对话,见于 *Law's Empire* (London: Fontana, 1986), pp. 340-1。

[28] 一个精彩的讨论见于 Lon Fuller, 'The Forms and Limits of Adjudication', *Harvard Law Review*, 92 (1978)。

[29] 一个充分的讨论见于 C. K. Allen, *Law in the Making* (Oxford: University Press, 1958), Chapter Ⅲ。

[30] 上议院法官的通告值得全文引用:

> 法官们将先例的运用视做决定法律是什么,以及法律对个体案件的适用性所不可或缺的基础。它至少提供了某种程度的确定性,供个人在有序管理自己的事务时作为依据,也提供了某种基础供法律有序发展。尽管如此,法官们认识到过于严格地遵循

先例可能在特定案件中导致不正义,而且也过分限制法律的正确发展。所以他们提议改进当前的做法,提议在承认上议院先前裁判一般来说有约束力的同时,也在看来是正确的时候背离先前的裁判。对此,他们会牢记溯及既往地动摇合同、财产处分和财政安排的基础的危险性,以及刑法对确定性的特殊需求。这项通告无意影响上议院之外其他法院对先例的运用。[1966] WLR 1234.

关于宣告这个实践的背景和上议院法官看待该宣告的方式,有一个精彩的讨论,见于 Paterson, *The Law Lords*, Ch. 6.

[31] 在美国的一个案件里法院就是这样裁判的。1903 年的 *Union Pacific Railway v. Cappier* 案(参见 66 Kan. 649)。卡皮耶先生(Cappier)在横穿铁轨时被一列火车撞倒,看见他受伤的铁路雇员没能及时停车并救治他的伤处。当他的遗孀起诉铁路公司时,堪萨斯最高法院判定不存在救助受伤横穿铁轨者的法律义务,并因此驳回了她的请求。[我为这个例子感谢迈克尔·穆尔(Michael Moore)。]

[32] Edmund Burke, *Reflections on the Revolution in France* (1790; Harmondsworth: Penguin Books, 1969), pp. 182-3.

[33] 政治学家当然查找了这些信息,不仅形成了预测司法行为的正式模型,还形成了"自由主义"和"保守主义"的非正式分类,来指引我们对某个特定法官将会采取什么观点做出简略(rough-and-

ready)预言。尽管如此,正如加德纳勋爵(Lord Gardiner)在一次采访中评论的那样:"没有什么比人们找到一个事务律师(咨询)时,律师说'我没法告诉你答案是什么。这完全取决于我们撞上哪个法官'更糟糕的了。"(Paterson, *The Law Lords*, p. 125.)

[34] "在法官反对既有裁判但是又不能推翻既有裁判的情况下,法院倾向于依据不充分的理由将它(和手边的案件)区分开来,法院的这种做法是臭名昭著的……但是这必定会导致一种不确定性,因为没有人能提前说法院在审理某一特定案件时会不会感到应该服从旧有的且令人不满的裁判。总的来说,我认为推翻这样一个裁判似乎会促进而不会损害法律的确定性。"(Lord Reid in *Jones v. Secretary of State for Social Services* [1972] AC 966.)

[35] Benjamin Cardozo, *The Growth of the Law* (New Haven, Conn.: Yale University Press, 1924), p. 66.

[36] 在1966年的实践陈述(1966 Practice Statement)之前,里德勋爵(Lord Reid)已经在一份裁判的论述中说过:"我的法官同仁们,不得不以这种方式摸索出一个裁判是非常令人不满的,但是,这样做的需求,产生于上议院禁止自身重新考虑任何它自己所作裁判的事实。重要的不是找到一个先前案件的**判决依据**(ratio decidendi)有多困难,而是必须要找到**判决依据**(ratio)。"(*Nash v. Tamplin* [1952] AC 250; quoted in Paterson, *The Law Lords*, p. 147.)

第七章
第6堂课　违反法律

泰勒诉全国矿工工会案(Taylor v. Num)

在 1984—1985 年的矿工大罢工中,全国矿工工会(National Union of Mineworkers,以下简称 NUM)力图关闭英国每一处矿井和采煤场。这场罢工并非是为了更高的工资或者更好的工作条件;矿工开始罢工是为了挑战政府关于停止矿井生产的政策,英国国家煤炭局认为这些矿井对于煤矿业的盈利没有足够的贡献。凭借着受政策影响区域普通煤矿工人的压倒性支持,工会领导人阿瑟·斯卡吉尔(Arthur Scargill)和米克·麦加希(Mick McGahey)宣布展开全国性罢工以反对关闭"不盈利"矿井,并且号召 NUM 的所有成员以及所有相关的工会不要逾越他们设置的纠察线。直到 NUM 承认失败,这场罢工持续了一年多。对于矿工而言,它是充满艰难的时期;对于政府而言,它是困难和窘迫的时期;纠察线上发生了大量的冲突,数不清的逮捕和伤害,并且实际上有一至两人死亡。尽管在整个争论的过程中一些采煤区(的矿工)对罢工的支持始终坚定,但在其他地区也存在反对意见。1984年中期,非正式团体"复工矿工"逐渐兴起。这些团体的活动对于NUM最终的失败起了很大的作用。

工会相当依赖纪律和组织,并且每一个工会都有载明行动和决策程序的规则手册。NUM手册第43条表明:

> 只有在会议决议过程中,成员们无记名投票的结果是全国性罢工时,才能开始一项全国性的罢工。而且除非那些参与无记名投票的人中有55%的人支持这项罢工,否则不能宣布罢工。

无论是在1984—1985年的争端快要爆发之前还是在争端过程中,NUM都不曾举行过全国性的无记名投票。NUM的成员以及外部人士都因这项过失批评工会领导人。但NUM主席阿瑟·斯卡吉尔有理由警惕全国性无记名投票。他的方式相对于他的很多成员更为激进,他在1983年号召过反对关闭矿井的罢工,但遭到否决。所以,相反,1984—1985年罢工开始的基础变为全国执行委员会提出的一项决议,该委员会得到了多个区域性无记名投票的支持。

1984年的9月,一个复工矿工团体的两位成员,罗伯特·泰勒(Robert Taylor)和肯·福尔斯通(Ken Foulstone)前往伦敦高等法院寻求这样一项判决,即只要未举行全国性的无记名投票,罢工就是"非法的"。"非法的"在此并不意指"犯罪";它意指未能遵守工会的规则。但是,泰勒和福尔斯通还要求禁制令来抑制他们地区(约克郡)的工会表现得好像罢工是官方的行动。

在法庭上,尼科尔斯(Nicholls)大法官驳回了 NUM 的主张:第 43 条不适用于这次罢工,因为这次罢工不是"全国性的罢工",而是一系列协调一致的地区行动。他发布了复工矿工所希望的判决和禁制令。NUM 现在面临着一个法院命令,该命令禁止它指示其成员不工作以及不逾越纠察线,而且该命令禁止工会对任何复工工人采取处罚行动。(在威尔士、德比郡及其他地区,工人提起类似的诉讼,法院也发布了类似的禁制令)。

工会提出了违抗性的回应。阿瑟·斯卡吉尔宣称:

> 我将相当明晰地表达以下内容:这个工会内的任何矿工,如果不顾工会的指示越过纠察线,就有被依据我们的规则加以处罚的危险。而且,没有高等法院的法官会剥夺我们处理内部事务的民主权利。我们是一个独立的民主工会。

得知上述言论之后，泰勒和福尔斯通重返法院，寻求判决来认定斯卡吉尔的言论相当于藐视(法院命令)。大法官给斯卡吉尔5天时间，让他在出庭解释他和NUM为什么不应因违抗行为遭到处罚之前，考虑一下他的立场。斯卡吉尔的回应如下：

> 如果要选择是在本顿维尔监狱或者其他监狱服刑一段时间，还是在因为背叛我的阶级而造成的心灵禁锢中生活，我选择站在我的阶级和我的工会这边。

这场罢工继续被NUM的领导层视为官方行动。

当斯卡吉尔未在指定的那天出现在法庭上时，他被处以罚金1 000英镑，工会被处以罚金20万英镑。尼科尔斯大法官评论道：

> 一个拥有众多成员的、大型的而且强有力的工会已经决定自视超越法律……如果法院的命令就这样成为一纸空文——这样的一个机构公开反复地违抗法院命令却不受惩罚，那么，法治在哪里？

该工会拒绝支付罚金(尽管在一位匿名的"祝福者"支付了斯卡吉尔的罚金后，斯卡吉尔被救出牢狱)。随后，泰勒和福尔斯通一再迫切要求没收(法律术语是"扣押")NUM 的资产。斯卡吉尔的回应仍然是违抗性的："你不能扣押一个观点或者监禁一个信念,这一点还没有渗入这个政府和司法部门的头脑中。"一个月之后,法院指派一名官方接管人处理 NUM 的财产和事务。法院判定,由于工会的受托人(斯卡吉尔和麦加希)的意图明显是"继续严重而故意地藐视法院命令,这会置其掌管的工会资金于危险中",因此斯卡吉尔和麦加希"并非是掌管他人财产的合适人选"。阿瑟·斯卡吉尔反驳道,工会要在藐视法院命令与藐视自己的成员和传统之间做出选择。

由于违抗法律,NUM 看起来失去的不仅是钱财。它失去了大量的公众支持。《每日镜报》(*Daily Mirror*)说:

> 阿瑟·斯卡吉尔先生以及矿工们的执行官已经违反了法律,必须承担后果。这不是一部托利党的法律。这是一部英国的法律。这并不意味着服从托利党的政府而是意味着服从议会政府。

工党领导者们呼吁 NUM 遵守法律,显然他们认识到,对于斯卡吉尔违抗法律的热情不可能增加他们自身的选举机会。甚至当斯卡吉尔面临扣押而请求支持时,其他的工会也退缩了。

对于这些左翼组织中的任何一个来说,违反法律和违抗法院都远远超出了他们本想做的。[1]

NUM 的案件和他们对高等法院的违抗提出了很多我们在第二章考虑过的问题。法律是高于政党政治以及劳资冲突中各派系的中立仲裁者吗?或者法律本身是对某些偏私价值的反映?对于那些拒绝这些价值的人来说,法律也因此成为他们正当的抵抗目标吗?在第二章中,我们用克莱克罗斯镇案大体处理了这些问题。在这一章中,我们将更直接面对有关服从和违抗法律的道德问题。

构建道德问题

众所周知,如果你违反法律,你可能会遭受处罚。在普通条款的情形中,该惩罚在制定法设定的范围之内。在违抗法院指令(藐视法庭)的情形中,惩罚则可能是无限多的。法律基于一些理由规定这些惩罚,但其中突出的理由还是**威慑**人们使其不违反法律,给他们一个自利的服从理由。人们能在权衡中拿这个服从理由跟他们可能拥有的任何不服从理由进行比较。当一个人因惩罚遭受的伤害超过其能从违法中获得的利益时,惩罚就可能威慑到他——尽管我们当然必须对威慑性大打折扣,因为违法者可能不会被发现,或者他有罪的时候也可能不会被定罪。(比如,那些试图吸食大麻的人可能并不真认为会被抓住,因此惩罚的威慑效果几乎为零。)

这让我们觉得,立法者好像希望我们在处理特定法律时做一个成本—收益分析。那么为什么在他们和公众讨论违法时,违法似乎是一个巨大的**道德**缺陷而不仅仅是对个人利益带有个人色彩的计算?也许违法者有一项他正在违反的法律义务,以及一个由于违法而要承担惩罚的法律责任。但是为什么也说他已经违反了一个道德义务,并且应该遭受道德惩罚呢?直接地说:我们为什么对人们说违法不仅是不合法的,也是**错误的**?如果他们知道惩罚是什么,并且愿意冒被抓住的危险,那道德与此有什么关系呢?

我们必须一开始就意识到关于违法存在两种不同的道德理由:(1)关于法律内容的道德理由和(2)关于合法性本身的道德理由。我们需要将它们分开考虑。

(1) 关于法律内容的道德理由

通常,法律所禁止之事是道德上错误的事情,所命令之事是道德上正确的事情。如果我打算违反禁止谋杀、贩毒或者醉驾的法律,那么我正打算做错误的事情。但这不是因为**违法**是错误的;而是因为即使完全脱离其法律后果来考虑,杀人、贩毒以及醉驾也都是错误的。在所有这些情形中,道德责任应该比我所拥有的任何个人诱惑都更为重要。我可能认为醉酒驾车回家对我有好处,而且值得冒被抓住的危险,但是,我对他人造成的危险比我出行的不便更为重要。

(2) 关于合法性本身的理由

在其他情形下,我们认为做法律禁止做的事情是错误的,并不是因为(或者不仅仅是因为)法律所禁止之事是错误的事情,而是因为我们认为不合法或者说非法本身就是一个因素。在这些情形中我们通常认为,人们应该遵守法律,例如,是因为合法性对秩序而言是必要的,或者是因为法律是得到大多数人支持才得以通过的,或者是因为如果某机构没有最终决定权社会就将会崩溃,或者是因为他们已经同意受其约束,或者是因为我们需要某种稳定的行动框架而法律提供了一种。如果我们认为像这样的理由具有说服力,那么我们遵守法律并不是因为法律所命令或者禁止之事的任何内在特征,也不是因为法律的内容,而是因为作为政治准则的法律和法律制定,无论是在一般意义上还是在这个特定领域,都具有重要性。

当就法律规则的独立道德理由存在分歧时,我们经常诉诸这些政治的或者法条主义的理由。举例而言,如果某人强烈地感到吸食大麻是堕落且错误的,他会认可第一种服从《滥用毒品法》(Misuse of Dings Act)的理由。但是大多数的吸食者并不这样认为:他们认为大麻烟是无害的,当然他们也不认为吸食大麻是不道德的。那么,要说服这些人相信他们正在做错事,你就将不得不诉诸第二种理由——关于严格意义上的合法性的理由或者是制定法律的方式。

当我们将法律内容放回到法体系本身中来看,我们也将必须诉诸第二种理由。在泰勒诉全国矿工工会案中,阿瑟·斯卡吉尔的罪行是藐视法庭——他违抗法官的明确命令。在这个层次上,认为他正在做错事的理由可能与法官最初命令的智慧或者道德性关联不大。有理智的人可能就将未经成员投票的罢工称为"官方"罢工这一做法的道德正当性意见不一。但是认为违抗和藐视是错误的理由,有可能以"我们最终必须维持法院的权威"这个观点为基础——要么有**某个人**在争端情形下作最后裁决,要么永远不可能解决任何一个争端情形。(稍后我们将会考虑这种理由是否站得住脚。)

在这章的其余部分,我将专注于第二种道德理由。我不想说第一种道德理由——有关法律内容的独立理由——是索然无味的或者不可避免是主观的。通常,正如在谋杀的情形中,它们提供最强有力的理由来抑制某些行动,法律碰巧也抑制这些行动。甚至当我们移到独立的道德理由富有争议的领域时——如吸食毒品、堕胎或者号召一场未经无记名投票的罢工——依然存在某种关于这个问题的客观真理。但是在这些情形中,我们不可避免地会提出进一步的问题,即:"不用介意法律要求的行动或禁止的行动在道德上的正确之处和错误之处,将其暂时搁置一边。'它是**法律**'这一事实是否为服从提供了一个道德论证?"接下来,我将在某种程度上详细讨论一些论证,这些论证被用来表明在这种意义上,我们有遵守法律的道德责任。

政治义务

理论家称之为政治义务问题:它是关于确定我们对于我们生活于其中的国家**负有**什么**义务**的问题。然而事实上,政治义务在某种程度上是比"违反法律是否正确"更宽泛的问题。遵守法律只是现代国家要求我们做的事情之一。有时候它也要求我们自愿参与国防;它要求我们参与其民主、司法(陪审团服务)和行政程序;它要求我们提供各种信息,而且一般情况下要求我们给予官员合作和支持。有时候,这些事情为法律所要求,但通常它们不是这样。而且即便它们是法律要求的,法律如此要求也是因为立法者相信我们对国家负有这些(道德)义务,而不是相反的情形(即因为法律如此要求所以我们对国家负有这些义务)。

在这个早期阶段,也许值得一提的是,即使在法律这方面,遵守也不是国家要求作为公民的我们做的唯一一件事。如果我们在道德上**的确**感到必须违反法律,国家也要求我们应该以某种方式违反法律;这也被视为我们政治义务的一部分。这是"**公民不服从**"这一术语在被恰当使用时应该表达的意思(尽管它经常被草率地用来指任何基于道德理由而不服从的情形)。"公民不服从"意指依然以某种方式保持公民精神的不服从,而且它通常指审慎且公共的违法行为,这种违法行为将某种重要的道德观点和平地且象征性地传达给违法者的同胞。这种不服从依然尽可能地尊重法律秩序的理念。对于 NUM 事件的反对意见之一是,斯卡吉尔和其他工会官员不仅不服从法律命令,而且就法治而言,他们的方式显示出藐视和冷漠。[2]

"立法者知道的最好"

当个人违反法律,他似乎将自己和自己的判断置于社会和立法者的判断之上:"法律不能告诉我任何事。我将用自己的判断来决定我该做什么和不该做什么。"如果这就是他所说的,社会的回应可能是:"不——你必须服从法律中的集体智慧,因为相较于你自己可能想出的,它体现了更多的经验,更多关于世界如何运行的知识,以及关于是非更好的观点。"

美国哲学家罗伯特·保罗·沃尔夫(Robert Paul Wolff)为个人主义的观点提供了一个著名的辩护。他认为每个人不仅有权利而且也有义务为自己决定做什么,而且没有人应该仅仅因为其他某个人告诉他怎么做而决定做某事(或不做某事)。沃尔夫认为,我们都有道德责任为自己的行动承担责任,而且"承担责任意味着对一个人应该做什么做最后的决定"。一个自主且负责的人有责任自己慎重考虑支持和反对各种行动的理由,因为最终他将不得不为他所做之事及其后果承担责任。正如我们所见,有时候存在独立的道德理由去做法律要求之事——如果是这样,权衡这些理由就是他作为道德行动者(moral agent)的职责,事实上也就是权衡所有与他正在思考的行动相关的事实。但是,沃尔夫继续说,某些事情是法律所命令的这个事实本身不是一个在道德上相关的事实。相反,这很好地表明了某人试图免除他的责任和挫伤他自己慎重考虑理由的努力。一个人说"就这样做,因为它是法律",就如同某人说"就这样做,因为我这么说了"。沃尔夫说,服从不仅仅是这样一个问题,即"它是这样一个问题:做他告诉你去做的事情,**因为他告诉你这样做**"。服从意味着他试图用他自己的道德推理取代你的道德推理,而这是任何负责任的个体不应该容忍的事情。[3]

我们如何回应这种论证?首先要说的是,如果情况是立法者**的确**知道的最好,那么我们就应该服从它的判断。至于沃尔夫所说的所有关于自主和责任的高尚事情,一个人在知道他自己的判断不可靠的情形中还相信他自己的判断,不可能是负责任的事情。当然,问题在于能够去识别出那些情形,而且将它们与立法机关所处位置并不比我们优越——也许更糟——的情形区分开来。

这里有一个简单的例子。我正行驶在一条不熟悉的路上,我看到有一条实心的中线指示禁止超车。我向前看,看上去能见度挺好。我是否应该相信我自己的判断而超过前面的车辆,还是我应该服从当局?也许我应该服从它们的规则。它们比我更了解这条路的形状和凸起状况,因为它们修建了这条公路,而且它们熟悉这条路隐藏的斜坡和弯曲之处。

现在有一个更为复杂的情形。我是国防部的一名职员,我偶然发现一个我认为公众应当知晓的秘密备忘录。《公务秘密法》(Official Secrets Act)第二节禁止我泄露我在工作过程中遇到的**任何**信息,尽管我不知道公开信息会造成多大损害。[4]然而,对于国家安全的紧急情况,政府知道的当然比我知道的多很多。可能存在一个我不知道的要对这条信息保密的理由：如果它被泄露，它可能成为让敌人进入我们整个机关网络的最后一块拼图。我是否应该如我在早前情形中所做的一样服从《公务秘密法》？

机密案件并非这么简单，理由之一是，尽管政府有时出于国家安全的正当理由对我们隐瞒信息，但我们确信他们有时也会出于政治利益的理由（这里的"政治"是在我们于第六章区分出来的第六种意义上说的，那是一种卑劣的意义）对我们隐瞒信息。他们这样做是为了避免困窘或者是为了在他们的成就或者意图方面误导公众。通常，他们会在这么做的时候伪称这是国家安全的问题，即使情况并非如此。所以如果一位公民完全接受政府没有根据的说辞，即这是国家安全的问题，而且政府对此知道得最全面最确切，那么他就是易受骗的。轻信在这个领域是愚蠢的。

相反，理性的做法是试图评估政府拥有保守信息秘密的正当理由的可能性。另一种可能性是他们事实上在实施邪恶的欺骗行为，欺骗那些为他们的政策投票、买单和承受痛苦的人们。人们必须在前一种可能性与后一种可能性之间进行权衡。这对于一位普通公民来说是极其困难的，而且这也是对我们政府的一种大规模控告，控告政府的滥用行为使这样的计算成为必要。有时,公民或多或少会确信政府正在掩盖真相。克莱夫·庞廷在泄露关于阿根廷巡洋舰贝尔格阿诺将军号沉没事件的信息时,就处于这样的情形之中。[5]在这种情况下,说他本应该服从当局是对政治义务话语愤世嫉俗的滥用。但是,在其他情况下事情将变得更加困难,而且诚实的人们可能会意见不一。

从道理上说,在国家安全领域中,政府所依赖的信息不能为公众所知晓。然而,在其他领域中,法律引以为基础的信息可以被普遍而公开地知晓。以禁止吸食大麻的法律为例。在科学文献中,有很多研究和文章声称大麻是相对无害的(比如,相比于合法毒品咖啡因、烟草和酒精)。同时也有很多研究声称相反的观点——吸食大麻本质上是有害的,而且可以导致吸食更危险的毒品。现在所有这些信息都可见于公共领域,并且任何识字的人都能阅读它们。在这个问题上,政府自己没有不能泄露给公民的特殊信息。

政府可能基于家长式的理由决定,鉴于大量可能的吸食者不会自寻烦恼地去阅读文献,政府无论如何都要向人们强加它自己的判断,并用惩罚来劝阻他们不吸食毒品。但是如果有人已经阅读过文献并且理解文献,那么就没有任何根据对他说:"虽然如此,立法者知道得最多。"他已经知道了立法者在此问题上可以知道的一切。如果他形成了一个不同于立法者的判断,若我们想要他遵守法律,那么我们将不得不给予他某种服从法律的其他理由。

接下来是此标题下的最后一点。马上我们将考虑"人们应该因为法律是民主的而服从法律"的观点。但是**那个**论证与基于更高级知识的论证矛盾。通常,立法者对于法律的支持不是以他自己的判断(或者任何专家建议)为基础,而是以他对其选民意见的服从为基础,我们完全可以理解他对选民意见的这种服从。如果是这样,那么一个被敦促服从法律的公民,不是在被要求服从在威斯敏斯特或白厅积累起来的更多知识,事实上是在被要求服从他的同胞投票者(fellow voters)的意见,这些同胞投票者最终会影响立法者,但是在这个问题上,可能不比他知道得更多。

法律与秩序

对于那些在某个政治环境下违反法律的人,我们经常批评道,他们的行动有可能导致社会秩序更一般的崩溃。

在很多违法的情况中,这种批评完全是太过牵强了。违反法律是我们大多数人在某个阶段都做过的事情,而且很多人多数时间都这么做。检查一下这张清单:超速;闯红灯;血管中酒精浓度超过可允许的范围却依然驾车；吸食大麻；未向税务局申报收入；隐藏应纳税商品通过海关；偷报纸；在墙上涂鸦；泄露秘密信息；甚至打人。我怀疑不存在哪怕一个读者能诚实地说他在过去的 12 个月中没有实施过上述一种或者多种行为。每年人们都实施数以百万计的上述行为。尽管它们都**违反法律**(against the law)，但天没有塌下来，无政府状态和混乱没有爆发，如我们所知文明也没有坍塌。社群似乎能够吸收相当数量的普通违法行为，同时社会秩序没有任何严重的下滑。[6]

当然，如果你将"秩序"简单定义为每个人都服从法律的情形，那么每一个违法行为都在细小的程度上减损秩序。要点在于，大量的违法行为可以在环境不出现重大恶化的情况下发生，在这些环境中大多数人得以过他们的生活、计划他们的事情和捍卫他们的个人安全。

尽管在一些情形中，上述理由是牵强附会的，然而，在其他情形中，对社会秩序崩溃的担忧应该被认真对待。例如，在矿工罢工的数月中，英国**出现了**非常严重的混乱。当一群群工人极力阻止"工贼"破坏罢工及在一些情况下阻止补给进入工厂时，当一群群警察极力保持道路开放和控制纠察队员时，大规模的罢工纠察造成了动荡不定且暴躁不安的对抗。在纠察行动与警察为限制纠察行动所采取的措施这两方面的合法性上，都存在分歧。但是，除此之外，无论根据何种"混乱"的定义，都存在严重的问题。警官们不分青红皂白地用警棍击打纠察队员和旁观者。一些纠察队员成立了"打击团伙"去殴打复工的矿工。（在一些情形中他们的行动具有杀人的性质。）各方都试图激怒对方实施暴力。欧格里夫骑兵的进攻和殴打、南约克郡警察局的燃烧弹爆炸、对用出租车搭载复工矿工的大卫·怀特（David White）的谋杀、警察分队的任意袭击——所有这些表明的情况是，两个大型的有组织的年轻群体（其中一个负有维护公共秩序的责任）在这个国家举国范围内前前后后激烈交战数月，陷入肢体争斗，所受的约束却越来越少。

在这些情况下，这场争论中任何有声望或者影响力的人都不会自信地说，他违抗法院命令的行为对法律和秩序没有任何影响。阿瑟·斯卡吉尔继续称他的罢工是"官方的"——他做出的被判定为藐视的行动——这种指称可能没有多少影响。而这位家喻户晓的名人接着在电视上说法律在阶级斗争中一文不值，这很可能加剧了混乱，并且使得人们更容易抛开正常的顾虑。此处并不能建立明晰的因果关系——或许无论如何还会出现同样的暴力；或许充满斯卡吉尔修辞的尊严使得事情比相反情况更好。但清楚的是,情况**会**变得更糟,而且在这种情形下个人行动的影响无法计算。因此,这种情形要求某种程度的谨慎和责任。斯卡吉尔确实并未煽动或者纵容暴力。但是关于法律和秩序的理由强加给我们一个更宽泛的要求。它认为人们有道德义务考虑他们所做的与法律相关的事情会产生什么影响,也有道德义务不对他们所做的事情会如何影响他人的思考和行为不管不顾。

当然,该论证依赖于违法者认识到他所引起的混乱是不称人心意的。我们通常不能理所当然地认为违法者能认识到这一点。对一些激进的工会成员而言,秩序可能意味着"资产阶级的秩序"(经济压迫得以平稳延续),而我们所担忧的无政府状态和**混乱**对他们而言可能是阶级斗争诚实且公开的真相。斯卡吉尔的违抗激发了无产阶级,使他们不再被动,转而与国家代理人进行有意识的斗争,激进的工会成员可能认为这是一件好事。我认为就这一点他们错了。如果有更多的空间,我会阐明免于恐惧和暴力冲突的自由是**每个人**都有理由期待的。但是这个争论表明,公共秩序并不必然是一个中立的观点。

民主:"一定要有规则"

很多读者会感到恼火,因为我还没有考虑到反对违反法律**最明显的**论证——该论证认为法律是由议会制定的,所以违反法律相当于拒绝议会民主。这个观点认为大多数人或者他们的代表有权利决定这些事情,而且每个人都有义务遵守多数人的决定。否则他们就是不民主的。我将在下一节考虑这个论证。首先我想考虑隐藏其后的一个重要假设。

我们不让大多数人(或者他们的代表)为我们决定每一件事。只有在**存在一个集体决定是十分重要**的情形中,我们才会让他们决定。在所得税的基本税率方面,有一个集体决定是重要的——我们不能任由人们的性子来,让一些人按一个税率支付所得税,其他人按另一个税率支付所得税。所以我们选举代表,他们聚集在议会中,代表社会作出一个单一决定。但是社会上发生的很多事情并不需要集体决定。关于宗教我们不做社会集体决定,我们将其留给每个个体去决定。关于人口政策,我们不做集体决定,那被留给各个家庭去决定。因为在诸如此类的情形下,我们不需要社会整体的决定,所以多数人统治原则和议会民主完全不适用。

通常,一个问题是否适于社会决定是有争议的。那些喜欢吸食大麻的人认为这个问题和社会无关。在矿工案件中，NUM官员坚称社会整体无需通过法律这个媒介把自己卷入工会的内部组织中。当法官认为开始罢工的决定与其规则手册中的条款相矛盾，因而判定工会不应该将这次罢工称为"官方的"，阿瑟·斯卡吉尔的回应是："没有高等法院的法官会剥夺我们处理内部事务的民主权利。我们是一个独立的民主工会。"他说的是，NUM是一个独立的机构，能够完美地处理好它自己的规则手册，非常感谢（不要多管闲事）。它并不需要政府的监督和法院的干涉。这不是有关违抗为立法者投票并且支持法院的大多数英国民众的问题。大多数人没有职责干涉私人问题，所以在这种情形中大多数人没有任何被服从的权利。[7]

这就是NUM的论证。然而，泰勒诉全国矿工工会案的判决以行政法的一条一般原则为基础——如果一个私人或者准私人的组织（比如工会）能够以一种影响其成员利益和生计的方式行动，那么法院**将会**介入，查看其是否遵守自己的规则。在只雇用工会会员的工厂里，工会惩罚可能意味着一个人不能再在其选择的行业工作。这是一个严肃的问题。"工会不是国家组织"的事实表明不是社会中所有的权力都是国家权力。法院已经表态，他们可能介入以确保任何这样的权力都被公平且负责地行使。"规则手册"的原则并不仅仅适用于工会——它适用于开除成员的政党,适用于将参加联盟橄榄球比赛的人列入黑名单的英格兰橄榄球联合会,诸如此类。社会在此鉴于权力的性质和所涉利益的重要性,假定了一个管辖权。

从某种程度上讲,我们面临出现在权利案件中的同样问题。当人们就对多数人统治的适当限制意见不一时,应当如何解决这些分歧?也许,最终,它们也必须由多数人的决定来解决(尽管在美国,正如我们所见,这些问题一般都被留给最高法院)。无论如何,值得注意的是,这些分歧与"关于此问题的法律应该是什么"的问题不同。事实是,比如,就"**如果**应该有一个国教,官方宗教应该是什么"这件事,大多数人坚持一个特定的观点。但这个事实不意味着大多数人支持存在一个国教。而且从道德正当理由的角度来看,与这些问题相关的会是完全不同的因素。

那么,大体上来说,只有在社会决定是必要且可欲的情况下,我们才应该受大多数人约束。在社会决定没有必要或者不可欲的情况中,大多数人的意志没有道德强制力。这意味着如果你想构造一个民主的理由以反对违反法律,你必须首先说明为什么正被讨论的法律领域是社会应该加以处理的领域。否则,你所求助的大多数人仅仅是一群主动干涉他人的好管闲事之徒。

让我们假设现在我们已经跨过第一个障碍。有关民主制中政治义务的论证是如何往下展开的?

我们的法律有多民主?

通常,当人们基于政治或者认真尽责的理由违反法律时,他们所做的第一件事就是质疑它的民主资格。他们认为,如果该法律是民主的,可能存在一个服从它的情形。但实际上该法律是民主的拙劣模仿,或者实际上它已经丧失了其最初所拥有的任何民主支持。尽管我们认为英国是民主国家,但我们已经(在第二章中)看到公民意志和得以实际执行的法律之间的联系是多么薄弱。我在那里提过一些显而易见的观点,即法律很少由全民投票批准,而且考虑到选择立法者的程序,在他们有多大的代表性方面也存在严重的问题。尽管存在一些证据表明,很多在1979年投票给保守党的人这么做是因为他们想要更严密地控制工会,但那远远不足以构成对1980年《就业法》(Employment Act)的民主授权,更不用说对那些成为违法问题症结的二级纠察的特定细节构成民主授权。关于这种法律,我们能说的至多是,它们出现于我们在本国所拥有的相当间接和实用的选举政府的体系。而且如果我们认为存在不违反法律的道德情形，那么我们应该小心不要将在英国环境中并不现实的民主预设作为该情形的基础。

第二件要注意的事情是，就特定措施展开公共讨论的机会通常十分有限。经典案件是《公务保密法》，近些年来关于政治不服从的一些最著名的案件都涉及这部法律。这部将臭名昭著的第二节引入英国法律的1911年法案在40分钟内走完了它的所有立法路程，而第二节根本没有得到讨论。法律的这个变化并未在任何选举运动中被提及，而且副陆军大臣只告诉下议院，根据这个新措施，"没有任何国王陛下的忠实臣民要承受哪怕是最少的使其自由遭到任何程度和特定程度侵害的风险"。[8]

《公务保密法》也表明了第三个要点。制定法在其所拥有的公众支持消失很久之后仍会停留在书本上（假设它们原先有一些支持）。我们仍然受《公务保密法》约束，尽管所有的政党都已呼吁对其进行改革。在英格兰仍然生效的最早法令要追溯到1236年。[9]显然，任何来自民主的理由都不能同样好地适用于我们所有的法律。

最后一个要点最为重要。我们很少处理直接且简单的不服从情形，即不服从由民主议会通过的公认的法定禁止条款。

作为哲学家,使用"违反法律"这个简单术语无伤大雅;但是作为英国真实政治世界的学生,我们应该注意,这个术语包含非常多样的情形。

一个错综复杂的例子可以作为例证。1980年《就业法》规定了工人在自己的工作场所之外进行纠察是非法的;也就是说,它使得"二级纠察"成为非法行为。但是"非法"不意指犯罪。它意指"不受工会所享有的一般豁免保护,这种豁免使得工会不会因干涉合同关系被起诉侵权"。如果某人进行二级纠察,他显然会将自己置于民事赔偿诉讼的可能性中。但这是否意味着他在违抗大多数人而表现得不民主?假设一位雇主得到一位法官发布的禁止二级纠察员实施上述侵权行为的禁制令。他们违抗该禁制令;换言之,他们不服从该法官。法官不是民选代表。那么他们的不服从是一种对民主的有意冒犯吗?复杂之处并不到此为止。就业部在1980年《就业法》之下颁布了实施细则,规定无论在什么地方,纠察队员都不得超过六人。《就业法》中没有关于该内容的规则,也没有人为就业部的官员们投票。如果一名纠察队员忽视该指导方针,他就是不民主的吗?此外,一名警察巡官主动指令将纠察队员移出大门,因为他认为破坏和平的情况即将发生。这是否即将发生是见仁见智的问题,而且纠察队员不同意该巡警的看法。他们是在藐视法律吗？他们是不民主的吗？

我提到所有这些可能性并不是想迷惑读者，而是想使读者充分理解这一点，即当违法在政治上显得重要的时候，很少有界定得很好的民主问题便充满分歧。就为什么违反法律是错误的(或者可能是正确的)，我们想要给出的任何论证都必须敏感于民主因素可能适用的各种方式。

为什么应该由大多数人统治？

已经说了这些，让我们一起来考虑民主论证最强有力的根据，去看看其中有没有什么重要的东西。假设一项措施明显获得了多数人的支持。那么，为什么少数人要在他们不同意大多数人的决定时服从该决定？如果我们在这种情况中找不到似乎有道理的论证，我们肯定也找不到一个足够强大的论证，护送我们穿过前述情形的混乱和复杂。

关于民主义务的文献中有三个相关的答案——一个以**结果**为基础，一个以**公平**为基础，还有一个以**同意**为基础。

结　果

在某个问题上遵守决定的理由之一是，这是**道德上最佳**的决定。现在，我们大多认可以下的观点，即多数人并不总是正确,所以我们不大可能相信这是服从大多数人统治的理由。但是如果我们仅仅想看一下"多数人**更可能**正确"这个观点错在哪里,或许我们应该简短地思考一下这个观点。

功利主义者相信在政治中正确的事情是提升最大多数人的最大幸福。[10]如果你相信这种说法,并且你相信在自己的幸福方面人们是权威,那么你可能有某种理由相信,根据功利主义的理由,大多数人支持的选择比少数人支持的选择更好。大多数人知道他们的真正幸福在哪里,并且投票支持它。很遗憾少数人不得不承受痛苦(因为**他们**的真正幸福依赖于其他措施);但至少大多数人统治的原则使世界上痛苦的数量降至最低。因此,少数人服从多数人决定的义务完全是他们的功利主义义务,即参与人类幸福最大化过程。

但是,即便在其最佳解释下,这个论证也充满着令人难以置信的假设。首先,只有你接受功利主义关于什么对什么错的理论,它才有效,而正如我们在第五章看到的,很多人并不接受该理论。第二,它以下面这个假设为基础,即投票者可以提前可靠地分辨一部给定的法律是否能在未来使他们幸福或者不幸。第三,它依赖于这个假设,即人们基于纯粹的自利投票支持或者反对特定措施;如果人们开始基于他们认为能够使邻居幸福的东西投票,那么按照这个情况,这个论证完全会崩溃。第四,它忽略了一个事实,即一部给定的法律对不同的人产生的影响可能是不同程度的。如果我们仅仅可以投票"是"或者"否",我们就不可能表达出该法律将给我们带来**多少幸福或者不幸福**。对某个人来说,一项措施可能只是使他非常温和的偏好遭遇危险,但对另一个人来说,该措施却可能严重影响他的幸福,这两个人的投票却在多数主义计算中价值相等。如果一部法律对少数人造成可怕的痛苦,却能稍微改观多数人中每位成员的境况,谁能说这个多数人决定必然是最好的?在这种情况下,究竟为什么少数人应该顺从其他人呢?所以功利主义和多数主义之间的一致性可能相当不可靠。

除了功利主义的论证,其他唯一一个认为"多数人可能正确"的理由,与争论的变化性有关。当一个提案第一次被提出供讨论时,一些人会支持它,而另一些人会反对它。在这个阶段分布是任意的;没有理由认为那个碰巧有最大多数支持者的一方是正确的。但是,假设现在继而发生一场讨论,双方都尽力用理由去说服对方。如果在该问题中可能存在理性的论证,而且如果总体上来说,讨论所涉及的人易受理性论证的影响,那么我们就会期待在讨论的最后,更能得到理性辩护的观点会是能得到更多支持的观点。当然,这两者都是大大的"假设"。在很多政治分歧中,好论证的标准和问题本身一样充满争议性。而且,这个论证也假设,总体上说,人们不是愚蠢或迟钝的,并且假设他们将用大脑而不是用胃投票。这可能不是一个合理的假设。但至少这个理由值得考虑。

公　平

如果多数人投票不能保证最好的结果,它本身仍然可能是最公平的程序。在某些问题上人们达成一个决定是重要的。当人们在这样的问题上存在分歧时,遵从多数人的意志似乎是自然而然的做法。但是事实上,要说明情况**为什么**如此是非常困难的。

要说明多数人统治是一个**公平的**程序并不困难。如果对于社会而言达成一个决定是重要的,而且对于这个决定应该是什么存在分歧,那么多数人统治原则具有下面这些优势,它将每个人的观点都纳入考虑,它平等地对待所有观点,而且它满足合理性的基本约束(比如它暗示,如果一个人支持一项提案而无人反对,那么我们应该采纳这项提案)。

但是要说明多数人统治应该优于其他某种程序——比如在两个得到支持的提案之间投掷硬币(做决定),或者让争论者用战斗解决问题——就要困难得多。哲学家约翰·洛克

(John Locke)建议"团体必然应该朝最强大力量带它去的地方前进,也就是多数人的同意"。[11]但这使得投票听起来像是战斗的代替品——显然并非如此——而且无论如何,这使少数人的义务降低为仅仅要遵循"强权即公理"的原则,而不是别的更具道德性的义务。我认为我们不得不面对这样一个事实,即基于首要的原则找到一条哲学证据论证多数人统治的公平性是困难的。多数人统治是给我们留下公平印象的事情之一,但是除此之外,对它没有什么更多的东西可说了。

同 意

如果我说我将要做某事,并且人们信赖我的承诺,后来我食言在道德上就是错误的。遵守诺言是道德义务的基础。政治理论家已经试图将类似的推理适用到投票上。如果我在全民投票或者其他某种决策程序中投票,那么我是在向我的同胞默示:"你们可以放心,我将会遵守结果"。他们将这样诠释我的行动,而且他们将在决定自己如何投票的过程中以我的默示承诺为基础。毕竟,如果他们认为投票不会**解决**任何事情,他们的投票就没有意义。所以,该论证接着说,通过投票,我默示地同意其结果,并且这个默示同意相当于同意受约束。

有人反对说"投票者没有**说**他将遵守结果",这毫无意义。

我们都知道存在默示承诺这样的事情,而且我们知道人们经常依赖默示承诺。当人们依赖默示承诺,做出令他们产生这种依赖的行为的人有道德责任按照他给出的印象行事到底。澳大利亚哲学家彼得·辛格(Peter Singer)引用了一个好例子:

> 一群人可能出去喝几杯酒。这群人中的一位成员为每个人买了第一轮的酒,然后第二位成员做了同样的事,然后大家依次这样做。在这群人中的大部分成员已经这样做了之后,一位成员,他已经接受了其他成员给他买的酒,却拒绝给其他任何人买酒,那么他将会被认为表现得差劲。有人可能会说他有义务为他人买酒。这种义务实际上并非由同意买酒产生,因为这个人可能从来没有同意这样做,不管是明确地(告诉大家)还是他自己这么想。他甚至可能打算自始至终都由其他人付费喝酒。然而,通过一种特定的方式行动,一个人可能会卷入一项义务,而且不能以"我从未同意过"作为不履行义务的辩护。[12]

然而,如果它能类比于政治义务,那么我们不得不承认个人或者少数群体有可能想要退出。如果不想负担他那一轮酒钱的人,在一开始就已经告诉他的朋友,"注意,我不会为其他任何人买酒,但如果你仍然想为我买酒,那我接受你为我买酒",他将不会做错任何事情。关于默示承诺,重要的事情是不要给一个错误的印象,他人可能会依赖这个印象。但是如果这个人一开始就确切表明他的立场,那么他的朋友们就很难反过来抱怨说他们指望他在他那一轮买单。通过类比推理,一个人在他投票的时候向他的同胞宣告以下内容应该是可能的:"不要误信任何东西。我将在这次全民投票中投票,但是如果这个结果不是我投票支持的结果,我无意遵守该结果。我已经提醒你们了。"如果他提前足够明确且公开地做出这个宣告,那我们就很难说他的投票意味着同意且我们可以指望他遵从结果。

根据同样的理由,看起来在全民投票中没有投票的某人——弃权者——没有遵从结果的义务。**他**没有给出一种印象,让人误以为他有意愿遵从。事实上,他根本没有给出任何印象,而且可能的是,本来在问题没有出现的时候他会怎样行动,现在他还是怎样行动。

通常人们对投票的确显示出上述某一种态度。革命共产主义者可能认为投票是一种伪装,而且在道德上他们通过投票没有做出什么承诺。如果他们参与投票,他们的参与只是一种战术策略——因为直到革命到来,这暂且是他们能对政治产生任何影响的唯一方式。如果他们的观点众所周知,他们的同胞就不会抱怨说自己被误导了。类似地,常见的是,激进团体呼吁抵制一场选举,恰恰是为了剥夺选举的任何正当性。如果数量可观的区域人口拒绝投票,他们会说,该选举什么都没有解决,而且没有人受该结果约束。

如果被施压,大多数人会相信即使这些弃权投票的人(安静地或者吵闹地)有接受该结果的道德义务——至少在像我们这样的社会中。这只是一厢情愿的想法;他们有这种偏见而且他们希望有一个道德理由为它辩护。让我们看看他们会展示什么。为了形成即使**非投票者也有义务服从**的观点,他们不仅必须说明投票是一个公平程序,而且必须说明投票的公平性在某种意义上**非常吸引人**。他们既必须说明投票会引起一项义务,还必须说明我们有责任或义务参与这个程序,而且反过来,这个程序足以产生一项遵从结果的义务,即使因为某种理由我们决定弃权。他们可能会怎样论证这一点呢?

我们的背景社会责任

记住我们一开始的观点。在任何这些关于民主的论证开始前,我们首先不得不说明,在所谈论的问题上,社会**需要**一个决定。这意味着什么?当我们说社会在某种问题上需要一个决定意味着什么？

我们意指的一件事是，如果我们不达成一个决定，人们可能会受到伤害，社会生活可能会恶化（人们的前景可能渺茫，不正义可能肆意增加，惶惑可能盛行，期待可能举步维艰，等等）。生活在我们社会中的人们应该关心这些，即使他们不属于那些会因未在该问题上达成社会决定而遭受痛苦的人。因此，他们应该尽他们所能，使得一个社会决定变得可能。我将把这个称为他们的"背景社会责任"。我们可以讨论人们**为什么**有这项责任。理由部分涉及利他性的道德内容——我们应该**关心**他人，至少在某种程度上；而且当任务不太艰巨时我们应该做我们力所能及的，以使他们的生活过得去。这是我们对全人类负有的一项一般责任，但是它特别适用于那些命运受我们行为影响的人，就如同我们政治社群的成员受我们的行为影响那样。我们和我们的同胞发现我们被一个框架约束在一起，该框架使得生活有可能对所有人来说都是可容忍的。如果没有非常好的理由，我们就不应该轻蔑地拒绝这个机会。

其他理由可能不那么直接地利他，相反，诉诸我们对于此社群中曾帮助我们让生活过得去的人所欠的感激之情和互惠之情。有些甚至是自利的理由——存在某些方式，只有每个人都确定所有人或者他们的大多数同胞将参与该合作计划，所有人才都可以借助这些方式从社会合作中受益。基于这些理由——沿着这些路径还有很多能说的内容——假定一项每个人都必须履行的背景性的社会合作责任,看上去并不是不合理的。

该责任是和其他人一起参与合理的合作计划以改善所有人的生活环境。然而,就社会合作计划应该是什么,通常持续存在分歧。当分歧发生时,尽管存在分歧,也必须有一个达成决定的程序。民主投票就是这样的一种程序,而且它是一个公平的程序。但是,投票**本身**不解决社会问题;只有投票结果实际地解决问题,投票才满足我们对社会决定的需要。同时,只有当人们普遍接受并遵从结果,上述情况才能发生。

参与这样一种决定程序的人向他的同胞表明他们可以信赖他这样做。他给他们一个可以信赖他的印象,而且这是那个为人熟悉的"投票类似于承诺"论证的基础。但是,我称为背景社会责任的东西让人们相信,无论如何**应该能够**信赖他人会去这么做。民众有权利期待他人会和他们一起参与旨在解决社会真正问题的公平程序。大声宣告你要弃权,或者你的投票只是一个愤世嫉俗的策略而不应该被用来约束你,这样的做法会驱散其他人认为**可以**信赖你的任何错觉。但是这并不能反驳"他们**本该能够**依赖你"的道德观点。而且,这将成为你违反法律时他们进行道德责备的基础。

我发现这个论证颇有道理而且有吸引力,尤其是因为相比于有关义务和同意的传统论证,它看上去更加灵活,对例外和程度上的差别更加开放。[13]

这个论证有吸引力,因为它**实际**运用了民主和同意的理念——政治义务的讨论经常虚假地利用这些理念。它的确体现了一种传统的观点,即在选举或者参与全民投票的人,向同胞投票者做出了某种承诺。但是该论证没有将服从的责任完全地建立于这个观点之上。相反,它让我们注意最初做出这个承诺时所具有的道德理由。如果投票中确实存在合意行为,那么投票中的合意行为就以这种方式,在决定公民在道德上应该做什么的过程中担任不那么偶然和不那么专断的角色。

这个论证也因为没有将服从责任描述为全有全无之事而具有吸引力。这项责任可能看似合理地适用于某些情形,但却不能适用于其他情形。法律声称要在某个领域约束我们。如果在这个领域中,社会管理不是必要的,也不是值得期许的,那么该论证就没有任何力量。但是如果在这个领域里(比如纠察或者交通管制),除非大家普遍接受某些惯例和约束,否则生活环境可能会显著恶化,那么这个论证就有相当大的力量。换句话说,这个论证(的效力)敏感于在这些问题上出现分歧的可能性。它澄清而不是隐藏某些道德因素,这些道德因素可能使得持有善良意愿和真诚判断的人认为一部特定的法律无权向他要求什么。

相应地,这个论证也使附着于服从和不服从的道德重要性有所变动。即使面对分歧,我们也应该达成一个社会决定,这在某些情形中可能比在另一些情形中更加重要。他人能够依赖你去促成决定的重要性,可能依情况而变。这一点很重要,因为驱使我们违法的因素通常也是道德因素。例如,阿瑟·斯卡吉尔违抗法律有利他主义的理由和团结一致的理由,而不仅仅是自利的理由。我们服从法律的义务不是我们所拥有的唯一的道德义务。如果我们的义务发生冲突,关键就是要拥有一些途径去思考它们的相对重要性,而当前的这个论证提供了一个有用的判断标准,用以判断当一个人思考违反法律是否正确的时候,处于风险中的可能是什么。[14]

最重要的是,这个论证看上去非常符合我们的一般主题,即试图寻找思考法律的方法,这个方法不将法律视为高于我们的事物,而认为我们可以将法律视为**我们的**,是我们一起建造出来让社会生活变得更好的事物。当然,也存在这样一些情形,其中,法律的意象完全令人难以置信。我们所面对的很多法律,既不是由我们制定的,也不是为我们制定的。对于这些情形,这个论证也有优势。坚持认为我们总是必须要服从法律的人竭尽花言巧语说服我们。现实却夺走这些花言巧语所拥有的任何一点实质的道德力量。在那些人的花言巧语和现实之间存在落差,而背景社会责任理由的优势是帮助我们度量该落差的不幸程度。

---

[1] 这些信息免费引自 Alex Callinicos and Mike Simons, *The Great Strike: the Miners' Strike of 1984—5 and its Lessons* (London: Socialist Worker Publications, 1985) and K. D. Ewing, 'The Strike, the Courts and Rule-Books', *Industrial Law Journal*, 14(1985), pp. 160-75。[尼科尔斯大法官的裁判报道在 *Taylor v. NUM* (*Yorkshire Area*) [1985] IRLR 445。]

[2] 关于公民不服从,一个精彩的讨论见于 John Rawls, *A Theory of Justice*(Oxford University Press, 1971), pp. 350-91。罗尔斯正确地推断出,对**公民性**(civilly)不服从的要求只适用于非根本不公正的社会。

[3] R. P. Wolff, *In Defense of Anarchism* (New York: Harper Torchbooks, 1976), especially pp. 3-19.

[4] 我考虑的是萨拉·蒂斯德尔(Sarah Tisdall)的案子,他因为

向《卫报》(*Guardian*)泄露了一份关于国防部如何计划向公众隐瞒巡航导弹到达情况的备忘录而被起诉,并于 1984 入狱。

[5] See Clive Ponting, *The Right to Know* (London: Sphere Books, 1985).

[6] See, for example, Stuart Hall, *Policing the Crisis: Mugging the State, and Law and Order* (London: Macmillan, 1978).

[7] 这种情形是混乱的,因为该案件也关系到工会**内**的多数决。斯卡吉尔认为大多数英国人没有权利坚持要求由大多数煤矿工人作出这个罢工决定,而不是由行政部门或者地区作出该决定(就像国家没有权利坚持要求俱乐部或者是家庭民主地管理他们自身一样)。

[8] 一个很好的描述见于 Ponting, *The Right to Know*, Ch. 1。

[9] 有关牧场公用权和"特殊私生子地位"的内容见于 The Statute of Merton(20 Hen 3)。

[10] 一个关于功利主义的讨论见本书第五章。

[11] John Locke, *Two Treatises of Government* (1689; Cambridge University Press,1960), Second Treatise, section 96.

[12] Peter Singer, *Democracy and Disobedience* (Oxford University Press, 1974), p. 49.

[13] 在他的书里,A. 约翰·西蒙兹(A. John Simmonds)表明像这样的论证证实的内容太多:它们似乎产生一项责任去支持世界上任何一个合理的社会合作计划,而不仅仅是我们自己国家中的这个社会

合作计划,见于 *Moral Principles and Political Obligations*(Princeton, N. J.: Princeton University Press, 1979)。但是实际上,我认为,如果其他国家的法律和制度相当公正,我们就**的确**有一项责任去支持(或者至少不根本损害)它们;而且我们在自己的国家所负的这种责任不是**独特的**,只是在(本国)这种情况下,这种责任得到了最深刻的适用。

[14] 一个精彩的讨论见于 Michael Walzer, 'The Obligation to Disobey',载 *Obligations*: *Essays on Disobedience*, *War and Citizenship* (Cambridge, Mass.: Harvard University Press, 1970)。

第八章
第7堂课　法律体制

荒凉山庄（*Bleak House*）

174　　在那个顶部灰沉沉的古老障碍物附近，也就是在那个顶部灰沉沉的古老协会的恰当装饰物——圣殿闩——附近，这个下午是最阴冷的，大雾是最浓厚的，街道是最泥泞的。就在圣殿闩附近，在林肯律师学院大厅里，在那浓雾的正中心，大法官坐在高等法院大法官庭上。

这一天，在天地眼中，大雾再浓、泥泞再深，也永远比不上高等法院大法官庭——最可恶的白发罪人——那摸索探寻和举步维艰的境况。

在这样一个下午，如果开庭，大法官就应该像他现在这样坐在这里。他的头被雾气缭绕的光环围绕，整个人被深红色的布料和帷幔轻柔地围住；他听着一个高大的长着浓密络腮胡子的律师发言，律师声音低沉，念着冗长的案情摘要。表面上看大法官正凝视着屋顶的天窗，但是那里除了雾以外，他什么也看不见。在这样一个下午，高等法院大法官庭的几十个成员应该像他们现在这样,迷迷糊糊地着手于某个案件的某个阶段,这个案件的审理将毫无止境,它还要经历成千上万个阶段。法官使其他法官在棘手的先例上出错,摸索细节并深陷其中,他们那戴着羊毛和马鬃做成的假发的脑袋充斥着各种意见和说法却又处处碰壁,而且他们像演员那样故作严肃,假装公平。各种律师处在这个案件中,其中有两三个从父亲那里接手此案,他们的父亲都靠此案发了财。在这样一个下午,这些律师应该——现在他们不就是这样吗?——位于长长的、铺着垫子的律师席上(不过你要是想在律师席这里寻求真理的话,那就徒劳了),在书记员的红色桌子及绸袍中间排成一行,他们的面前堆积着起诉书、反起诉书、答辩状、再答辩状、禁制令、宣誓书、争执的问题、给法官助理的审查报告、法官助理的报告等等成山的昂贵且无意义的东西。很可能法院里到处点着蜡烛,数量足以造成浪费,却还是光线暗淡;很可能浓雾笼罩着庭内,好像再也出不去似的;很可能那些彩色玻璃的窗户已失去色彩,白天光线进不到这个地方;很可能街上的不知情者若从门上的玻璃窗向里面窥望,会看见森严的景象,会听见慢吞吞懒洋洋的声音从铺着软垫的高台上发出来并在屋顶上回响,然后他们就不敢进去——而此时大法官正在这个高台上观察着那个没有亮光的天窗,而那些出席者的假发正陷在雾堆中！这就是大法官庭；每个郡里都有因为它而日渐破败的住房和荒芜了的土地；各个疯人院里都有因为它而衣衫褴褛的精神失常者；各个墓地都有因为它而死去的人；还有因为它而倾家荡产的起诉人——鞋跟破烂，衣衫褴褛，遇到相识的人就借钱和乞讨；它给有钱有权的人很多手段去折磨善良的人；这样它耗尽了人们的金钱、耐心、勇气和希望，使人们心力交瘁；以至于没有一个声誉卓越的执业律师不会给出这样的警告(不是经常给出警告)："忍受任何施加于你的错误，而不是到这里来！"[1]

隆重的场面和仪式

查尔斯·狄更斯(Charles Dickens)所著《荒凉山庄》的开篇，为我们提供了一种看待法律的视角，而且这种视角在某种程度上不同于我们一直以来采取的视角。我们已经讨论过法治、用合法性约束来限制权力的智慧、法律能够作为一种追求社会政策实现的灵敏体制起作用的方式、争论的解决、守法义务，以及最重要的——我们所拥有的法律的理想。但是，狄更斯的作品在这里呈现的是宏伟**现实**中的法律体系。假发、绶带和诉状；形式、先例和程序；迟延、专业性、垄断、神秘；权力、浮夸、金钱;困惑、沮丧、精神失常、腐败与绝望。

的确,从狄更斯的时代以来,事情已经发生了一些变化(我认为,部分要归功于他和像他那样的人的批评)。大法官庭再也不能像在他虚构的"贾戴斯诉贾戴斯案"(*Jarndyce v. Jarndyce*)上那样拖延案件,将它们永久陷入细节的深潭中。[2] 顺便提一句,这样形容**大法官**法庭是非常有讽刺意味的,因为在 15 世纪,设立大法官审判权的初衷,正是要给那些无法从普通法法院的严格形式和复杂细节中获得正义的诉讼当事人提供救济。我认为,经历了多个世纪,为提供这种救济而设立起来的制度,其本身不可避免地变得像那些它们想要补充的制度一样僵化和专业化。无论如何,情况的确变好了一点。然而,狄更斯所强调的各种权力滥用,依旧在我们对自身法律体系一直怀有的众多担忧中回响着。

狄更斯描述的很多谎言——事实上,很多在当下依然存在——具有独特和精致的**英国式**特点,放弃其中的大多数谎言对法律本身和公共利益不会造成什么损失。一个很明显的例子是我们法庭上的服装和礼仪——中世纪法官长袍的软毛和貂皮、"马鬃假发用具"[3]、列队、祈祷式等。显然,这对公众应该会产生一些有益的影响。[4] 这里的目的(就它存在来说)大概是为了借助人们的困惑和不熟悉鼓励人们尊重法庭并遵守秩序,使用夸张的技巧使那些不幸进入法庭的人对法庭的庄严印象深刻,并且将人们的注意力从位于法官席或被告席上的人转移到他的角色的象征意义上。如果这些目的中的任何一个成功实现,那是因为公众以某种方式被各种繁文缛节欺骗,而认为他们国家的法律不是**他们的**法律,它的运行方式也不是**他们的**运行方式,并且有必要由一个特殊的创始祭司来管理法律,它就如王室成员和教皇那样远离普通人。

我们已经在第六章详尽讨论过这种对高等法院法官的崇敬,它似乎排除了法律界内部对其裁判过程的公开批判,也抑制了政治家和公众关于司法角色和司法行为的总体讨论。有种观点认为,法官必须以某种方式超越政治讨论的范围来维持他们在政治"之上"的传奇式立场。正如我们所见,我们不会接受这个观点。尽管保持司法独立可能曾经是必要的,但它现在的主要影响,甚至是使得法官在具有社会重要性的问题上更少地承担责任,更少地参与那些他们的言论本来可能产生影响的公众讨论。

法律职业的组织方式同样令人赞叹。尽管律师们总是能够按照他们的意愿自由地专门从事(某个法律领域),但是其他先进的普通法体系中,并没有像我们在这个国家中所发现的那样,保持出庭律师(barrister)和事务律师(solicitor)这两种职业之间的严格划分。要想起诉到法庭，当事人不仅必须向事务律师咨询并支付服务费用，而且事务律师接下来必须写诉讼摘要，当事人还必须向出庭律师支付进一步的服务费用，从而使案件真正呈现在法庭上。一些司法管辖区——比如澳大利亚和新西兰——保留着法律顾问和法庭诉讼代理人两种功能之间的概念区分，但是一个人可以扮演两种角色，一个事务律师可以为拥有出庭律师身份的自己准备诉讼摘要。其他国家，如美国，甚至抛弃了这种概念区分。但是在大不列颠，我们继续忍受着戴维·潘尼克（David Pannick）所称的"约束性惯例（restrictive practices），它会给最强硬的工会官员带来嫉妒的眼泪"。[5]只有在经历极度困难且能顶住强有力反对的情况下，事务律师才得以在无争议的问题上出庭，或者有可能在较高级别的司法部门获得委任。

我们可以如其他没有把传统的表演奉若神明的国家一样，通过相当直接的改革解决礼节、尊敬和特权这些问题。但是，其他一些被《荒凉山庄》的形象化描述所唤起的疑虑，却不能如此轻易地得到解决。

规则、法条主义与不正义

大多数人对于法律的担忧，以及大多数人"害怕诉讼胜过于除了生病和死亡外的几乎任何事情"[6]的理由,涉及法律语言的晦涩难懂、法律形式的专业性、仿佛已嵌入法律程序的拖延等问题,尤其是会涉及一种挥之不去的忧虑,难以压制却又极具生命力,这种忧虑是指法律并不总是提供,而且也许必然不能提供普通人希望从法律中得到的东西——正义。

不像假发的浮夸,这些担忧并不是英国特有的。很多学者认为它们对法律理念本身来说可能是常见的问题。的确,在所有这些方面,我们可以并且已经获得进步。近来,大法官们为减少拖延付出了艰苦的努力,他们通过任命更多的法官、增加法院的开庭次数、严厉处置由出庭律师造成的时间浪费现象,以及在刑事案件中尝试缩减被告在其案件被审理前羁押等待的时间,从而减少拖延。他们也努力减少某些法律领域的手续——比如在婚姻争议中用调解桌营造出的气氛来代替法庭的气氛——并降低文件的技术性。但是改革并不全面,而且正如我说过的,很多人认为,这是因为严格意义上说,这些问题引出了触及法律核心和合法性的问题,并且我们不能简单地通过改变规则或程序来处理这些问题。

我提到的这些问题——模糊性、专业性、拖延和挥之不去的不正义感——很显然彼此紧密相关。如果问一位事务律师,为什么法律语言如此晦涩,他会说法律语言是被设计来防止出现一系列专业问题的,而这些专业问题是普通人可能不会想到的,并且普通语言也不是为处理这些问题而设的。如果问这些问题是什么,他可能会提及某些法律规定细节中的漏洞和人们钻"漏洞"的方式。如果问有关拖延的问题,提问者可能得到同种回答:法律程序中的步骤之所以要花费这么长时间,是因为每一个步骤都必须得到仔细检查和核实,这与做出普通决策是不可同日而语的。用那些走捷径或者试图自己处理这些业务的人遭遇的灾难故事来取悦紧张的当事人(他们看到这种拖延——以及收到的账单——几乎无限延长),这是很容易的。困难在于,这些灾难本身似乎经常是由法律程序造成的。一个人试图转让他自己的产权,他却灾难性地以陷入古老的租赁保有权、个人财产和地役权的圈套而告终。人们不会有这样的印象:律师和法律语言保护我们免受独立存在于法律体制之外的危险(就像疫苗保护我们免患独立存在的疾病那样)。相反,看起来,我们需要出庭律师、事务律师和法律机构来保护我们,防止操控相同机构的**其他**出庭律师和事务律师侵害我们。我确信,印象有时是不公平的,而且它的产生仅仅是因为我们倾向于低估事情在社会关系中出错的独立的可能性,以及因为我们把碰巧镶嵌在法律术语中的所有难题归咎于法律本身。然而,我同样确信的是,这是一个非常普遍的印象。[7]

最重要的是,形式性、专业性和拖延诸种因素导致了这样一个普遍的看法:在法律与正义之间有一个糟糕的却可能是无法避免的裂缝。

正 义

在这本书中我没有太多地讨论**正义**的理念。像法律和政治理论中的很多概念一样,它既有较宽泛的意思,也有较狭窄的意思。

在较狭窄的意思上,我们说当法律规则(无论它们恰巧是什么)被公平、公正和正确地适用于出现的案件,正义就得到了实现。[8] 在刑法中,当那些犯下了法定罪行的人被正当地判刑和惩罚,当那些没有犯下罪行的人被宣告无罪,正义就得到了实现。在合同法中,当人们被要求根据合同法规则做他们同意做的事,或者当他们被要求去赔偿那些由于信任他们的协议而遭受损失的人,正义就得到了实现。诸如此类。显然,在这个狭窄的意义上,正义将与每个社会的规则相关。

"正义"较宽泛的意义超出了法律规则术语的限制,它追问法律所规定的结果本身是否正确。比如,一个人应该为持有大麻而受到惩罚,这是**正确的**吗?我们知道这是法律,但是法律本身是**好的**吗？一个租房住的人应该在特定的一段时期后获得租用权保障，这是正确的吗？我们知道实际情况中的法律给予他这种保障，但是它**应该**这么做吗？如果在这个问题上，它让房东和房客达成他们自己的协议，难道不会是一部**更公平**或**更好的**法律吗？正如术语所指示的那样，这些是评价性的问题、规范性的问题，事实上是道德问题。它们不是有关法律结果是什么的问题，而是关于法律结果**应该**是什么的问题。在这个宽泛的意义上，正义是法官们和律师们——就他们能够做出选择来说——应该努力实现的道德标准，而且也是我们用来评估他们的努力成果的标准。

当然这里没有太多篇幅讨论这个标准的出处。如今，在政治哲学中，正义是被讨论得最多的论题之一。[9]对一些人来说，正义体现在上帝所说的话中；对另外一些人来说，它只是反映了我们最深刻的人类关切和人类承诺。对一些人来说，正义是我们建构的一种标准，我们追问自己，如果我们拥有选择，我们会如何着手设计一个我们要居住的社会，以及对于我们在法律中实际面对的选择来说，那些规则带来什么结果。[10]对另外一些人来说，正义是暗含在我们赖以生存的社会意义里的标准，因此它是某种因文化不同而不同的东西。[11]

但是，无论背景理论是什么，人们都使用正义这一理念来引出他们用来评估法律和法律裁判的终极标准。此外,它被认为是一种强制性的标准,而不仅仅是愿望的问题。真实情况不仅仅是根据我们的哲学态度,我们本该**希望**我们的法律是公正的。关键在于如果没有正义,法律就完全缺乏任何道德品质。这不是道德奢侈或者放纵。正义标准是法律道德性的一个**必要条件**(sine qua non),如果我们有一丁点兴趣来区分良法与恶法,我们首先就应该转向考虑正义标准。[12]

  要说明那些标准实际上要求什么并不那么容易。从这里开始的每一件事情都是富有争议的。我们可以说,正义关涉在社会生活中分配最重要的利益和责任的方式。一些人富有且生活奢侈;很多人过着小康生活;但是其他人,却生活在贫困、疾病和痛苦中。正义是一种评价这些差异的途径,或者,它可能是一种评价差异如何出现的途径。类似地,社会中的一些人受到嘉奖和尊重;很多人伴着少量却令人满意的自由和自尊生活着;但是存在着另一些人,他们被判罚、被谴责,有时甚至被处死。正义也应该提供一个基本标准来评估这些情形。上述种种被谈论的差异不是微不足道的,对相关的人们来说,它们与地球上任何重要的事情一样重要。生存与死亡,疾病与健康,雄心与绝望——这些都是与正义有关的差异带来的结果。

另外一个关于正义的基本观点是,它被看做是一套**平等**的标准,即便它本身可能不注定带来经济上的平等。相同的标准以相同的方式适用于所有人。既然我们都是人类,那么我们就必须确保我们的人性主张得到恰当的尊重。人们是否得到他们应得的或者属于他们的?我们的社会中快乐与痛苦的根本差异是否以专断的区分(比如像种族或者性别)为基础,或者对于这种区分的糟糕之处,是否存在恰当的理由?我们是否拥有一个社会框架,它认真对待了那些代表每个人利益提出的主张?这些都是关乎正义的问题。

我说过,有一种挥之不去的感觉,即在法律与正义之间存在着糟糕但可能无法避免的裂缝。有这种感觉的大多数人不是政治哲学家,也不是精于(充斥在当今文献中的)正义理论的专家。他们不花时间阅读《哲学与公共事务》(*Philosophy and Public Affairs*)。他们只是有一种直觉的感受,在我们的社会中很多人正在"被剥削"或者"被欺骗"或者"被算计而得不到他们正当拥有的东西",而且法律体系的各项制度——法院、事务律师、制定法和行话——整体上倾向于使事情变得更糟,而非更好。

一种可能的解释是我们在本书开端考虑的那种。或许法律体系只是统治阶级的工具,统治阶级将该工具用作欺骗、剥削和榨取他人的手段。正义和法律之间存在裂缝的理由是，法律正被有意或无意地操纵，以实现一些群体的利益，而不利于其他群体的利益。法律完全是一项偏私的事业，感到不正义的人是站在失败者一边的人。我们没有理由相信这是错误的，在20世纪80年代末的英国就更不会相信了。然而，这仍然不是故事的全部。

很多人认为，即便在尽最大努力消灭剥削之后，甚至在革命（如果有的话）之后，法律与正义的裂缝仍然会存在。对人类政治，我们有一种根深蒂固的悲观主义，可能前面这种观点就是该悲观主义的产物——总是会有剥削者和被剥削者，自称激进或革命的解放者，最终除了让守卫者换人，其他什么都没改变。然而，一个更深层的解释是，不管我们的法学家和立法者的动机多么正义，法律事业本身总是好像达不到我们的标准。

法律与语词

我在第六章中说过，没有脱离语词及其意思的法律。在很大程度上，现代法是一项使人类行为服从制定好的言语规则的事业。我们理解互动和关系的多样性。而且我们试图利用规则来指出什么是可接受的，什么又是不可接受的，或者什么行为会导致什么结果,或者是谁将何时以及如何得到什么。而我们所利用的规则依据行为和情形的可识别特征来简要描述行为和情形。

现在,一个与此相关的难题广为人知,我们在关于法官的章节中讨论过它。如果一条规则识别出某个行动的某种特征,并且使其在法律上具有重要性(比如,"在公园里驾驶车辆的任何人可遭到不超过100英镑的罚款"),那么在我们不确定一个规定的行动在现实世界中是否实际具有那个特征的时候,或者(通常跟前面是同一回事)我们不确定这个被明确规定的特征实际上是什么意思的时候,难题就会出现。例如,玩滑板算得上是"驾驶车辆"吗?"车辆"包括"自行车"吗?诸如此类。但是和这些定义的难题一样,用言词术语明确说明什么是可接受的或不可接受的、值得拥有的或不值得拥有的,这个观点也存在更深层的难题。

一条用言词表达出来的规定,经常会将我们的注意力集中于一个行动或一种情形所拥有的极少数特征。就我们已经设想的规则而言,一旦我们确定某个行动或某种情形涉及一辆车,并且公园里有人驾驶这辆车,那就是这个规则包含的行动或情形。这不涉及驾驶者的目的或动机,也不涉及他的技巧和经验,即使在道德上评价他是否应该为他所做的受到惩罚可能关系到这二者。当然,我们也可以有一条涉及该情形中这些特征的更加复杂的规则。但是关于其他遗漏之处的抱怨可能将一直存在。"其他人正在做什么"也有关吗?公园是空旷无人还是人群拥挤?如此等等。我们没有理由认为,任何能够被掌握的规则,都能确切说明某一情形所包含的**所有**可能与其道德评价相关的特征。[13]

将规则在语言上具体化可能不是捕捉道德所要求之事的最好方式。在长时间搜寻能总结道德本质的完美原则(那些能够确切说明所有道德上相关因素的完美规则)之后,哲学家们再次漫不经心地考虑这个观点——作出道德决定可能是一项必定要"凭直觉"且相对含糊不清的事情。[14]确切定义和言语规则对表达道德洞见是不合适的,这个观点事实上一点也不新颖:

> 那人要显明自己有理,就对耶稣说:"谁是我的邻舍呢?"耶稣回答说:"有一个人从耶路撒冷下耶利哥去,落在强盗手中,他们剥去他的衣裳,把他打个半死,就丢下他走了。偶然有一个祭司,从这条路下来。看见他就从那边过去了。又有一个利未人,来到这地方,看见他,也照样从那边过去了。惟有一个撒玛利亚人,行路来到

那里;看见他就动了慈心,上前用油和酒倒在他的伤处,包裹好了……你想这三个人,哪一个是落在强盗手中的邻舍呢?"他说:"是怜悯他的。"耶稣说:"你去照样行吧。"[15] *

耶稣在被要求给出定义时,讲述了一个故事,而且我们看完后有这样一种感觉:一个善良的人会明白"做同样的事"是什么,而不用制定规则去告诉他哪些情形与善良的撒玛利亚人的情形类似,哪些与之不类似。事实上,耶稣对他当时的"犹太律法"的挑战恰恰表明,在道德上,相比于背诵经句,我们能从对寓言故事的"直觉"理解中得知更多。如果是这样,那么不可避免地,任何确切的规则似乎都不能符合我们的道德感;它似乎总是在尝试用语词确切说明某些东西,而这些东西本该被留在不直接表明的洞见和判断的层面上。

如果"寓言故事"的意象捕捉到了任何有关我们道德感的东西,那么它就有助于解释法律与正义之间持续存在的裂缝。如果我们关于正确与谬误的**感觉**是作为一种未清楚说明的倾向起作用,而非作为一条确切的原则起作用,那么即使是最优制定的规则,也总是不能符合我们关于正确与谬误的**感觉**。

---

* 此处翻译引自中文和合本《圣经》。——译注

183　的确,法律不总是包含一套刚性的言语规则。有时候,一条法律条款会规定得更为模糊,其后果也更为开放,比如"X必须**合理地**行动"或者"X必须在因素 A 和 B 之间找到**适当的平衡**",而不是规定"在 B 类情形中,X 必须做 A"。此外,正如我们在第六章讨论中所看到的那样,相较于通过推断和解释公式化的规则,普通法中的先例原则更多地是以"去做同样的事"这个方式起作用。

困难在于,在法律中常有一种压力要求用言语确切表达事情——制定规则并使原则清晰明确——在道德争论的领域,完全不存在同样程度的压力。这种压力部分是由对可预测性的渴望引起的。人们想事前知道,国家评判和处理他们行动的基础,而且事实上,在很多情形中,他们愿意为了确定性而牺牲道德中的微妙之处(moral subtlety),尤其是在他们怀疑那些掌权者不确定的道德感可能会以与他们的道德感不一致的方式起作用的时候。

在有些法律领域中,对某个人来说,让别人意识到他正意图带来一个特定的法律后果是很重要的。在这些法律领域中,情况尤其如前文所述。我们需要一条确切的规则精确地规定,比如,立有效遗嘱的条件——不是因为那些条件本身捕捉到了任何关于这项事务的道德性的重要东西,而是因为立遗嘱人能够明确地向世界说明什么可以被算做他对自己财产的处置，什么不可以，这是重要的。他的一些意愿在他死后会被认真对待和赋予法律效果，他需要一种方式标识出他对这些意愿的表述。这种对形式和证明的要求在某种程度上是仪式主义的，本身也许毫无意义，但恰恰符合那项法案。

法律与政治审议

除了前述问题，我们还需要记住法律与**政治**之间的关系，以及它们的关系如何影响法律制定这件事。

按照"政治"的一种意思，它涉及一种方式，社群成员或者他们的代表通过这种方式可以一起讨论安排他们生活的条件，并在这方面达成一致。[16]为实现这一点，他们需要能够认识到他们在讨论什么，正在提议或商讨什么。类似"公众集会规则""议会会议常规"的东西，在我们的讨论中使我们专注于各种诸如确切表达**动议**的事情，而且它们也为提出动议和修改动议规定了相当刚性的规则，这一点看起来总是有点迂腐。那样的规定有时看起来过分正式和固执。它的优点在于它允许很多有着多元观点、洞见和经验的人一起为他们的生活构建一个框架，并且彼此保证这是他们正在构建的**共同的**框架。对于立法者来说，情况的确如此。立法者需要有这样一种共同的理解,即尽管他们拥有多种多样的背景,他们正在讨论同一项措施。如果公民能够参与政治审议,向他们的立法者施加压力,并且使立法者公开地为他们的行动负责,那么,对于公民来说,情况也的确如上所述。一种共同语言的语词提供了某种协调的要点,否则可能会出现交错的目的和互相的误解,导致令人绝望的混乱。

我认为,在一个相对同质的社会中,社会体制有可能依据习俗和共享理解得以维持,这些习俗和共享理解是含糊而非确切的,为人们所理解但没有被清楚说明,由人们的社会意识构成而没有被外在地假定为某种他们可能接受或不接受的东西。一些与所谓的"新社群主义"相关的作者最近提出,现代社会在离开这些相对不明确的理解模式和组织模式时付出了很多代价。[17]我认为,我们对法律和正义之间持续存在的裂缝的感觉就是那个代价的一部分。但是社会也得到了很多。它意味着,我们甚至可以开始与不共享我们的文化背景或种族背景、我们的习俗或者诸多社会理解的人一起,在社会中生活或安排我们自己的事务。通过明确地设定有关社会秩序的规则,我们可以将它们视为某种独立于我们自身的东西,它们可以被理解,我们可以在摆脱特定先见的情况下讨论它们。毫无疑问,在这一点上存在限制。我们不能与跟我们不共享任何共同理解的人们一起参与一个或明确或不明确的社会秩序。但是伴随着确切且清楚说明的法律,我们可以走得很远。

对抗性的个人主义

我已经几次提到一种为很多激进者共有的信念,即法律不是一种"中立"模式的社会组织(不管这意指什么),而是一种有利于社会中一些成员剥削另一些成员的工具。在第二章中,我提到马克思主义者的主张:这不只是关于谁恰巧控制了这个国家的偶然事实。一些信奉马克思主义的作者认为,现代合法性的这种**形式**完全是资产阶级和资本主义的。他们说,**除了为阶级统治服务外,法律**这种形式不可能为其他目的服务。由此可知,一个真正的社会主义社会可能必须完全避开法律的形式和结构。

在某些马克思主义者笔下,比如列宁,这个论点被简单地贬低至无足轻重。如果法律被**定义**为国家的一部分,而且如果国家**只是**阶级压迫的一个工具,那么,作为一个定义问题,一旦阶级压迫被废除,社会组织自己的方式就不再被称为"法律"。[18]

但是,这一传统中的其他作者尝试主张更有趣的结论。他们认为,现代法律是对抗性的和个人主义的。法律上个体的人拥有他的(特意使用阳性形式)财产和权利,法律将此看做它的基本内容,而且法律的基础目的是识别和保护那类个体,促进资本主义市场中财产的交换和转让。苏联法学家 E. B. 帕舒卡尼斯(E. B. Pashukanis)是这个观点最有名的拥护者。(尽管他在 20 世纪 30 年代默默无闻地死去,具有讽刺意味的是,这是在斯大林发现声称相信社会主义合法性终究是明智的之后!)根据帕舒卡尼斯的观点,"法律"不应被简单地定义为规范体系,也不应该被定义为是在权威性地强加社会秩序。法律是一种特定模式的社会秩序,在这种社会秩序中,个人被提高至抽象主体的层面,被赋予权利和按照意愿彼此让与权利的能力。这样一种模式的社会秩序视所有的物品为可交换的商品而非有用的资源,将所有者简单地定义为这种可交换性发生的载体,而非有血有肉的具有人类需要和人类利益的男男女女:

> 因此,法律主体是被美化的商品的抽象拥有者。他在法律意义上的意愿,以通过获得来转让和通过转让来获利的愿望为基础。为了实现这个愿望,商品拥有者们就非常有必要在中途满足彼此的愿望。在法律术语中,这种关系被表达为在双方自主意愿之间达成的合同或者协议。所以

合同是法律的中心概念。[19]

对帕舒卡尼斯来说,所有的法律义务都与某个抽象个体的权利相对。可以说,没有无缘无故的义务,也没有仅仅由国家制定或由社会利益强加的要求。国家被认为仅仅是个体间交换及交换发生所必需的环境的保证者。法律则是据称自给自足的个体之间的一系列法律关系。

这些观点在俄国和大多数大陆社会主义国家最为熟悉的民法传统的语境中,看起来要比在英美普通法传统中更生动和更有道理。后一种传统倾向于一个案件接一个案件地、一部成文法接一部成文法地逐步发展法律,而不详细探究它们的基础假设。对比之下,在民法体系中,法律倾向于被系统地规定在文本中,而这些文本明确地以法律上的人这一观念以及该主体可能拥有的权利和义务为开端。[20]

如果我们接受这个观点,共产主义社会中存在无产者的**法律**就没有问题。无论未来社会被如何安排,它都将不会把每个人呈现为自给自足的、仅仅通过权利和义务联系在一起的原子,也不会尝试偏离经济生活中人类相互依赖与合作的现实。

现在有个广泛的一致意见,即帕舒卡尼斯对法律的理解有些狭窄,不足以涵盖大多数人用这个术语所表达的意思。有很多法律纯粹是管理和框架,我们不能从原子式个体所拥有的义务与权利之间的完美相关性来解释这些法律。如果他想避免列宁的无足轻重论,他必须主张,注定随着资本主义经济"消亡"的东西是抽象主体的个人主义法律,而不是严格意义上的法律或法律秩序。[21]

当然,帕舒卡尼斯的分析中有一些内容与我们一直在探索的关于法律的忧虑产生了共鸣。关于狄更斯的法庭,击中我们内心的,部分是程序的不真实性——借助这种抽象,有血有肉的人们变成了"当事人",他们最亲密的家庭关系被描述在充满权利、义务、令状、法律抗辩和再答辩的噩梦中,这些与生活现实相比显得极其不可思议。但是,狄更斯的法庭击中我们内心的,还有如下事实,即这套抽象概念已将自己与国家的强制力相联系,以至于因为充满假发、概念和对应物的神话般世界里所发生的事情,现实中的人们实际上走向了疯癫,或者被监禁,或者被毁灭。

与此有关联的是一种更世俗的理解,即法律以某种方式将对手放置于本不需要有对立的地方,或者导致争论的拖延。若任由这些争论自由发展,善意的人们通过一杯葡萄酒就可以解决它们。我们的统治者总是将法律体系以社会和谐守护者的形象展现给我们。但是事实上,法律经常造成不和,使人们彼此争吵,以强调有可能与其他人利益发生冲突的方式给人们下定义,同时也以类似的方式给其他人下定义。而且确定的是,人们会认为,这个世界上自我中心引发的冲突已经足够,不需要法律体系再来激化冲突。[22]

这一点所造成的印象——社会秩序体系可以使我们分裂,而不是将我们聚在一起——并非完全不准确。但是简单地将这种印象与作为经济体系的资本主义的要求相联系,会使人产生误解,而且将法律视为十足的邪恶之事是个错误。为了得到一个更好的评价,我们需要考虑法律在我们生活中占据的位置——它可以和必须占据的位置。

与法律和谐相处

如果人们如狄更斯笔下大法官庭上的执业律师建议的那样,完全**避开**法律体系——忍受任何错误,忍受任何不正义,而不是将他的案件起诉到法庭前——这是否可能,或是否值得这么做?更一般地说,严格遵循法条解决争论和实现社会秩序的途径——该途径包含了用言语表达的规则、程序规定和对抗性的对质——是不是某种无论个人还是作为一个社会,如果喜欢就可以忽视和避免使用的东西?

作为个人,在一定程度上,我们可以这么做。我们可以独自创造生活,根据我们自己的条件或者以未直接表明的信任和友谊为基础,开始与他人建立关系。如果我们的利益和其他某个人的那些利益冲突,我们可以让他随心所欲,也可以努力通过商议达成某种非正式的和解,而不是求助于法律体系。即使在人际尊重的基础结构中,当我们避免谋杀、醉酒驾驶等,我们也可以(正如我在第七章讨论的)认为我们自己是在简单地遵循道德要求,而不是在盲目地遵守外在强加的刑法命令。在所有这些情形中,我们的行动也许与法律期待的**相符**,但是即使我们很少关注法律自身的形式,那也会发生。一个无政府主义者不需要轻视法律;他仅仅是某个不认为法律自身为他提供了任何行动理由的人。

不过,这只能把我们带到这么远。一种看待法律体制的方式是将它视做退路,某种我们和他人知道,如果我们社会关系的其他方面开始出现裂痕,我们可以依赖的东西。比如,考虑如下这种情形,某个人同意另一个人居住在他的房子里。这两个人可能是朋友,而且他们完全认为这样使用这间房子是一个好主意。他们也许不认为有必要草拟一份正式的租约或者任何类似的东西,因为他们每个人都相信对方会尊重他的利益并且能公平且负责任地行动。接下来,某种意想不到的事情可能发生。也许抵押率迅速上涨,房屋所有人感觉到他必须向占用人要求支付更高的款额。也许约定的期限结束时,这个占用人生病了,那么所有人要求他离开这间房子看起来就是错的。我们都知道即使是最友好的安排,也可能因为诸如此类的意外偶发事件而以失败告终。

有人希望当事人能够以讨论的方式解决问题而不走向法律。但是如果友谊和信任开始变弱,每个人都不知道他和另一方最终以及在缺乏任何良好意愿的情况下可以坚持什么。这里,法律体制的存在不可避免地会对局势产生影响,它支配着房东和房客的关系,或者支配着发放许可证者和被发放许可证者之间的关系。

我不是说人们**必须**以法律规定的方式组织他们的关系。比如,尽管在某些情况下,英格兰的法律给房客以使用权保障,并将他的租金固定在某个水平上,没有什么可以阻止一个房客友好地同意支付更高的租金或者在某个期限结束时离开,也没有什么可以阻止他执行这项协议。这项协议也许不能被强制执行,但是那并不意味着当事人不能或不被允许遵守这项协议!然而,一项在规定使用权保障的法律背景下签订的友好协议,与在另外某种法律背景下签订的协议不是一回事。只要友谊是脆弱的并且暴露在环境的偶然性下,在每一个人内心中就都会一直存在这个问题"如果……会发生什么?"而且对它的回答至少会影响该关系的部分基础,因为它决定了朋友各方知道他最后可以指望的东西,不管这个东西是什么。

可能就处理基于互相信任构思的约定而言,这看起来是一种过于悲观和怀疑的情绪。事实上,它给予了我们很大的自由空间。它意味着我们可以如下方式开始与他人的合作,这种方式把我们的利益置于某些风险下,而不必对他们的友谊和善意有任何绝对无疑的把握。我可以利用一个朋友的房子,但是我也可以和某个陌生人、某个我刚刚遇到的人、某个我没有独立理由去信任的人,开始一个类似的约定。如果我们双方都意识到一套我们必要时可以依靠的背景假设,那么我们就可以和另一方以一种相当轻松的方式坦率地打交道;而如果我们只能面对面地评价另一方的品质(和实力),就不会实现这种打交道的方式。

考虑一下我们的生活质量在多大程度上取决于我们能自信地与陌生人共事和合作(比如使用信用卡预订一张戏剧票的交易)。亚当·斯密(Adam Smith)通过提出以下内容,开始他关于经济学的研究工作:在现代社会中,每个人"永远都需要合作以及众人的帮助,而他的整个人生仅仅足够获得少数几个人的友谊"。[23]斯密用这一观点强调人类经济中互惠式自利的作用,但是这一观点也可用来揭示不受感情影响的法律体制的重要性,而不论法律体制是否包含了自利。如果没有法律或者如果我们决心避开任何存在的法律,那么我们就会将我们与他人合作的能力削弱为如下单薄的关系:在这些关系中,无论是我们对他人的信任,还是我们的自信,都足够强大到减少我们之间事情出错的可能性。

  法律不是唯一的退路。人们有时在法律体制之外商量,他们知道没有特别法庭会强制执行他们的协议或者规定他们关系的期限。他们出卖毒品和性,他们依靠他们自己的武器,依靠他们在大街上凭空搜罗到的善意和信用,无论它们如何微薄。或者他们开始进入一段在法律上未得到定义的关系,如代孕母亲身份,并且希望事情不会出问题,他们不知道如果他们做了,从情感、对身体的占有、相邻法律及他们自己的决定这一团乱麻中会出现什么。这些约定的后果看起来可能是任意的和残忍的,取决于与正义或者道德无关的偶发事件。一个没有法律的世界是这样一个世界,在其中,伴随着我们与我们的至交建立起来的任何信任,**就**是人类合作的唯一基础。人们不必是资本主义的拥护者就可以发现那种情况下的局限性。[24]

当然，就我们所说的而言，法律本身可能不会更好。大多数法律体系的历史充斥着以下这些人的例子，他们认为自己能够依赖法律，最终却任由更强大或更有权的人控制，因为是那些人写下了规则。我们说法律告诉我们最终可以依靠什么，不是在说它必然会改变很多。一个被他的房东抛在雪中的房客可能会在走进法院时发现，唯一的区别是他现在仍被抛在雪中，外加需要支付的律师账单。英国的法律——意指告诉人们到头来他们可以依赖什么的体制——在很多领域一直都偏向富人和有权的人。正如狄更斯时代那样，法律依然被用做一种方式，使剥削更为便利，并摧毁那些被剥削者的身体与灵魂。

但是——我们还要说些支持法律事业的话——不同于全然凭借当事人的力量、阶级斗争或者个人决心的那种退路，法律是某种可以成为讨论与集体决定之对象的东西。比如，作为一个社群，我们可以决定我们不再愿意把我们的强制力提供到"房东可以如他所愿摆脱他的房客"这一情形中。我们可以要求变革，讨论并鼓吹变革，让我们的代表为它投票。我们可以重新定义法律体制，设定一系列新的立场，作为人们有困难时可以依靠的约定。

的确，在实现这一点时会遇到阻力和困难；"某个东西是

法律"这个事实不意味着它能轻而易举地成为法律；而且"我们认为它应该是法律"这个事实也不意味着它将成为法律。但是，坚持这项事业是值得的。作为一个社群，我们公开掌控使我们联合在一起的明确条件，逐渐努力提高这种掌控的程度也是值得的。尽管法律会带来落满灰尘的附随物，尽管它容易被滥用，尽管它具有神秘性并很可能带来剥削，我们仍然应该将法律视做我们自己的东西，来努力主张、建构和坚持。

---

[1] Charles Dickens, *Bleak House* (1853; New York: Signet Classics, 1964), pp. 18-19.

[2] 狄更斯在《荒凉山庄》的前言中坚持认为"贾戴斯诉贾戴斯案"不是一个不公平的例子："目前在法院面前有一桩近乎 20 年前就开始进入法律程序的案件。在这个案件中，据说有 30 至 40 个律师同时出现在法庭上，其花费已经达到 7 万英镑。这个案件是**朋友间的案件**，而且(我确定)与其说现在它将要结束，不如说它才开始不久。"(Preface to *Bleak House*, p. viii.)

[3] Anthony Trollope, quoted in David Pannick, *Judges* (Oxford University Press, 1987), p. 143.

[4] 值得提出的是，上议院——这个国家的最高法院——法官(Law Lords)审理案件时只穿普通衣服，而不戴假发不穿法袍，且审理

程序相对不正式。这可能是因为出现在他们面前的仅仅是其他律师,而不是需要被留下深刻印象的普通公众。(See Pannick, *Judges*, p. 142.)

[5] Pannick, *Judges*, p. 142.

[6] Judge Learned Hand, *The Spirit of Liberty* (Chicago, Ill.: University of Chicago Press, 1952), p. 47.

[7] 再次考虑狄更斯在这个问题上的看法:"英国法律的一个重要原则是独自处理事情……从这点来看,法律变成了一个前后一致的方案,而不是外行倾向于认为的巨大迷宫。"(*Bleak House*, p. 603-4.)

[8] 即使在这里,正义的要求也可以再被进一步细分。一方面,我们说只有获得正确结果,正义才得到实现。另一方面,我们说如果恰当的程序得到遵守(比如,刑事被告获得公平的审判并且被恰当地代理),那么即使由此产生的结果不正确(比如,在他无罪时,陪审团断定他有罪),正义也得到了实现。后一种意义,有时被称为"自然正义"或者"正当程序"。

[9] 一个精彩的介绍见于 Philip Pettit, *Judging Justice: An Introduction to Contemporary Political Philosophy* (London: Routledge & Kegan Pual, 1980)。

[10] 此类著作中最著名的是约翰·罗尔斯的《正义论》。[John Rawls, *A Theory of Justice* (Oxford University Press, 1971)]. 尽管那本书冗长且复杂,但人们通过仔细阅读第3—22页,能够对罗尔斯的方

法有良好的理解。

[11] See, e. g., Michael Walzer, *Spheres of Justice* (Oxford: Martin Robertson, 1980).

[12] 约翰·罗尔斯在他的书开头这样解释它:"正义是社会制度的首要美德,就如真理是思想体系的首要美德。如果一种理论不正确,那么无论它多么优雅和经济,都必须被拒绝或修改;同样的,如果法律和制度不公正,那么无论它们多么有效或得到多么好的安排,都必须被改进或废除。"(*A Theory of Justice*, p. 3.)

[13] 这是马克思在拒绝用任何简单的"平等"公式描述社会主义政策下工人报酬时所发现的部分内容:"正是由于权利的性质,权利只存在于对一项平等标准的适用中;但是我们只可根据一个平等标准来衡量不平等的个人(而且如果他们不是不平等的,他们就不会是不同的个人),从我们平等的视角及一个明确的角度来理解不平等的个人。比如,在当前的情形中,只把他们视为工人,而不再把他们视为别的什么,忽视其他一切。此外,一个工人已婚,另一个未婚;一个工人比另一个工人有更多的孩子,如此等等。"[*Critique of the Gotha Programme* (1875; Moscow: Progress Publishers, 1960), p. 17.]

[14] 伯纳德·威廉斯(Bernard Williams)以这种方式来解释这个问题。尽管为了能够按照道德作出决定,一个人的确必须将使他能回应新情形的**某种东西**(something)内在化,但是"在并不过度依赖有关程度的模糊说法(比如'太多''平衡''未足够注意到……')的概述

和漫谈的意义上,以上有关内在化的观点并非显而易见地一定是一条原则"。[*Ethics and the Limits of Philosophy* (Cambridge, Mass.: Harvard University Press, 1985), p. 97.]

[15] Luke 10: 29-37 (Revised Standard Version).

[16] 这个政治观源自亚里士多德《政治学》第一册,第二章(*The Politics*, Book 1, Ch. 2)。它的现代倡导者包括 Hannah Arendt, *The Human Condition* (Chicago, Ill.: University of Chicago Press, 1958), Chs. II and V, 和 Bernard Crick, *In Defence of Politics* (Harmondsworth: Penguin Book, 1963)。我将这些观点向前发展了一点,见于 Jeremy Waldron, *Nonsense Upon Stilts: Bentham, Burke and Marx on the Rights of Man* (London: Methuen, 1987), pp. 177-81。

[17] See, for example, Alasdair Macintyre, *After Virtue* (London: Duckworth, 1981); Michael Sandel, *Liberalism and the Limits of Justice* (Cambridge, Mass.: Harvard University Press, 1982).

[18] 对列宁主义观点的批评, see Hugh Collins, *Marxism and Law* (Oxford: Clarendon Press, 1982), pp. 105-7。

[19] Evgeny B. Pashukanis, *Law and Marxism: A General Theory*, edited by Chris Arthur (1929; London: Ink Links, 1978), p. 121.

[20] 关于这些差异,一个精彩的介绍见于 J. H. Merryman, *The Civil Law Tradition* (Stanford, Calif.: Stanford University Press, 1969)。

[21] 国家和法律"消亡"的意象来自弗里德里希·恩格斯的《反

杜林论》:"国家对社会关系的干预在一个接一个的领域里变得多余,然后自行消亡;人们的政府被管理事务和指导生产过程替代。国家没有被'取消'。**它'消亡'了**。"[Frederick Engels, *Anti-Duhring* (1878; London: Lawrence Wishart, 1975), p. 333.]

[22] 关于人权理论,马克思发表了一个类似的观点:"……所谓的人权仅仅是……自私自利的人的权利,这种人与其他人以及社群相分离。"See Jeremy Waldron, *Nonsense Upon Stilts: Bentham, Burke and Marx on the Rights of Man* (London: Methuen, 1987), p. 145.

[23] Adam Smith, *The Wealth of Nations*, ed. E. Cannan (1776; Chicago, Ill.: University of Chicago Press, 1976), Bk. I, Ch. 2, p. 18. 关于这些主题,一个精彩的一般性讨论见于 Michael Ignatieff, *The Needs of Strangers* (London: Chatto & Windus, 1984)。

[24] 我对这些观点更详尽的探讨见于 Jeremy Waldron, 'When Justice Replaces Affection: the Need for Rights', *Harvard Journal of Law and Public Policy*, 11 (1988)。

参考文献

这份参考文献仅仅意图就法哲学领域新近最有助益的著作做一个简要的指引。它与每章脚注中的参考书目部分重合,但应该也会对其有所补充。

导论性著作

法理学领域有很多优秀的导论性著作,其中最易理解的是 J. W. 哈里斯(J. W. Harris)的《法律哲学》(*Legal Philosophies*, London: Butterworths, 1980),这本书的章节涵盖了现代法哲学讨论的所有主要理论和论题。它本身也是一份优秀的资料来源,包含了进一步的文献信息。戴维·莱昂斯(David Lyons)的《伦理学与法治》(*Ethics and the Rule of Law*, Cambridge University Press, 1984)写作更为松散,就道德判断与法律判断相联系的方式提供了一个有价值的介绍。罗纳德·德沃金编的文集《法哲学》(*The Philosophy of Law*, Oxford University Press, 1977),收于"牛津哲学读物"(Oxford Readings in Philosophy)系列中,这本书对当代法哲学的主要问题有精彩的介绍。

H. L. A. 哈特和现代实证主义

H. L. A. 哈特的《法律的概念》(*The Concept of Law*, Oxford: Clarendon Press, 1961)仍是现代法哲学领域的杰出作品。哈特不仅试图在理解法律概念的时候包含社会规则的理念，而且试图包含这样一种观点，即我们通过使用他称为"承认规则"的主要规则来识别社会规则。哈特所发展的理论是对法律实证主义最精细也是最易理解的现代阐述——也即这种观点，法律可以在描述的意义上被识别为社会事实，而且法律的概念本身不是评价性概念。尼尔·麦考密克(Neil MacCormick)的书，《H. L. A. 哈特》(*H. L. A. Hart*, London: Edward Arnold, 1981)对该理论有非常清晰的介绍。其他现代实证主义法理学的主要著作更具专业性，其中最值得嘉奖的是约瑟夫·拉兹(Joseph Raz)的《法律体系的概念》(*The Concept of a Legal System*, Oxford: Clarendon Press, 1980)。

关于其他法律实证主义者以及对该路径某些早期版本的讨论，推荐阅读哈特的论文集《论边沁：法哲学与政治理论》(*Essays on Bentham: Jurisprudence and Political Theory*, Oxford: Clarendon Press, 1982)和《法理学与哲学论文集》(*Essays in Jurisprudence and Philosophy*, Oxford: Clarendon Press, 1983)中

的文章。在 20 世纪以前，最精细的实证主义理论无疑是杰里米·边沁的理论。杰拉尔德·波斯特玛（Gerald Postema）的《边沁与普通法传统》（*Bentham and the Common Law Tradition*, Oxford: Clarendon Press, 1986）全面概述了边沁的理论。尤其是，波斯特玛在说明下面这一点上做出了杰出的工作，即法律实证主义本身在一定程度上是一个规范性论题：边沁相信法律**应该**是我们能以一种价值中立的方式辨识出来的，他批评说英国普通法不符合这个指示。

自然法

最近的很多著作采取相反的观点，即道德判断事实上构成并且应该构成辨识某物为法律的一部分。最著名也最有用的是朗·富勒的《法律的道德性》（*The Morality of Law*, New Haven, Conn.: Yale University Press, 1964）和约翰·菲尼斯（John Finnis）的《自然法与自然权利》（*Natural Law and Natural Rights*, Oxford: Clarendon Press, 1980）。菲尼斯的书所展现的理论试图将伦理学与法理学融合成一个可被理解的整体。H. L. A. 哈特的文章"实证主义和法律与道德的分离"（Positivism and the Separation of the Law and Morals）探讨了这些路径之间的争议，该文在德沃金编的《法哲学》与哈特 1983 年的文集中都有重印。该争议还可参见朗·富勒对哈特那篇文章的初版回应,即"实证主义与对法律的忠诚——对哈特教授的回应"[Positivism and Fidelity to Law—a Reply to Professor Hart, *Harvard Law*, 71(1958), 630]。

司法推理

现代法哲学很多最重要的著作都集中研究法律推理和审判过程。

我们应该将法官视为是在清楚说明他们自己的政策偏好,而不是在遵从法律原则的逻辑,这个观点由学者在"法律现实主义"运动中提出。一个很好的概述见于威廉·特文宁(William Twining)的《卡尔·卢埃林与现实主义运动》(*Karl Llewellyn and the Realist Movement*, London: Wiedenfeld & Nicholson, 1973)。而杰尔姆·弗兰克(Jerome Frank)的书《法律与现代心智》(*Law and the Modern Mind*, New York: Anchor Books, 1963)保有对现实主义观点最具挑衅性的陈述。

今天人们普遍认为该观点过于极端。法学家强调约束法律推理的结构和原则,尼尔·麦考密克的《法律推理与法律理论》(*Legal Reasoning and Legal Theory*, Oxford: Clarendon Press, 1978)对此有最好的介绍。

一些人在"批判法律研究"运动中看出了现实主义的复兴,现实主义的复兴更加强调暗含在法律推理中的各种原则,以及这些原则之间的紧张,而不是忽视这些原则。马克·凯尔曼(Mark Kelman)的《批判法律研究指南》(*A Guide to Critical Legal Studies*, Cambridge, Mass.: *Harvard University Press*, 1987)概述了批判法律研究思想家理解现代法律中个人主义论题与社群主义论题之间矛盾的方式。

罗纳德·德沃金

当今法律推理方面最具影响力的著作无疑是罗纳德·德沃金的《法律帝国》(*Law's Empire*, London: Fontana Books, 1986)。就普通法与制定法解释这两方面中的裁判问题,德沃金发展出一套强有力的理论。他将该理论与一种关于政治正当性及义务的精致理论相联系,后一种理论要求法律将自己作为一个前后一致的整体呈现给公民。他认为,法律解释是一个积极主动的过程,通过这个过程,人们得以尽其所能地从道德和政治的角度充分运用一套法律材料。法律解释这个问题不是要找回立法者的意图;相反,这是一个将某个目的归属于法律,以使我们(更佳)理解法律意义的问题。

无疑,德沃金在这个理论中采取反对实证主义观点的立场,实证主义观点认为严格意义上的法律推理是非评价性的,并且认为只有在穷尽法律推理资料的"疑难案件"中,人们才会诉诸道德和政治评价。《法律帝国》以德沃金《认真对待权利》(*Taking Rights Seriously*, London: Duckworth, 1977)中的早期论点为基础建立起来,后者的大意是说法律体系不仅包括实证主义者所强调的被制定出来的规则,而且包括暗含在普通法裁决中的道德原则。

道德客观性

诸如德沃金的理论强调道德评价,这提出了关于道德客观性的问题。这些评价来自哪里?它们是如何得到辩护的?

现实主义运动与伦理学中的情绪主义相关:该观点认为,道德评价只是情绪的表达。在价值能否实际存在以及价值陈述能否正确这个问题上,现代道德哲学家仍存在分歧。然而,即使是那些仍然对道德实在论保持怀疑的学者,也仍然强调道德论证的可能性,对此可参阅:J. L. 麦基(J. L. Mackie)《伦理学:发明对与错》(*Ethics: Inventing Right and Wrong*, Harmondsworth: Penguin Books, 1977)和 R. M. 黑尔《道德思维——及其层次、方法和视角》(*Moral Thinking: Its Levels, Methods and Point*, Oxford: Clarendon Press, 1981)。

政治哲学领域内的现代著作,如约翰·罗尔斯的《正义论》(*A Theory of Justice*, Oxford University Press, 1971)以及诸如杰里米·沃尔德伦主编的《权利理论》(*Theories of Rights*, Oxford University Press, 1984)等书中关于人权的描述,往往尽可能地以回避有关终极正当理由的形而上学问题的方式展开。然而,法律语境下对道德实在论的更强有力的辩护,参见迈克尔·穆尔的《道德实在论》(Moral Reality, *Wisconsin Law Review*[1982] 1061)。

法 治

除了道德哲学中的这些普遍争议,法哲学中还存在更为集中的关于暗含在"法治"理念里的价值与原则的讨论。F. A. 哈耶克的《自由秩序原理》(*The Constitution of Liberty*, London: Routledge & Kegan Paul, 1960)和朗·富勒的《法律的道德性》都坚持认为某些关于普遍性、清晰性和可预见性的理念是法律概念本身的重要部分。尤其在哈耶克的著作中,这些理念与个人自由的价值有关,而且也与某种对激进主义者和福利国家的敌对态度有关。

就与合法性相关的价值具有多大程度的广泛性,也存在着有趣的讨论。一致意见似乎是,这些价值为良好的统治提供了必要但不充分的条件。精彩的讨论见于约瑟夫·拉兹《法律的权威》(The Authority of Law, Oxford: Clarendon Press, 1979)第十一章与约翰·菲尼斯《自然法与自然权利》第十章。

政治义务

所有这些讨论最终都推进到一个问题,即我们对法律所应当采取的态度以及法律对我们的要求。我们有服从法律以及支持法律程序的义务吗？或者,法律仅仅是对阶级权力的表达吗？

对政治义务问题的处理见于约瑟夫·拉兹的《法律的权威》与戴维·莱昂斯的《伦理学与法治》。罗纳德·德沃金的《法律帝国》,尤其是第六章,以及约翰·菲尼斯的《自然法与自然权利》,都通过旨在说明法律体系如何和为什么能够值得我们服从和尊重,来呈现他们各自的法律理论。但是,莱斯利·格林(Leslie Green)在一篇论证有力和富有启发性的文章中挑战了菲尼斯的观点,见于"法律,合作与共同善"[Law Co-ordination and the Common Good, *Oxford Journal of Legal Studies*, 3(1983), p.299]。

A. 约翰·西蒙兹的《道德原则与政治义务》(*Moral Principles and Political Obligation*, Princeton, N.J.: Princeton University Press, 1979）就政治义务的主要哲学论点提供了一个一般概述。罗伯特·保罗·沃尔夫的《为无政府主义辩护》(*In Defence of Anarchism*, New York: Harper & Row, 1976)挑战了法律的权威性。精彩的讨论见于 H. A. 贝当(H. A. Bedau)编的《公民不服从：理论与实践》(*Civil Disobedience: Theory and Practice*, New York: Pegasus, 1969)、迈克尔·沃尔泽(Michael Walzer)的《义务：不服从、战争与公民身份》(*Obligations: Essays on Disobedience, War and Citizenship*, Cambridge, Mass.: Harvard University Press, 1970)、特德·杭德里克(Ted Honderich)的《为了平等的暴力》(*Violence for Equality*, Harmondsworth: Penguin Books, 1980)。

法律与阶级

法律本身因其阶级基础而不能获得尊重的观点，是批判法律研究运动中的一个常见主题。除了马克·凯尔曼的《批判法律研究指南》外，读者还可以参阅彼得·菲茨帕特里克(Peter Fitzpatrick)和艾伦·亨特(Alan Hunt)的《批判法律研究》(*Critical Legal Studies*, Oxford: Basil Blackwell, 1987)。关于阶级论题的其他讨论包括：罗伯托·昂格尔(Roberto Unger)的《现代社会的法律》(*Law in Modern Society*, New York: Free

Press, 1976)、泽农·班克维斯基(Zenon Bankowski)与杰夫·芒格姆(Geoff Mungham)的《法律意象》(*Image of Law*, London: Routledge & Kegan Paul, 1976)、鲍勃·法恩(Bob Fine)的《民主与法治》(*Democracy and the Rule of Law*, London: Pluto, 1980)和蒂莫西·奥黑根(Timothy O'Hagan)的《法律的终结》(*The End of Law*, Oxford: Basil Blackwell, 1984)。

索 引*

Abortion, 堕胎, 17, 83, 107, 109
acts and omissions, 作为与不作为, 100, 101
adjudication, 裁决, 141
　see also legal reasoning, 另见, 法律推理
administration, 管理, 45, 46, 51, 68, 73
Aristotle, 亚里士多德, 31
Atkin, Lord, 阿特金勋爵, 126
Austin, John, 奥斯丁, 约翰, 2, 33
Australia, 澳大利亚, 168, 176
authority, 权威, 权力, vii, 1, 30, 31, 34, 45, 61, 66, 67, 68, 73, 76, 77, 79, 130, 140
barristers and solicitors, distinction, 出庭律师与事务律师, 二者之差别, 125, 128, 176
Barrington, Sir Jonah, 巴林顿, 乔纳爵士, 126

basic norm, 基础规范, 66
　see also Kelson, Hans, 另见, 凯尔森, 汉斯
Bentham, Jeremy, 边沁, 杰里米, 33, 129, 133
bicameralism, 两院制, 70, 73
Bill of Rights (for Britain), 权利法案（英国）, 78, 79, 92, 106, 108
Bill of Rights (American Constitution), 权利法案（美国宪法）, 66, 73, 74, 83, 106, 111
Bills of Attainder, 褫夺法权法案, 37
Birmingham pub bombings, 伯明翰酒吧爆炸案, 127
Burke, Edmund, 伯克, 埃德蒙, 142
Butler, R. A., 巴特勒, R. A., 56, 57, 58

---

* 索引中的页码为英文原书页码，即本书边码。

Cabinet, 内阁, 4, 46, 57, 58, 68, 72, 84, 94

capitalism, 资本主义, 19, 20, 185, 189

certainty, 确定性, 123, 129, 143, 144

see also predictability, 可预测性、可预见性

citizenship, 公民、公民身份, 170, 171, 184

civil disobedience, 公民不服从, 156

Civil Service, 行政部门, 52, 72, 124

Class, 阶级, 18, 20, 21, 22, 23, 24, 25, 44

Coherence, 前后一致性, 61, 71

Coke, Sir Edward, 柯克, 爱德华爵士, 126

common law, 普通法, 6, 15, 16, 35, 130, 138, 140, 141, 145, 171, 183, 186

communism, 共产主义, 24, 186

communitarianism, 社群主义, 98, 184

consent, 同意, 10, 165, 167-9, 171

conservatism, 保守主义, 120, 141

Conservative Party, 保守党, 14, 16, 57, 59, 60

consistency, 一致性, 143, 144

Constitution, British, 英国宪法, 60, 62, 63, 67

Constitution, United States, 美国宪法, 61, 62, 66, 67, 71, 73

constitutionalism, 宪政主义、立宪主义, 58, 61, 68, 73, 74, 79, 81, 84, 85

convention, constitutional, 宪法惯例, 622, 63, 64, 67, 83

Critical Legal Studies, 批判法律研究, 21

Crosland, Anthony, 克罗斯兰, 安东尼, 10, 11, 14

Crown, 君主, 4, 68, 71, 126

definitions, 定义, 134

see also words, meanings of, 另见, 语词的意义

delay, 迟延, 177, 178

democracy, 民主, vii, 1, 11, 12, 18, 60, 67, 106, 107, 108, 109, 110, 118, 161-5, 169

Denning, Lord, 丹宁, 勋爵, 127

Dicey A. V., 戴雪, A. V., 41, 42, 63, 81, 82, 83

Dickens, Charles, 狄更斯, 查尔斯, 174-5, 186, 190

discretion, 自由裁量, 45, 51, 52

discrimination, 区别对待, 歧视, 43, 44, 83

disobedience, 不服从, 2, 3, 11, 154, 156, 164, 165, 171

see also civil disobedience, 另见, 公民不服从

Diss, Martin, 迪斯, 马汀, 29, 37, 39, 42, 50

droit administratif, 行政法, 41, 42

Dworkin, Ronald, 德沃金, 罗纳德, 2, 95, 136

economics, 经济学, 16, 20, 22, 51, 71, 96, 132, 134, 189

elections, 选举, 11, 12, 18, 60, 117, 169, 171

Engels, Frederick, 恩格斯, 弗雷德里希, 22

equality, 平等, 32, 106, 143, 144

European Convention on Human Rights, 欧洲人权公约, 61, 76, 90, 92, 93, 96, 99, 103, 105-6, 107, 111, 128, 136

European Community (EEC), 欧洲共同体(欧共体), 3, 56, 75, 76

European Court of Human Rights, 欧洲人权法院, 77, 90, 91, 92

fairness, 公平, 123, 143, 165, 167

Finer, S. E., 芬纳, S. E., 67

Foulstone, Ken, 福尔斯通, 肯, 152

freedom, 自由, 16, 41, 48, 50, 51, 71, 77, 80, 83, 84, 104, 105, 123, 141, 161, 180

freedom of speech, 言论自由, 73, 77, 78, 110

Fuller, Lon, 富勒, 朗, 47, 48

God, 上帝, 34, 36, 95, 96, 179
Golden Rule, the, 黄金法则, 137
 see also interpretation, statutory, 另见, 制定法解释
Griffiths, J. A. G., 格里菲斯, J. A. G, 125

Habeas corpus, 人身保护令, 82
Hailsham, Lord, 黑尔什姆勋爵, 56, 57
hard cases, 疑难案件, 136, 137, 138
Hart, H. L. A., 哈特, H. L. A., 65, 66, 138
Heath, Edward, 希思, 爱德华 8, 60
higher law, 高级法, 更高的法, 3, 4
Hobbes, 霍布斯, 2, 33, 56, 58, 59
Home, Alec Douglas, 霍姆, 亚历克·道格拉斯, 56, 57, 58, 67
House of Commons, 下议院, vii, 3, 12, 19, 57, 71, 84, 108, 119
House of Lords, 上议院, 3, 5, 12, 57, 84, 118, 119, 125, 127, 130, 140
Housing (Finance) Act, 住宅(融资)法, 8, 10, 11, 13, 14, 15, 17, 25, 26
human rights 人权
 see rights, human, 另见, 人权

ideology, 意识形态, 12, 13, 16, 17, 18, 21, 23, 66, 121, 123, 138, 143
impartiality, 公正性, 122, 123
individualism, 个人主义, 98, 184, 187
interpretation, literary, 解释, 文学的, 132, 135
interpretation, statutory, 解释, 制定法的, 130, 132, 137, 138
Irish Republican Army (IRA), 爱尔兰共和军, 89, 94, 96, 100, 106
Israel, 以色列, 61

Johnson, Paul, 约翰逊, 保罗, 58
judges, 法官, 5, 6, 15, 29, 35, 40, 48, 66, 78, 108, 117-47, 155

judiciary, 司法部门, 16, 71, 78, 120, 121, 125, 126, 177

jurisprudence, 法理学, 2, 33, 132, 145

justice, 正义, vii, 14, 23, 35, 38, 123, 171, 177, 178-81

Kant, Immanuel, 康德, 伊曼纽尔, 97

Kelsen, Hans, 凯尔森, 汉斯, 66

Labour Party, 工党, 9, 10, 14, 25, 58, 59, 117, 153

laissez-faire, 自由放任主义, 51, 121

Lane, Lord, 莱恩勋爵, 29, 30

Law Lords, 上议院法官, 118, 128, 134, 135, 140

lawyers, 法律人, 律师, 1, 31, 66, 83, 118, 121, 176

legal reasoning: 法律推理

see adjudication, 另见, 裁决

legal system, 法律体系, 1, 2, 3, 6, 15, 16, 35, 36, 42, 63, 66, 67, 130, 136, 155, 171, 176, 180, 186, 187, 189

legalism, 法条主义, 严格遵循法条论, 46, 177

legality, 合法性, 23, 24, 25, 26, 42, 77, 136, 160, 175, 177, 185

legislation, 立法, 法律 12, 13, 14, 15, 18, 19, 20, 25, 26, 38, 39, 42, 45, 74, 75, 76, 78, 79, 133, 135, 137

Lenin, 列宁, 186

local councils, 地方议会, 4, 8, 70, 117

Lyon, Alex, 莱昂, 亚历克斯, 119, 122

McCowan, Justice, 麦考恩大法官, 127-8

McGahey, Mick, 麦加希, 米克, 151, 153

Macleod, Ian, 麦克劳德, 伊恩, 56, 57

Macmillan, Harold, 麦克米伦, 哈罗德, 56, 57, 58, 62, 67, 79

Madison, James, 麦迪逊, 詹姆斯, 70

majority rule, 多数人统治, 69, 74, 108, 112, 162, 163, 165, 167

Malone, James, 马隆, 詹姆斯, 40, 77

manifesto, 宣言, 117, 118

Marx, Karl, 马克思, 卡尔, 20, 22

marxism, 马克思主义, 22, 24, 26, 33, 184

Maudling, Reginald, 莫德琳, 雷金纳德, 56

Members of Parliament (MPs), 议员, 12, 33, 58, 59, 63, 70, 107, 122, 126, 133, 139

Metropolitan Act, 大都会法案, 30, 32

Mill, John Stuart, 密尔, 约翰·斯图亚特, vii, 2

Miners' Strike, 煤矿工人罢工, 31

moral philosophy, 道德哲学, 34, 35, 63, 93, 113

morality, 道德, 道德性, 2, 34, 37, 63, 66, 101, 141, 142, 143, 154-7, 179, 182, 187, 189

mystification, 迷惑, 21, 66

national security, 国家安全, 13, 95, 96, 158, 159

natural law, 自然法, 2, 34, 39

natural rights: 自然权利
 see rights, natural, 另见, 权利, 自然的

negligence, 过失, 6, 9, 15, 138

neutral model, 中立模式, 13, 14, 15, 16, 18, 20, 25, 119, 122

Nicholls, Justice, 尼科尔斯大法官, 153

Northern Ireland, 北爱尔兰, 3, 31, 66, 88, 90, 93, 96, 99, 100, 103

Nozick, Robert, 诺齐克, 罗伯特, 97

Official Secrets Act, 公务秘密法, 13, 127, 158, 164

Operation Demetrios, 迪米特里厄斯行动, 89, 96, 103

order, law and, 秩序, 法律与, 160-1

outcomes, 结果, 165-7

Parliament, 议会, 3, 4, 5, 10, 11, 12, 13, 14, 19, 32, 33, 56, 60, 61, 64, 66, 68, 69, 73, 75, 76, 77, 78, 80, 107, 124, 125, 126, 128, 129, 130, 131, 133, 138, 141, 146, 161, 162, 164

parliamentary sovereignty, 议会主权, 75, 76, 77, 78, 79

partisan model, 偏私模式, 12, 13, 14, 15, 16, 18, 19, 21, 22, 32, 119

Pashukanis, E. B., 帕舒卡尼斯, E. B., 185, 186

Pedro v. Diss, 佩德罗诉迪斯案, 29-52

Pedro, Ya, Ya, 佩德罗, 雅, 雅 29, 37, 39

plurality system, 相对多数决制度, plurality, 多元性 19, 70, 79

police, 警察, 29, 30, 31, 32, 33, 34, 40, 41, 42, 50, 66, 127

political, 政治的, 政治性的, 120-4, 158

political obligation, 政治义务, 156-7, 171

Ponting, Clive, 庞廷, 克莱夫, 127, 128, 159

positivism, legal, 法律实证主义, 2, 32, 33, 35, 64, 65

power, 权力, 1, 16, 19, 23, 30, 31, 33, 40, 41, 45, 50, 59, 62, 63, 64, 66, 68, 70, 71, 72, 73, 75, 78, 81, 83, 85, 94, 110, 112, 119, 120, 125, 130, 131, 163, 170, 175

precedent, 先例, 4, 10, 62, 123, 140, 141, 144, 145, 171, 183

predictability, 可预测性, 可预见性, 48, 51, 52, 143, 183

see also certainty, 另见, 确定性

principles, 原则, 14, 15, 16, 17, 23, 25, 30, 34, 35, 38, 42, 47, 51, 61, 64, 67, 77, 82, 83, 121, 136, 138, 140, 141, 142, 143, 182

Privy Council, 枢密院, 6, 59

Queen, the, 女王, 3, 5, 12, 33, 57, 58, 59, 60, 64, 65-77, 79, 125

rationality,合理性,37,46

reciprocity,互惠,22,45,170

religion,宗教,信仰,34,73,83,104,112,163

representation,代表,代表制,vii,61

rights,权利,2,25,31,52,62,73,82,84,88-113,92,95,96,98,102,105,107,108,110

rights, human,权利,人权,75,92,93,94,96,98,100,108,109,110,111,112

rights, legal,权利,法律的,75

moral,权利,道德的,75,92

natural,权利,自然的,97

Roe v. Wade,罗诉韦德案,74

Roman Law,罗马法,3,6

rule of law,法治,11,16,21,24,25,26,31,32,34,35,36,37,38,41,42,43,44,46,48,51,52,80,123,130,175

rule of recognition,承认规则 *see also* Hart, H. L. A. ,另见,哈特,H. L. A. 64,65,66,79

rules,规则,32,42,43,44,45,47,48,49,51,62,64,65,67,79,80,84,138,145,177,181,183,184,189

Scargill, Arthur,斯卡吉尔,阿瑟,151,152,153,155,171

Scarman, Lord,斯卡曼,勋爵,134

Scotland,苏格兰,3,6

separation of powers,权力分立,70,71,72

Short, Ted,肖特,特德,10

Silken, Sam,西尔金,萨姆,10

Singer, Peter,辛格,彼得,168

Smith, Adam,斯密,亚当,189

social duty,社会责任,51,169,170

solicitors:事务律师 *see* barristers and solicitors,参见,出庭律师与事务律师

South Africa,南非,38,43,44

sovereignty,主权,统治权,4,11,33,34,65,74,75,76,77

Stalin,斯大林,185

stare decisis,遵循先例,140,

142,143,144,145
statutes，制定法，法规，3,6,16,
35,45,60,62,69,78,79,107,
123,129,130,131,133,134,
135,136,137,139,141,146
strikes，罢工，151,152,155
Supreme Court, United States，美国最高法院，74,107,111,126

Taylor, Robert，泰勒，罗伯特，152
Taylor v. NUM，泰勒诉全国矿工工会案，155,157,162
technicality，专业性、专业细节，30,177,178
telephone-tapping，电话窃听，40,41
terrorism，恐怖主义，13,103
Thompson, E. P.，汤姆森，E. P.，22
Torts，侵权，3,13,138,145,164
torture，酷刑，2,4,91,92,93,97
Tory，托利党，15,25,57,120,153
Treaty of Rome，罗马条约，61,76

universality，普遍性，23,37,38
utilitarianism，功利主义，8,99,100,101,102,103,104,166
utililarinism, indirect，功利主义，间接，102,110

violence，暴力，160,161

Wedgwood-Benn, Antony，韦奇伍德—本，安东尼，56,57
Wheare, Sir Kenneth，惠尔，肯尼思爵士，63
White, David，怀特，戴维，160
Wilson, Harold，威尔逊，哈罗德，56,58
word, meanings of，语词的意思，130,131,132,133,134,181,184
see also definitions，另见，定义

译后记

杰里米·沃尔德伦的这部著作深入浅出地介绍了关于法律的七个重要问题。通过阅读此书,读者能够较为快速地掌握法哲学的问题框架,并对每个问题的重点有所把握。我们在2010年参加范立波老师"法理学研讨课"时接触到这本书,为其中讨论的法哲学问题以及沃尔德伦教授的写作深深吸引,遂在课程结束时相约将此书译为中文,推荐给更多的法学专业学生。不过,由于当时理论水平尚浅,翻译能力也有限,虽然当时我们完成了所有文稿的翻译,最终却未能付梓。但是,我们一直没有放弃翻译此书的想法。2013年岁末,经刘叶深老师与北京大学出版社柯恒编辑联系,柯恒编辑非常支持我们完成此书的翻译工作,为我们争取到此书的翻译版权。

随后,我开始联系以前参与翻译的同学,分配翻译章节并确定翻译进度。参与此次翻译的有张晓冰、王琳、沈宏彬(第一章),张德成、林绿(第二章),叶清逸、叶会成(第三章),吴晨辉、贾海亮(第四章),钟驰名、周怡(第五章),任楚翘、马洁心、陆雯婷(第六章),李斐、喻晓玮(第七章)、陈日辉、岳苏萌、董平和吴然(第八章)。不过,由于参与人数较多,大家的翻译水平和语言风格差异较大,在这一轮翻译结束后,我统一校对全文译稿。在这个过程中,范立波老师、刘叶深老师和柯恒老师提出了很多颇有价值的翻译意见;法学理论专业在读博士研究生郑玉双、沈宏彬、王琳、张晓冰,以及在读硕士研究生钟驰名、喻晓玮、贾海亮、叶会成和蔡梦馨也给予了大力的帮助。在此,特向上述参与者表示感谢。

我们努力做到译文的忠实、准确和流畅,不过,由于中英文语言习惯的差异,也受制于我们现有的理论功底,最终译稿还是有诸多不足。我们热切希望学界前辈、同仁以及各位读者不吝批评指正。我们的邮箱是 legaltheory@ cupl. edu. cn。

吴然

2015 年 3 月 21 日

著作权合同登记号　图字:01-2014-1366
图书在版编目(CIP)数据

法律:七堂法治通识课/(新西兰)沃尔德伦(Waldron, J.)著;季筏哲译.—北京:北京大学出版社,2015.6
ISBN 978-7-301-25749-4

Ⅰ.①法… Ⅱ.①沃…②季… Ⅲ.①法的理论—通俗读物 Ⅳ.①D90-49

中国版本图书馆 CIP 数据核字(2015)第 085885 号

THE LAW by Jeremy Waldron, ISBN 978-0-415-01427-4
Copyright © 1990 Jeremy Waldron
Authorized translation from the English language edition published by Routledge, a member of the Taylor & Francis Group. All rights reserved.
本书原版由 Taylor & Francis 出版集团旗下 Routledge 出版公司出版,并经其授权翻译出版。版权所有,侵权必究。

Copies of this book sold without a Taylor & Francis sticker on the cover are unauthorized and illegal.(本书封面贴有 Taylor & Francis 公司防伪标签,无标签者不得销售。)

书　　　名	法律:七堂法治通识课
著作责任者	〔新西兰〕杰里米·沃尔德伦　著　季筏哲　译
责任编辑	柯　恒
标准书号	ISBN 978-7-301-25749-4
出版发行	北京大学出版社
地　　　址	北京市海淀区成府路 205 号　100871
网　　　址	http://www.pup.cn　http://www.yandayuanzhao.com
电子信箱	yandayuanzhao@163.com
新浪微博	@北京大学出版社　@北大出版社燕大元照法律图书
电　　　话	邮购部 62752015　发行部 62750672　编辑部 62117788
印　刷　者	三河市博文印刷有限公司
经　销　者	新华书店
	880 毫米×1230 毫米　A5　11.5 印张　190 千字
	2015 年 6 月第 1 版　2022 年 11 月第 3 次印刷
定　　　价	59.00 元

未经许可,不得以任何方式复制或抄袭本书之部分或全部内容。
版权所有,侵权必究
举报电话:010-62752024　电子信箱:fd@pup.pku.edu.cn
图书如有印装质量问题,请与出版部联系,电话:010-62756370